NOUVEAU

THÉATRE CLASSIQUE.

NOUVEAU THÉATRE CLASSIQUE,

CONTENANT

LE CID, POLYEUCTE, BRITANNICUS, ESTHER, ATHALIE ET LE MISANTHROPE,

Pièces prescrites par le Programme officiel.

Ouvrage adopté par le Conseil royal d'Instruction Publique.

PARIS,

COUSIN ET IMBERT, LIBRAIRES,
rue Jacob, 21.

BEAUNE,

BLONDEAU-DEJUSSIEU, LIBRAIRE-ÉDITEUR,
place d'Armes.

1842.

Beaune, imp. de Blondeau-Dejussieu.

LE CID,

TRAGÉDIE EN CINQ ACTES.

ACTEURS.

Don Fernand, premier roi de Castille.
Dona Urraque, infante de Castille.
Don Diègue, père de don Rodrigue.
Don Gomès, comte de Gormas, père de Chimène.
Chimène, fille de don Gomès.
Don Rodrigue, amant de Chimène.
Don Sanche, amoureux de Chimène.
Don Arias, } gentilshommes Castillans.
Don Alonse, }
Léonor, gouvernante de l'infante.
Elvire, gouvernante de Chimène.
Un page de l'infante.

La scène est à Séville.

LE CID.

ACTE PREMIER.
Scène I.
CHIMENE. — ELVIRE.

CHIMÈNE.

Elvire, m'as-tu fait un rapport bien sincère ?
Ne déguises-tu rien de ce qu'a dit mon père ?

ELVIRE.

Tous mes sens à moi-même en sont encor charmés;
Il estime Rodrigue autant que vous l'aimez;
Et, si je ne m'abuse à lire dans son ame,
Il vous commandera de répondre à sa flamme.

CHIMÈNE.

Dis-moi donc, je te prie, une seconde fois,
Ce qui te fait juger qu'il approuve mon choix,
Apprends-moi de nouveau quel espoir j'en dois prendre;
Un si charmant discours ne se peut trop entendre;
Tu ne peux trop promettre aux feux de notre amour
La douce liberté de se montrer au jour.
Que t'a-t-il répondu sur la secrète brigue
Que font auprès de toi don Sanche et don Rodrigue ?
N'as-tu point trop fait voir quelle inégalité
Entre ces deux amants me penche d'un côté ?

ELVIRE.

Non j'ai peint votre cœur dans une indifférence
Qui n'enfle d'aucun d'eux ni n'abat l'espérance,
Et, sans les voir d'un œil trop sévère ou trop doux,
Attend l'ordre d'un père à choisir un époux.
Ce respect l'a ravi ; sa bouche et son visage
M'en ont donné sur l'heure un digne témoignage :
Et, puisqu'il faut encor vous en faire un récit,
Voici d'eux et de vous ce qu'en hâte il m'a dit :
  « Elle est dans le devoir ; tous deux sont dignes d'elle,
« Tous deux formés d'un sang noble, vaillant, fidèle,
« Jeunes, mais qui font lire aisément dans leurs yeux
« L'éclatante vertu de leurs braves aïeux.
« Don Rodrigue, surtout, n'a trait en son visage
« Qui d'un homme de cœur ne soit la haute image,
« Et sort d'une maison si féconde en guerriers,
« Qu'ils y prennent naissance au milieu des lauriers.
« La valeur de son père en son temps sans pareille,
« Tant qu'a duré sa force, a passé pour merveille ;
« Ses rides sur son front ont gravé ses exploits,
« Et nous disent encor ce qu'il fut autrefois.
« Je me promets du fils ce que j'ai vu du père ;
« Et ma fille, en un mot, peut l'aimer et me plaire. »
  Il allait au conseil, dont l'heure qui pressait
A tranché ce discours qu'à peine il commençait ;
Mais à ce peu de mots je crois que sa pensée
Entre vos deux amants n'est pas fort balancée.
Le roi doit à son fils élire un gouverneur ;
Et c'est lui que regarde un tel degré d'honneur :
Ce choix n'est pas douteux ; et sa rare vaillance
Ne peut souffrir qu'on craigne aucune concurrence.
Comme ses hauts exploits le rendent sans égal,

Dans un espoir si juste il sera sans rival :
Et puisque don Rodrigue a résolu son père
Au sortir du conseil à proposer l'affaire,
Je vous laisse à juger s'il prendra bien son temps,
Et si tous vos desirs seront bientôt contents.

CHIMÈNE.

Il semble toutefois que mon âme troublée
Refuse cette joie, et s'en trouve accablée.
Un moment donne au sort des visages divers ;
Et dans ce grand bonheur je crains un grand revers.

ELVIRE.

Vous verrez cette crainte heureusement déçue.

CHIMÈNE.

Allons, quoi qu'il en soit, en attendre l'issue.

Scène II.

L'INFANTE. — LEONOR. — UN PAGE.

L'INFANTE.

Page, allez avertir Chimène de ma part,
Qu'aujourd'hui pour me voir elle attend un peu tard,
Et que mon amitié se plaint de sa paresse.

Scène III.

L'INFANTE. — LEONOR.

LÉONOR.

Madame, chaque jour même desir vous presse ;
Et dans son entretien je vous vois chaque jour
Demander en quel point se trouve son amour.

L'INFANTE.

Ce n'est pas sans sujet : je l'ai presque forcée
A recevoir les traits dont son ame est blessée.
Elle aime don Rodrigue et le tient de ma main ;
Et par moi don Rodrigue a vaincu son dédain.
Ainsi de ces amants ayant formé les chaînes,
Je dois prendre intérêt à voir finir leurs peines.

LÉONOR.

Madame, toutefois, parmi les bons succès,
Vous montrez un chagrin qui va jusqu'à l'excès.
Cet amour qui tous deux les comble d'alégresse,
Fait-il de ce grand cœur la profonde tristesse ?
Et ce grand intérêt que vous prenez pour eux
Vous rend-il malheureuse alors qu'ils sont heureux ?
Mais je vais trop avant, et deviens indiscrète.

L'INFANTE.

Ma tristesse redouble à la tenir secrète.
Ecoute, écoute enfin comme j'ai combattu ;
Et, plaignant ma foiblesse, admire ma vertu.
 L'amour est un tyran qui n'épargne personne.
Ce jeune chevalier, cet amant que je donne,
Je l'aime.

LÉONOR.

  Vous l'aimez !

L'INFANTE.

     Mets la main sur mon cœur,
Et vois comme il se trouble au nom de son vainqueur,
Comme il le reconnoît.

LÉONOR.

    Pardonnez-moi, madame,
Si je sors du respect pour blâmer cette flamme.

Choisir pour votre amant un simple chevalier !
Une grande princesse à ce point s'oublier !
Et que dira le roi ? que dira la Castille ?
Vous souvenez-vous bien de qui vous êtes fille ?

L'INFANTE.

Oui, oui, je m'en souviens; et j'épandrai mon sang
Avant que je m'abaisse à démentir mon rang.
Je te répondrois bien que dans les belles ames
Le seul mérite a droit de produire des flammes;
Et si ma passion cherchoit à s'excuser,
Mille exemples fameux pourroient l'autoriser :
Mais je ne veux point suivre où ma gloire s'engage.
Si j'ai beaucoup d'amour, j'ai beaucoup de courage;
Un noble orgueil m'apprend qu'étant fille de roi
Tout autre qu'un monarque est indigne de moi.
   Quand je vis que mon cœur ne se pouvoit défendre,
Moi-même je donnai ce que je n'osois prendre,
Je mis, au lieu de moi, Chimène en ces liens,
Et j'allumai leurs feux pour éteindre les miens.
Ne t'étonne donc plus si mon ame gênée
Avec impatience attend leur hyménée;
Tu vois que mon repos en dépend aujourd'hui.
Si l'amour vit d'espoir, il périt avec lui;
C'est un feu qui s'éteint faute de nourriture,
Et, malgré la rigueur de ma triste aventure,
Si Chimène a jamais Rodrigue pour mari,
Mon espérance est morte, et mon esprit guéri.
   Je souffre cependant un tourment incroyable;
Jusques à cet hymen Rodrigue m'est aimable;
Je travaille à le perdre, et le perds à regret,
Et de là prend son cours mon déplaisir secret.
Je suis au désespoir que l'amour me contraigne

A pousser des soupirs pour ce que je dédaigne;
Je sens en deux partis mon esprit divisé :
Si mon courage est haut, mon cœur est embrasé.
Cet hymen m'est fatal; je le crains et souhaite;
Je n'ose en espérer qu'une joie imparfaite;
Ma gloire et mon amour ont pour moi tant d'appas,
Que je meurs s'il s'achève ou ne s'achève pas.

LÉONOR.

Madame, après cela je n'ai rien à vous dire,
Sinon que de vos maux avec vous je soupire :
Je vous blâmois tantôt, je vous plains à présent.
Mais puisque dans un mal si doux et si cuisant
Votre vertu combat et son charme et sa force,
En repousse l'assaut, en rejette l'amorce,
Elle rendra le calme à vos esprits flottants :
Espérez donc tout d'elle et du secours du temps;
Espérez tout du ciel : il a trop de justice
Pour laisser la vertu dans un si long supplice.

L'INFANTE.

Ma plus douce espérance est de perdre l'espoir.

Scène IV.

L'INFANTE. — LEONOR. — UN PAGE.

LE PAGE.

Par vos commandements Chimène vous vient voir.

L'INFANTE (à Léonor.)

Allez l'entretenir en cette galerie.

LÉONOR.

Voulez-vous demeurer dedans la rêverie ?

L'INFANTE.

Non, je veux seulement, malgré mon déplaisir,
Remettre mon visage un peu plus à loisir.
Je vous suis.

Scène V.

L'INFANTE.

Juste ciel, d'où j'attends mon remède,
Mets enfin quelque borne au mal qui me possède :
Assure mon repos, assure mon honneur.
Dans le bonheur d'autrui je cherche mon bonheur.
Cet hyménée à trois également importe;
Rends son effet plus prompt, ou mon ame plus forte.
D'un lien conjugal joindre ces deux amants,
C'est briser tous mes fers, et finir mes tourments.
Mais je tarde un peu trop, allons trouver Chimène,
Et par son entretien soulager notre peine.

Scène VI.

LE COMTE. — D. DIEGUE.

LE COMTE.

Enfin vous l'emportez, et la faveur du roi
Vous élève en un rang qui n'étoit dû qu'à moi,
Il vous fait gouverneur du prince de Castille.

D. DIÈGUE.

Cette marque d'honneur qu'il met dans ma famille,
Montre à tous qu'il est juste, et fait connoître assez
Qu'il sait récompenser les services passés.

LE COMTE.

Pour grands que soient les rois, ils sont ce que nous [sommes
Ils peuvent se tromper comme les autres hommes;

Et ce choix sert de preuve à tous les courtisans
Qu'ils savent mal payer les services présents.

D. DIÈGUE.

Ne parlons plus d'un choix dont votre esprit s'irrite;
La faveur l'a pu faire autant que le mérite;
Mais on doit ce respect au pouvoir absolu,
De n'examiner rien quand un roi l'a voulu.
A l'honneur qu'il m'a fait ajoutez-en un autre;
Joignons d'un sacré nœud ma maison à la vôtre:
Rodrigue aime Chimène, et ce digne sujet
De ses affections est le plus cher objet;
Consentez-y, monsieur, et l'acceptez pour gendre.

LE COMTE.

A de plus hauts partis Rodrigue doit prétendre;
Et le nouvel éclat de votre dignité
Lui doit enfler le cœur d'une autre vanité.
Exercez-la, monsieur, et gouvernez le prince;
Montrez-lui comme il faut régir une province,
Faire trembler par-tout les peuples sous sa loi,
Remplir les bons d'amour, et les méchants d'effroi.
Joignez à ces vertus celles d'un capitaine;
Montrez-lui comme il faut s'endurcir à la peine,
Dans le métier de Mars se rendre sans égal,
Passer les jours entiers et les nuits à cheval,
Reposer tout armé, forcer une muraille,
Et ne devoir qu'à soi le gain d'une bataille.
Instruisez-le d'exemple, et vous ressouvenez
Qu'il faut faire à ses yeux ce que vous enseignez.

D. DIÈGUE.

Pour s'instruire d'exemple, en dépit de l'envie,
Il lira seulement l'histoire de ma vie.

Là, dans un long tissu de belles actions,
Il verra comme il faut dompter des nations,
Attaquer une place, ordonner une armée,
Et sur de grands exploits bâtir sa renommée.

LE COMTE.

Les exemples vivants ont bien plus de pouvoir;
Un prince dans un livre apprend mal son devoir.
Et qu'a fait, après tout, ce grand nombre d'années,
Que ne puisse égaler une de mes journées?
Si vous fûtes vaillant, je le suis aujourd'hui,
Et ce bras du royaume est le plus ferme appui.
Grenade et l'Aragon tremblent quand ce fer brille;
Mon nom sert de rempart à toute la Castille;
Sans moi vous passeriez bientôt sous d'autres lois,
Et vous auriez bientôt vos ennemis pour rois.
Chaque jour, chaque instant, pour rehausser ma gloire,
Met lauriers sur lauriers, victoire sur victoire.
Le prince, à mes côtés, feroit dans les combats
L'essai de son courage à l'ombre de mon bras;
Il apprendroit à vaincre en me regardant faire;
Et, pour répondre en hâte à son grand caractère,
Il verroit....

D. DIÈGUE.

Je le sais, vous servez bien le roi;
Je vous ai vu combattre et commander sous moi :
Quand l'âge dans mes nerfs a fait couler sa glace,
Votre rare valeur a bien rempli ma place;
Enfin, pour épargner des discours superflus,
Vous êtes aujourd'hui ce qu'autrefois je fus.
Vous voyez toutefois qu'en cette concurrence
Un monarque entre nous met quelque différence.

LE COMTE.

Ce que je méritois vous l'avez emporté.

D. DIÈGUE.

Qui l'a gagné sur vous l'avoit mieux mérité.

LE COMTE.

Qui peut mieux l'exercer en est bien le plus digne.

D. DIÈGUE.

En être refusé n'en est pas un bon signe.

LE COMTE.

Vous l'avez eu par brigue, étant vieux courtisan.

D. DIÈGUE.

L'éclat de mes hauts faits fut mon seul partisan.

LE COMTE.

Parlons-en mieux, le roi fait honneur à votre âge.

D. DIÈGUE.

Le roi, quand il en fait, le mesure au courage.

LE COMTE.

Et par là cet honneur n'étoit dû qu'à mon bras.

D. DIÈGUE.

Qui n'a pu l'obtenir ne le méritoit pas.

LE COMTE.

Ne le méritoit pas ! moi ?

D. DIÈGUE.

Vous.

LE COMTE.

Ton impudence,
Téméraire vieillard, aura sa récompense.

(*Il lui donne un soufflet.*)

D. DIÈGUE (*l'épée à la main.*)

Achève, et prends ma vie après un tel affront,
Le premier dont ma race ait vu rougir son front.

LE COMTE.

Et que penses-tu faire avec tant de foiblesse ?

D. DIÈGUE.

O Dieu ! ma force usée en ce besoin me laisse !

LE COMTE.

Ton épée est à moi : mais tu serois trop vain,
Si ce honteux trophée avoit chargé ma main.
　Adieu. Fais lire au prince, en dépit de l'envie,
Pour son instruction l'histoire de ta vie ;
D'un insolent discours ce juste châtiment
Ne lui servira pas d'un petit ornement.

Scène VII.

D. DIÈGUE.

O rage ! ô désespoir ! ô vieillesse ennemie !
N'ai-je donc tant vécu que pour cette infamie ?
Et ne suis-je blanchi dans les travaux guerriers,
Que pour voir en un jour flétrir tant de lauriers ?
Mon bras, qu'avec respect toute l'Espagne admire ;
Mon bras, qui tant de fois a sauvé cet empire,
Tant de fois affermi le trône de son roi,
Trahit donc ma querelle, et ne fait rien pour moi !
O cruel souvenir de ma gloire passée !
OEuvre de tant de jours en un jour effacée !
Nouvelle dignité fatale à mon bonheur !
Précipice élevé d'où tombe mon honneur !

Faut-il de votre éclat voir triompher le comte,
Et mourir sans vengeance, ou vivre dans la honte?
  Comte, sois de mon prince à présent gouverneur,
Ce haut rang n'admet point un homme sans honneur;
Et ton jaloux orgueil, par cet affront insigne,
Malgré le choix du roi, m'en a su rendre indigne.
Et toi, de mes exploits glorieux instrument,
Mais d'un corps tout de glace inutile ornement,
Fer jadis tant à craindre, et qui, dans cette offense,
M'as servi de parade, et non pas de défense,
Va, quitte désormais le dernier des humains,
Passe pour me venger en de meilleures mains.

Scène VIII.

D. DIEGUE. — D. RODRIGUE.

D. DIÈGUE.

Rodrigue, as-tu du cœur?

D. RODRIGUE.

Tout autre que mon père
L'éprouveroit sur l'heure.

D. DIÈGUE.

Agréable colère!
Digne ressentiment à ma douleur bien doux!
Je reconnois mon sang à ce noble courroux:
Ma jeunesse revit en cette ardeur si prompte.
Viens, mon fils! viens, mon sang, viens réparer ma honte,
Viens me venger.

D. RODRIGUE.

De quoi?

D. DIÈGUE.

                    D'un affront si cruel
Qu'à l'honneur de tous deux il porte un coup mortel,
D'un soufflet. L'insolent en eût perdu la vie,
Mais mon âge a trompé ma généreuse envie;
Et ce fer, que mon bras ne peut plus soutenir,
Je le remets au tien pour venger et punir.
Va contre un arrogant éprouver ton courage,
Ce n'est que dans le sang qu'on lave un tel outrage.
Meurs, ou tue. Au surplus, pour ne te point flatter,
Je te donne à combattre un homme à redouter :
Je l'ai vu tout sanglant, au milieu des batailles,
Se faire un beau rempart de mille funérailles.

D. RODRIGUE.

Son nom? c'est perdre temps en propos superflus.

D. DIÈGUE.

Donc pour te dire encor quelque chose de plus,
Plus que brave soldat, plus que grand capitaine,
C'est....

D. RODRIGUE.

    De grace, achevez.

D. DIÈGUE.

                Le père de Chimène.

D. RODRIGUE.

Le....

D. DIÈGUE.

      Ne réplique point, je connois ton amour,
Mais qui peut vivre infâme est indigne du jour:
Plus l'offenseur est cher, et plus grande est l'offense :

Enfin tu sais l'affront, et tu tiens la vengeance;
Je ne te dis plus rien; venge-moi, venge-toi;
Montre-toi digne fils d'un père tel que moi :
Accablé des malheurs où le destin me range,
Je m'en vais les pleurer. Va, cours, vole, et nous venge.

Scène IX.

D. RODRIGUE.

Percé jusques au fond du cœur
D'une atteinte imprévue aussi bien que mortelle,
Misérable vengeur d'une juste querelle,
Et malheureux objet d'une injuste rigueur,
Je demeure immobile, et mon ame abattue
 Cède au coup qui me tue.
 Si près de voir mon feu récompensé,
  O Dieu! l'étrange peine!
 En cet affront mon père est l'offensé,
 Et l'offenseur le père de Chimène!

 Que je sens de rudes combats!
Contre mon propre honneur mon amour s'intéresse,
Il faut venger un père, et perdre une maîtresse:
L'un m'anime le cœur, l'autre retient mon bras.
Réduit au triste choix, ou de trahir ma flamme,
 Ou de vivre en infâme,
 Des deux côtés mon mal est infini.
  O Dieu! l'étrange peine!
 Faut-il laisser un affront impuni?
 Faut-il punir le père de Chimène?

 Père, maîtresse, honneur, amour,
Noble et dure contrainte, aimable tyrannie,
Tous mes plaisirs sont morts, ou ma gloire ternie;

L'un me rend malheureux, l'autre indigne du jour.
Cher et cruel espoir d'une ame généreuse,
        Mais ensemble amoureuse,
    Digne ennemi de mon plus grand bonheur,
        Fer, qui causes ma peine,
    M'es-tu donné pour perdre ma Chimène ?

        Il vaut mieux courir au trépas ;
Je dois à ma maîtresse aussi bien qu'à mon père.
J'attire, en me vengeant, sa haine et sa colère :
J'attire ses mépris en ne me vengeant pas.
A mon plus doux espoir l'un me rend infidèle,
        Et l'autre, indigne d'elle.
    Mon mal augmente à le vouloir guérir,
        Tout redouble ma peine :
    Allons, mon ame, et, puisqu'il faut mourir,
    Mourons du moins sans offenser Chimène.

        Mourir sans tirer ma raison !
Rechercher un trépas si mortel à ma gloire !
Endurer que l'Espagne impute à ma mémoire
D'avoir mal soutenu l'honneur de ma maison ;
Respecter un amour dont mon ame égarée
        Voit la perte assurée !
    N'écoutons plus ce penser suborneur
        Qui ne sert qu'à ma peine :
    Allons, mon bras, sauvons du moins l'honneur,
    Puisqu'après tout il faut perdre Chimène.

        Oui, mon esprit s'étoit déçu ;
Je dois tout à mon père avant qu'à ma maîtresse :
Que je meure au combat, ou meure de tristesse,
Je rendrai mon sang pur comme je l'ai reçu.
Je m'accuse déjà de trop de négligence,
        Courons à la vengeance ;

Et, tout honteux d'avoir tant balancé,
　　Ne soyons plus en peine,
Puisqu'aujourd'hui mon père est l'offensé,
Si l'offenseur est père de Chimène.

FIN DU PREMIER ACTE.

ACTE SECOND.

Scène I.

D. ARIAS.—LE COMTE.

LE COMTE.

Je l'avoue entre nous, quand je lui fis l'affront,
J'eus le sang un peu chaud, et le bras un peu prompt.
Mais, puisque c'en est fait, le coup est sans remède.

D. ARIAS.

Qu'aux volontés du roi ce grand courage cède;
Il y prend grande part, et son cœur irrité
Agira contre vous de pleine autorité.
Aussi vous n'avez point de valable défense :
Le rang de l'offensé, la grandeur de l'offense,
Demandent des devoirs et des soumissions
Qui passent le commun des satisfactions.

LE COMTE.

Le roi peut, à son gré, disposer de ma vie.

D. ARIAS.

De trop d'emportement votre faute est suivie.
Le roi vous aime encore, appaisez son courroux,
Il a dit : *Je le veux.* Désobéirez-vous ?

LE COMTE.

Monsieur, pour conserver ma gloire et mon estime,
Désobéir un peu n'est pas un si grand crime;

Et, quelque grand qu'il fût, mes services présents
Pour le faire abolir sont plus que suffisants.

D. ARIAS.

Quoi qu'on fasse d'illustre et de considérable,
Jamais à son sujet un roi n'est redevable :
Vous vous flattez beaucoup, et vous devez savoir
Que qui sert bien son roi ne fait que son devoir.
Vous vous perdrez, monsieur, sur cette confiance.

LE COMTE.

Je ne vous en croirai qu'après l'expérience.

D. ARIAS.

Vous devez redouter la puissance d'un roi.

LE COMTE.

Un jour seul ne perd pas un homme tel que moi.
Que toute sa grandeur s'arme pour mon supplice,
Tout l'état périra, s'il faut que je périsse.

D. ARIAS.

Quoi! vous craignez si peu le pouvoir souverain....

LE COMTE.

D'un sceptre qui, sans moi, tomberoit de sa main.
Il a trop d'intérêt lui-même à ma personne,
Et ma tête, en tombant, feroit choir sa couronne.

D. ARIAS.

Souffrez que la raison remette vos esprits :
Prenez un bon conseil.

LE COMTE.

         Le conseil en est pris.

D. ARIAS.

Que lui dirai-je enfin ? je lui dois rendre compte.

LE COMTE.

Que je ne puis du tout consentir à ma honte.

D. ARIAS.

Mais songez que les rois veulent être absolus.

LE COMTE.

Le sort en est jeté, monsieur, n'en parlons plus.

D. ARIAS.

Adieu donc, puisqu'en vain je tâche à vous résoudre.
Tout couvert de lauriers craignez encor la foudre.

LE COMTE.

Je l'attendrai sans peur.

D. ARIAS.

     Mais non pas sans effet.
       (*Il rentre.*)

LE COMTE.

Nous verrons donc par là don Diègue satisfait.
Qui ne craint point la mort ne craint point les menaces:
J'ai le cœur au-dessus des plus fières disgraces ;
Et l'on peut me réduire à vivre sans bonheur,
Mais non pas me résoudre à vivre sans honneur.

Scène II.

LE COMTE. — D. RODRIGUE.

D. RODRIGUE.

A moi, comte, deux mots.

LE COMTE.

Parle.

D. RODRIGUE.

Ote-moi d'un doute.
Connois-tu bien don Diègue?

LE COMTE.

Oui.

D. RODRIGUE.

Parlons bas, écoute.
Sais-tu que ce vieillard fut la même vertu,
La vaillance et l'honneur de son temps? Le sais-tu?

LE COMTE.

Peut-être.

D. RODRIGUE.

Cette ardeur que dans les yeux je porte,
Sais-tu que c'est son sang? Le sais-tu?

LE COMTE.

Que m'importe?

D. RODRIGUE.

A quatre pas d'ici je te le fais savoir.

LE COMTE.

Jeune présomptueux.

D. RODRIGUE.

Parle sans t'émouvoir.
Je suis jeune, il est vrai, mais aux ames bien nées
La valeur n'attend pas le nombre des années.

LE COMTE.

Te mesurer à moi! Qui t'a rendu si vain,
Toi qu'on n'a jamais vu les armes à la main?

ACTE II.

D. RODRIGUE.

Mes pareils à deux fois ne se font pas connoître,
Et pour leur coup d'essai veulent des coups de maître.

LE COMTE.

Sais-tu bien qui je suis?

D. RODRIGUE

Oui : tout autre que moi
Au seul bruit de ton nom pourroit trembler d'effroi.
Mille et mille lauriers dont ta tête est couverte
Semblent porter écrit le destin de ma perte;
J'attaque en téméraire un bras toujours vainqueur;
Mais j'aurai trop de force ayant assez de cœur.
A qui venge son père il n'est rien d'impossible;
Ton bras est invaincu, mais non pas invincible.

LE COMTE.

Ce grand cœur qui paroît aux discours que tu tiens,
Par tes yeux, chaque jour, se découvroit aux miens;
Et, croyant voir en toi l'honneur de la Castille,
Mon ame avec plaisir te destinoit ma fille.
Je sais ta passion, et suis ravi de voir
Que tous ces mouvements cèdent à ton devoir,
Qu'ils n'ont point affoibli cette ardeur magnanime,
Que ta haute vertu répond à mon estime;
Et que, voulant pour gendre un chevalier parfait,
Je ne me trompois point au choix que j'avois fait.
Mais je sens que pour toi ma pitié s'intéresse,
J'admire ton courage, et je plains ta jeunesse.
Ne cherche point à faire un coup d'essai fatal;
Dispense ma valeur d'un combat inégal;
Trop peu d'honneur pour moi suivroit cette victoire :

A vaincre sans péril on triomphe sans gloire.
On te croiroit toujours abattu sans effort,
Et j'aurois seulement le regret de ta mort.

D. RODRIGUE.

D'une indigne pitié ton audace est suivie :
Qui m'ose ôter l'honneur craint de m'ôter la vie !

LE COMTE.

Retire-toi d'ici.

D. RODRIGUE.

Marchons sans discourir.

LE COMTE.

Es-tu si las de vivre ?

D. RODRIGUE.

As-tu peur de mourir ?

LE COMTE.

Viens ; tu fais ton devoir ; et le fils dégénère
Qui survit un moment à l'honneur de son père.

Scène III.

L'INFANTE. — CHIMÈNE. — LEONOR.

L'INFANTE.

Appaise, ma Chimène, appaise ta douleur,
Fais agir ta constance en ce coup de malheur,
Tu reverras le calme après ce foible orage ;
Ton bonheur n'est couvert que d'un peu de nuage,
Et tu n'as rien perdu pour le voir différer.

CHIMÈNE.

Mon cœur, outré d'ennuis, n'ose rien espérer.

Un orage si prompt qui trouble une bonace
D'un naufrage certain nous porte la menace;
Je n'en saurois douter, je péris dans le port.
J'aimois, j'étois aimée, et nos pères d'accord;
Et je vous en contois la première nouvelle
Au malheureux moment que naissoit leur querelle,
Dont le récit fatal, sitôt qu'on vous l'a fait,
D'une si douce attente a ruiné l'effet.
 Maudite ambition, détestable manie,
Dont les plus généreux souffrent la tyrannie;
Impitoyable honneur, mortel à mes plaisirs,
Que tu me vas coûter de pleurs et de soupirs!

L'INFANTE.

Tu n'as dans leur querelle aucun sujet de craindre;
Un moment l'a fait naître, un moment va l'éteindre;
Elle a fait trop de bruit pour ne pas s'accorder,
Puisque déjà le roi les veut accommoder:
Et tu sais que mon ame à tes ennuis sensible
Pour en tarir la source y fera l'impossible.

CHIMÈNE.

Les accommodements ne font rien en ce point;
Les affronts à l'honneur ne se réparent point.
En vain on fait agir la force et la prudence;
Si l'on guérit le mal, ce n'est qu'en apparence;
La haine que les cœurs conservent au-dedans
Nourrit des feux cachés, mais d'autant plus ardents.

L'INFANTE.

Le saint nœud qui joindra don Rodrigue et Chimène
Des pères ennemis dissipera la haine,
Et nous verrons bientôt votre amour le plus fort,
Par un heureux hymen, étouffer ce discord.

CHIMÈNE.

Je le souhaite ainsi, plus que je ne l'espère,
Don Diègue est trop altier, et je connois mon père.
Je sens couler des pleurs que je veux retenir :
Le passé me tourmente, et je crains l'avenir.

L'INFANTE.

Que crains-tu? d'un vieillard l'impuissante foiblesse?

CHIMÈNE.

Rodrigue a du courage.

L'INFANTE.

                Il a trop de jeunesse.

CHIMÈNE.

Les hommes valeureux le sont du premier coup.

L'INFANTE.

Tu ne dois pas pourtant le redouter beaucoup,
Il est trop amoureux pour te vouloir déplaire,
Et deux mots de ta bouche arrêtent sa colère.

CHIMÈNE.

S'il ne m'obéit point, quel comble à mon ennui!
Et s'il peut m'obéir, que dira-t-on de lui?
Etant né ce qu'il est, souffrir un tel outrage!
Soit qu'il cède ou résiste au feu qui me l'engage,
Mon esprit ne peut qu'être ou honteux ou confus
De son trop de respect, ou d'un juste refus.

L'INFANTE.

Chimène est généreuse, et, quoique intéressée,
Elle ne peut souffrir une lâche pensée :
Mais si, jusques au jour de l'accommodement,

Je fais mon prisonnier de ce parfait amant,
Et que j'empêche ainsi l'effet de son courage,
Ton esprit amoureux n'aura-t-il point d'ombrage?

CHIMÈNE.

Ah, madame! en ce cas je n'ai plus de souci.

Scène IV.

L'INFANTE. — CHIMENE. — LEONOR. — UN PAGE.

L'INFANTE.

Page, cherchez Rodrigue, et l'amenez ici.

LE PAGE.

Le comte de Gormas et lui....

CHIMÈNE.

Bon Dieu! je tremble.

L'INFANTE.

Parlez.

LE PAGE.

De ce palais ils sont sortis ensemble.

CHIMÈNE

Seuls?

LE PAGE.

Seuls, et qui sembloient tout bas se quereller.

CHIMÈNE.

Sans doute ils sont aux mains, il n'en faut plus parler.
Madame, pardonnez à cette promptitude.

Scène V.

L'INFANTE. — LEONOR.

L'INFANTE.

Hélas! que dans l'esprit je sens d'inquiétude!
Je pleure ses malheurs, son amant me ravit,
Mon repos m'abandonne, et ma flamme revit.
Ce qui va séparer Rodrigue de Chimène
Fait renaître à-la-fois mon espoir et ma peine;
Et leur division, que je vois à regret,
Dans mon esprit charmé jette un plaisir secret.

LÉONOR.

Cette haute vertu qui règne dans votre ame
Se rend-elle sitôt à cette lâche flamme?

L'INFANTE.

Ne la nomme point lâche, à présent que chez moi
Pompeuse et triomphante elle me fait la loi;
Porte-lui du respect puisqu'elle m'est si chère;
Ma vertu la combat, mais malgré moi j'espère;
Et d'un si fol espoir mon cœur mal défendu
Vole après un amant que Chimène a perdu.

LÉONOR.

Vous laissez choir ainsi ce glorieux courage;
Et la raison chez vous perd ainsi son usage.

L'INFANTE.

Ah! qu'avec peu d'effet on entend la raison
Quand le cœur est atteint d'un si charmant poison,
Et lorsque le malade aime sa maladie,
Qu'il a peine à souffrir que l'on y remédie!

LÉONOR.

Votre espoir vous séduit; votre mal vous est doux;
Mais enfin ce Rodrigue est indigne de vous.

L'INFANTE.

Je ne le sais que trop; mais si ma vertu cède,
Apprends comme l'amour flatte un cœur qu'il possède;
Si Rodrigue une fois sort vainqueur du combat,
Si dessous sa valeur ce grand guerrier s'abat,
Je puis en faire cas, je puis l'aimer sans honte;
Que ne fera-t-il point s'il peut vaincre le comte?
J'ose m'imaginer qu'à ses moindres exploits
Les royaumes entiers tomberont sous ses lois;
Et mon amour flatteur déjà me persuade
Que je le vois assis au trône de Grenade,
Les Maures subjugués trembler en l'adorant,
L'Aragon recevoir ce nouveau conquérant,
Le Portugal se rendre, et ses nobles journées
Porter delà les mers ses hautes destinées,
Du sang des Africains arroser ses lauriers :
Enfin, tout ce qu'on dit des plus fameux guerriers,
Je l'attends de Rodrigue après cette victoire,
Et fais de son amour un sujet de ma gloire.

LÉONOR.

Mais, madame, voyez où vous portez son bras
En suite d'un combat qui peut-être n'est pas.

L'INFANTE.

Rodrigue est offensé, le comte a fait l'outrage,
Ils sont sortis ensemble, en faut-il d'avantage?

LÉONOR.

Je veux que ce combat demeure pour certain;
Votre esprit va-t-il pas bien vîte pour sa main?

L'INFANTE.

Que veux-tu ? Je suis folle, et mon esprit s'égare :
Mais c'est le moindre mal que l'amour me prépare.
Viens dans mon cabinet consoler mes ennuis,
Et ne me quitte point dans le trouble où je suis.

Scène VI.

D. FERNAND. — D. ARIAS. — D. SANCHE. — D. ALONSE.

D. FERNAND.

Le comte est donc si vain et si peu raisonnable ?
Ose-t-il croire encor son crime pardonnable ?

D. ARIAS.

Je l'ai de votre part long-temps entretenu :
J'ai fait mon pouvoir, sire, et n'ai rien obtenu.

D. FERNAND.

Justes cieux ! Ainsi donc un sujet téméraire
A si peu de respect et de soin de me plaire !
Il offense don Diègue, et méprise son roi !
Au milieu de ma cour il me donne la loi !
Qu'il soit brave guerrier, qu'il soit grand capitaine,
Je saurai bien rabattre une humeur si hautaine :
Fût-il la valeur même et le dieu des combats,
Il verra ce que c'est que de n'obéir pas.
Quoi qu'ait pu mériter une telle insolence,
Je l'ai voulu d'abord traiter sans violence :
Mais, puisqu'il en abuse, allez dès aujourd'hui,
Soit qu'il résiste ou non, vous assurer de lui.

Scène VII.

D. FERNAND. — D. SANCHE. — D. ARIAS.

D. SANCHE.

Peut-être un peu de temps le rendroit moins rebelle,
On l'a pris tout bouillant encor de sa querelle;
Sire, dans la chaleur d'un premier mouvement,
Un cœur si généreux se rend mal-aisément :
Il voit bien qu'il a tort; mais une ame si haute
N'est pas sitôt réduite à confesser sa faute.

D. FERNAND.

Don Sanche, taisez-vous, et soyez averti
Qu'on se rend criminel à prendre son parti.

D. SANCHE.

J'obéis, et me tais; mais, de grace encor, sire,
Deux mots en sa défense.

D. FERNAND.

    Et que pourrez-vous dire?

D. SANCHE.

Qu'une ame accoutumée aux grandes actions
Ne se peut abaisser à des soumissions.
Elle n'en conçoit point qui s'expliquent sans honte;
Et c'est à ce mot seul qu'a résisté le comte.
Il trouve en son devoir un peu trop de rigueur,
Et vous obéiroit s'il avoit moins de cœur.
Commandez que son bras, nourri dans les alarmes,
Répare cette injure à la pointe des armes;
Il satisfera, sire; et vienne qui voudra,
Attendant qu'il l'ait su, voici qui répondra.

D. FERNAND.

Vous perdez le respect; mais je pardonne à l'age,
Et j'excuse l'ardeur en un jeune courage.
Un roi dont la prudence a de meilleurs objets,
Est meilleur ménager du sang de ses sujets;
Je veille pour les miens, mes soucis les conservent;
Comme le chef a soin des membres qui le servent.
Ainsi votre raison n'est pas raison pour moi,
Vous parlez en soldat, je dois agir en roi;
Et quoi qu'on veuille dire, et quoi qu'il ose croire,
Le comte à m'obéir ne peut perdre sa gloire.
D'ailleurs l'affront me touche; il a perdu d'honneur
Celui que de mon fils j'ai fait le gouverneur.
S'attaquer à mon choix, c'est se prendre à moi-même,
Et faire un attentat sur le pouvoir suprême.
N'en parlons plus. Au reste, on a vu dix vaisseaux
De nos vieux ennemis arborer les drapeaux;
Vers la bouche du fleuve ils ont osé paroître.

D. ARIAS.

Les Maures ont appris par force à vous connoître;
Et, tant de fois vaincus, ils ont perdu le cœur
De se plus hasarder contre un si grand vainqueur.

D. FERNAND.

Ils ne verront jamais, sans quelque jalousie,
Mon sceptre, en dépit d'eux, régir l'Andalousie;
Et ce pays si beau, qu'ils ont trop possédé,
Avec un œil d'envie est toujours regardé.
C'est l'unique raison qui m'a fait dans Séville
Placer depuis dix ans le trône de Castille,
Pour les voir de plus près, et d'un ordre plus prompt
Renverser aussitôt ce qu'ils entreprendront.

D. ARIAS.

Sire, ils ont trop appris, aux dépens de leurs têtes,
Combien votre présence assure vos conquêtes;
Vous n'avez rien à craindre.

D. FERNAND.

      Et rien à négliger.
Le trop de confiance attire le danger;
Et le même ennemi que l'on vient de détruire,
S'il sait prendre son temps, est capable de nuire.
Toutefois j'aurois tort de jeter dans les cœurs,
L'avis étant mal sûr, de paniques terreurs:
L'effroi que produiroit cette alarme inutile,
Dans la nuit qui survient, troubleroit trop la ville.
Faites doubler la garde aux murs et sur le port;
C'est assez pour ce soir.

Scène VIII.

D. FERNAND. — D. SANCHE. — D. ARIAS. — D. ALONSE.

D. ALONSE.

      Sire, le comte est mort.
Don Diègue par son fils a vengé son offense.

D. FERNAND.

Dès que j'ai su l'affront, j'ai prévu la vengeance,
Et j'ai voulu dès-lors prévenir ce malheur.

D. ALONSE.

Chimène à vos genoux apporte sa douleur;
Elle vient tout en pleurs vous demander justice.

D. FERNAND.

Bien qu'à ses déplaisirs mon ame compatisse,
Ce que le comte a fait semble avoir mérité
Ce juste châtiment de sa témérité.
Quelque juste pourtant que puisse être sa peine,
Je ne puis sans regret perdre un tel capitaine.
Après un long service à mon état rendu,
Après son sang pour moi mille fois répandu,
A quelque sentiment que son orgueil m'oblige,
Sa perte m'affoiblit, et son trépas m'afflige.

Scène IX.

D. FERNAND. — D. DIEGUE. — CHIMENE. — D. SANCHE. — D. ARIAS. — D. ALONSE.

CHIMÈNE.

Sire, sire, justice.

D. DIÈGUE.

Ah! sire, écoutez-nous.

CHIMÈNE.

Je me jette à vos pieds.

D. DIÈGUE.

J'embrasse vos genoux.

CHIMÈNE.

Je demande justice.

D. DIÈGUE.

Entendez ma défense.

CHIMÈNE.

D'un jeune audacieux punissez l'insolence;

Il a de votre sceptre abattu le soutien,
Il a tué mon père.

D. DIÈGUE.

Il a vengé le sien.

CHIMÈNE.

Au sang de ses sujets un roi doit la justice.

D. DIÈGUE.

Pour la juste vengeance il n'est point de supplice.

D. FERNAND.

Levez-vous l'un et l'autre, et parlez à loisir.
Chimène, je prends part à votre déplaisir,
D'une égale douleur je sens mon ame atteinte.
Vous parlerez après, ne troublez pas sa plainte.

CHIMÈNE.

Sire, mon père est mort; mes yeux ont vu son sang
Couler à gros bouillons de son généreux flanc;
Ce sang qui tant de fois garantit vos murailles,
Ce sang qui tant de fois vous gagna des batailles,
Ce sang qui tout sorti fume encor de courroux
De se voir répandu pour d'autres que pour vous,
Qu'au milieu des hasards n'osoit verser la guerre,
Rodrigue en votre cour vient d'en couvrir la terre.
Et, pour son coup d'essai, son indigne attentat
D'un si ferme soutien a privé votre état;
De vos meilleurs soldats abattu l'assurance,
Et de vos ennemis relevé l'espérance.
J'ai couru sur le lieu sans force et sans couleur,
Je l'ai trouvé sans vie. Excusez ma douleur,
Sire, la voix me manque à ce récit funeste;
Mes pleurs et mes soupirs vous diront mieux le reste.

D. FERNAND.

Prends courage, ma fille, et sache qu'aujourd'hui
Ton roi te veut servir de père au lieu de lui.

CHIMÈNE.

Sire, de trop d'honneur ma misère est suivie.
Je vous l'ai déjà dit, je l'ai trouvé sans vie;
Son flanc étoit ouvert; et, pour mieux m'émouvoir,
Son sang sur la poussière écrivoit mon devoir;
Ou plutôt sa valeur en cet état réduite
Me parloit par sa plaie, et hâtoit ma poursuite;
Et, pour se faire entendre au plus juste des rois,
Par cette triste bouche elle empruntoit ma voix.
Sire, ne souffrez pas que sous votre puissance
Règne devant vos yeux une telle licence,
Que les plus valeureux avec impunité
Soient exposés aux coups de la témérité,
Qu'un jeune audacieux triomphe de leur gloire,
Se baigne dans leur sang, et brave leur mémoire.
Un si vaillant guerrier qu'on vient de vous ravir
Eteint, s'il n'est vengé, l'ardeur de vous servir.
Enfin, mon père est mort, j'en demande vengeance.
Plus pour votre intérêt que pour mon allégeance;
Vous perdez en la mort d'un homme de son rang;
Vengez-la par une autre, et le sang par le sang;
Immolez, non à moi, mais à votre couronne,
Mais à votre grandeur, mais à votre personne,
Immolez, dis-je, sire, au bien de tout l'état
Tout ce qu'enorgueillit un si grand attentat.

D. FERNAND.

Don Diègue, répondez.

D. DIÈGUE.

Qu'on est digne d'envie,
Lorsqu'en perdant la force on perd aussi la vie ;
Et qu'un long âge apprête aux hommes généreux,
Au bout de leur carrière, un destin malheureux !
Moi, dont les longs travaux ont acquis tant de gloire,
Moi, que jadis partout a suivi la victoire,
Je me vois aujourd'hui, pour avoir trop vécu,
Recevoir un affront, et demeurer vaincu.
Ce que n'a pu jamais combat, siège, embuscade,
Ce que n'a pu jamais Aragon, ni Grenade,
Ni tous vos ennemis, ni tous mes envieux,
Le comte en votre cour l'a fait presqu'à vos yeux,
Jaloux de votre choix, et fier de l'avantage
Que lui donnoit sur moi l'impuissance de l'âge.
Sire, ainsi ces cheveux blanchis sous le harnois,
Ce sang pour vous servir prodigué tant de fois,
Ce bras, jadis l'effroi d'une armée ennemie,
Descendoient au tombeau tous chargés d'infamie,
Si je n'eusse produit un fils digne de moi,
Digne de son pays, et digne de son roi.
Il m'a prêté sa main, il a tué le comte,
Il m'a rendu l'honneur, il a lavé ma honte.
Si montrer du courage et du ressentiment,
Si venger un soufflet mérite un châtiment,
Sur moi seul doit tomber l'éclat de la tempête :
Quand le bras a failli, l'on en punit la tête.
Qu'on nomme crime, ou non, ce qui fait nos débats,
Sire, j'en suis la tête, il n'en est que le bras.
Si Chimène se plaint qu'il a tué son père,
Il ne l'eût jamais fait, si je l'eusse pu faire.
Immolez donc ce chef que les ans vont ravir,

2

Et conservez pour vous le bras qui peut servir;
Aux dépens de mon sang satisfaites Chimène,
Je n'y résiste point, je consens à ma peine;
Et, loin de murmurer d'un rigoureux décret,
Mourant sans déshonneur, je mourrai sans regret.

D. FERNAND.

L'affaire est d'importance, et, bien considérée,
Mérite en plein conseil d'être délibérée.
Don Sanche, remettez Chimène en sa maison;
Don Diègue aura ma cour et sa foi pour prison.
Qu'on me cherche son fils. Je vous ferai justice.

CHIMÈNE.

Il est juste, grand roi, qu'un meurtrier périsse.

D. FERNAND.

Prends du repos, ma fille, et calme tes douleurs.

CHIMÈNE.

M'ordonner du repos, c'est croître mes malheurs.

FIN DU SECOND ACTE.

ACTE TROISIÈME.

Scène I.

D. RODRIGUE. — ELVIRE.

ELVIRE.

Rodrigue, qu'as-tu fait? Où viens-tu, misérable?

D. RODRIGUE.

Suivre le triste cours de mon sort déplorable.

ELVIRE.

Où prends-tu cette audace et ce nouvel orgueil
De paroître en des lieux que tu remplis de deuil?
Quoi! viens-tu jusqu'ici braver l'ombre du comte?
Ne l'as-tu pas tué?

D. RODRIGUE.

      Sa vie étoit ma honte;
Mon honneur de ma main a voulu cet effort.

ELVIRE.

Mais chercher ton asyle en la maison du mort?
Jamais un meurtrier en fit-il son refuge?

D. RODRIGUE.

Et je n'y viens aussi que m'offrir à mon juge.
Ne me regarde plus d'un visage étonné;
Je cherche le trépas après l'avoir donné.
Mon juge est mon amour, mon juge est ma Chimène;
Je mérite la mort de mériter sa haine;

Et j'en viens recevoir, comme un bien souverain,
Et l'arrêt de sa bouche, et le coup de sa main.

ELVIRE.

Fuis plutôt de ses yeux, fuis de sa violence;
A ses premiers transports dérobe ta présence,
Va, ne t'expose point aux premiers mouvements
Que poussera l'ardeur de ses ressentiments.

D. RODRIGUE.

Non, non, ce cher objet, à qui j'ai pu déplaire,
Ne peut pour mon supplice avoir trop de colère;
Et d'un heur sans pareil je me verrai combler,
Si, pour mourir plutôt, je puis la redoubler.

ELVIRE.

Chimène est au palais, de pleurs toute baignée,
Et n'en reviendra point que bien accompagnée.
Rodrigue, fuis, de grace, ôte-moi de souci:
Que ne dira-t-on point si l'on te voit ici?
Veux-tu qu'un médisant, pour comble à sa misère,
L'accuse d'y souffrir l'assassin de son père?
Elle va revenir.... Elle vient, je la vois;
Du moins pour son honneur, Rodrigne, cache-toi.

(Il se cache.)

Scène II.

D. SANCHE. — CHIMENE. — ELVIRE.

D. SANCHE.

Oui, madame, il vous faut de sanglantes victimes;
Votre colère est juste, et vos pleurs légitimes;
Et je n'entreprends pas, à force de parler,

Ni de vous adoucir, ni de vous consoler.
Mais si de vous servir je puis être capable,
Employez mon amour à venger cette mort :
Sous vos commandements mon bras sera trop fort.

CHIMÈNE.

Malheureuse!

D. SANCHE.

De grace, acceptez mon service.

CHIMÈNE.

J'offenserois le roi, qui m'a promis justice.

D. SANCHE.

Vous savez qu'elle marche avec tant de langueur
Qu'assez souvent le crime échappe à sa longueur;
Son cours lent et douteux fait trop perdre de larmes :
Souffrez qu'un chevalier vous venge par les armes;
La voie en est plus sûre et plus prompte à punir.

CHIMÈNE.

C'est le dernier remède : et s'il y faut venir,
Et que de mes malheurs cette pitié vous dure,
Vous serez libre alors de venger mon injure.

D. SANCHE.

C'est l'unique bonheur où mon ame prétend,
Et, pouvant l'espérer, je m'en vais trop content.

Scène III.

CHIMENE. — ELVIRE.

CHIMÈNE.

Enfin, je me vois libre, et je puis sans contrainte

De mes vives douleurs te faire voir l'atteinte ;
Je puis donner passage à mes tristes soupirs,
Je puis t'ouvrir mon ame et tous mes déplaisirs.
Mon père est mort, Elvire, et la premiere épée
Dont s'est armé Rodrigue a sa trame coupée.
Pleurez, pleurez, mes yeux, et fondez-vous en eau,
La moitié de ma vie a mis l'autre au tombeau,
Et m'oblige à venger, après ce coup funeste,
Celle que je n'ai plus sur celle qui me reste.

ELVIRE.

Reposez-vous, madame.

CHIMÈNE.

Ah! que mal-à-propos,
Dans un malheur si grand, tu parles de repos!
Par où sera jamais ma douleur appaisée,
Si je ne puis haïr la main qui l'a causée ?
Et que puis-je espérer qu'un tourment éternel,
Si je poursuis un crime, aimant le criminel ?

ELVIRE.

Il vous prive d'un père, et vous l'aimez encore ?

CHIMÈNE.

C'est peu de dire aimer, Elvire, je l'adore,
Ma passion s'oppose à mon ressentiment,
Dedans mon ennemi je trouve mon amant,
Et je sens qu'en dépit de toute ma colère
Rodrigue dans mon amour combat encor mon père;
Il l'attaque, il le presse, il cède, il se défend,
Tantôt fort, tantôt foible, et tantôt triomphant :
Mais en ce dur combat de colère et de flamme,
Il déchire mon cœur sans partager mon ame,

Et, quoi que mon amour ait sur moi de pouvoir,
Je ne consulte point pour suivre mon devoir.
Je cours sans balancer où mon honneur m'oblige,
Rodrigue m'est bien cher, son intérêt m'afflige,
Mon cœur prend son parti; mais, malgré son effort,
Je sais ce que je suis, et que mon père est mort.

ELVIRE.

Pensez-vous le poursuivre?

CHIMÈNE.

Ah! cruelle pensée,
Et cruelle poursuite où je me vois forcée!
Je demande sa tête et crains de l'obtenir;
Ma mort suivra la sienne, et je le veux punir.

ELVIRE.

Quittez, quittez, madame, un dessein si tragique;
Ne vous imposez point de loi si tyrannique.

CHIMÈNE.

Quoi! j'aurai vu mourir mon père entre mes bras,
Son sang criera vengeance, et je ne l'aurai pas!
Mon cœur, honteusement surpris par d'autres charmes,
Croira ne lui devoir que d'impuissantes larmes!
Et je pourrai souffrir qu'un amour suborneur
Sous un lâche silence étouffe mon honneur!

ELVIRE.

Madame, croyez-moi, vous serez excusable
De conserver pour vous un homme incomparable,
Un amant si chéri : vous avez assez fait;
Vous avez vu le roi; n'en pressez point d'effet,
Ne vous obstinez point en cette humeur étrange.

CHIMÈNE.

Il y va de ma gloire, il faut que je me venge;
Et, de quoi que nous flatte un desir amoureux,
Toute excuse est honteuse aux esprits généreux.

ELVIRE.

Mais vous aimez Rodrigue, il ne vous peut déplaire.

CHIMÈNE.

Je l'avoue.

ELVIRE.

Après tout, que pensez-vous donc faire?

CHIMÈNE.

Pour conserver ma gloire et finir mon ennui,
Le poursuivre, le perdre, et mourir après lui.

Scène IV.

D. RODRIGUE. — CHIMENE. — ELVIRE.

D. RODRIGUE.

Hé bien! sans vous donner la peine de poursuivre,
Assurez-vous l'honneur de m'empêcher de vivre.

CHIMÈNE.

Elvire, où sommes-nous? et qu'est-ce que je voi?
Rodrigue en ma maison! Rodrigue devant moi!

D. RODRIGUE.

N'épargnez point mon sang; goûtez sans résistance
La douceur de ma perte et de votre vengeance.

CHIMÈNE.

Hélas!

ACTE III.

D. RODRIGUE.

Ecoute-moi.

CHIMÈNE.

Je me meurs.

D. RODRIGUE.

      Un moment.

CHIMÈNE.

Va, laisse-moi mourir.

D. RODRIGUE.

    Quatre mots seulement,
Après, ne me réponds qu'avecque cette épée.

CHIMÈNE.

Quoi! du sang de mon père encor toute trempée?

D. RODRIGUE.

Ma Chimène.

CHIMÈNE.

    Ote-moi cet objet odieux,
Qui reproche ton crime et ta vie à mes yeux.

D. RODRIGUE.

Regarde-le plutôt pour exciter ta haine,
Pour croître ta colère, et pour hâter ma peine.

CHIMÈNE.

Il est teint de mon sang.

D. RODRIGUE.

     Plonge-le dans le mien,
Et fais-lui perdre ainsi la teinture du tien.

CHIMÈNE.

Ah! quelle cruauté, qui tout en un jour tue
Le père par le fer, la fille par la vie!
Ote-moi cet objet, je ne le puis souffrir :
Tu veux que je t'écoute, et tu me fais mourir!

D. RODRIGUE.

Je fais ce que tu veux, mais sans quitter l'envie
De finir par tes mains ma déplorable vie;
Car enfin n'attends pas de mon affection
Un lâche repentir d'une bonne action.
De la main de ton père un coup irréparable
Déshonoroit du mien la vieillesse honorable,
Tu sais comme un soufflet touche un homme de cœur;
J'avois part à l'affront, j'en ai cherché l'auteur,
Je l'ai vu, j'ai vengé mon honneur et mon père,
Je le ferois encor, si j'avois à le faire.
Ce n'est pas qu'en effet contre mon père et moi
Ma flamme assez long-temps n'ait combattu pour toi;
Juge de son pouvoir : dans une telle offense
J'ai pu douter encor si j'en prendrois vengeance :
Réduit à te déplaire, ou souffrir un affront,
J'ai retenu ma main, j'ai cru mon bras trop prompt;
Je me suis accusé de trop de violence;
Et ta beauté sans doute emportoit la balance,
Si je n'eusse opposé contre tous tes appas
Qu'un homme sans honneur ne te méritoit pas;
Qu'après m'avoir chéri quand je vivois sans blâme,
Qui m'aima généreux me haïroit infâme;
Qu'écouter ton amour, obéir à sa voix,
C'étoit m'en rendre indigne, et diffamer ton choix.
Je te le dis encore, et veux, tant que j'expire,

Sans cesse le penser, et sans cesse le dire.
Je t'ai fait une offense, et j'ai dû m'y porter
Pour effacer ma honte et pour te mériter :
Mais quitte envers l'honneur, et quitte envers mon père,
C'est maintenant à toi que je viens satisfaire ;
C'est pour t'offrir mon sang qu'en ce lieu tu me vois.
J'ai fait ce que j'ai dû, je fais ce que je dois ;
Je sais qu'un père mort t'arme contre mon crime,
Je ne t'ai pas voulu dérober ta victime :
Immole avec courage au sang qu'il a perdu
Celui qui met sa gloire à l'avoir répandu.

CHIMÈNE.

Ah ! Rodrigue ! il est vrai, quoique ton ennemie,
Je ne te puis blâmer d'avoir fui l'infamie :
Et, de quelle façon qu'éclatent mes douleurs
Je ne t'accuse point, je pleure mes malheurs.
Je sais ce que l'honneur, après un tel outrage,
Demandoit à l'ardeur d'un généreux courage :
Tu n'as fait le devoir que d'un homme de bien ;
Mais aussi, le faisant, tu m'as appris le mien.
Ta funeste valeur m'instruit par ta victoire :
Elle a vengé ton père, et soutenu ta gloire ;
Même soin me regarde ; et j'ai, pour m'affliger,
Ma gloire à soutenir, et mon père à venger.
Hélas ! ton intérêt ici me désespère ;
Si quelque autre malheur m'avoit ravi mon père,
Mon ame auroit trouvé dans le bien de te voir
Tout le soulagement qu'elle eût pu recevoir ;
Et contre ma douleur j'aurois senti des charmes,
Quand une main si chère eût essuyé mes larmes.
Mais il me faut te perdre après l'avoir perdu ;
Cet effort sur ma flamme à mon honneur est dû,

Et cet affreux devoir, dont l'ordre m'assassine,
Me force à travailler moi-même à ta ruine.
Car enfin, n'attends pas de mon affection
De lâches sentiments pour ta punition.
De quoi qu'en ta faveur notre amour m'entretienne,
Ma générosité doit répondre à la tienne,
Tu t'es, en m'offensant, montré digne de moi ;
Je me dois, par ta mort, montrer digne de toi.

D. RODRIGUE.

Ne diffère donc plus ce que l'honneur t'ordonne ;
Il demande ma tête, et je te l'abandonne :
Fais-en un sacrifice à ce noble intérêt ;
Le coup m'en sera doux aussi-bien que l'arrêt.
Attendre après mon crime une lente justice,
C'est reculer ta gloire autant que mon supplice ;
Je mourrai trop heureux mourant d'un coup si beau.

CHIMÈNE.

Va, je suis ta partie, et non pas ton bourreau.
Si tu m'offres ta tête, est-ce à moi de la prendre ?
Je la dois attaquer, mais tu dois la défendre ;
C'est d'un autre que toi qu'il me faut l'obtenir,
Et je dois te poursuivre, et non pas te punir.

D. RODRIGUE.

De quoi qu'en ma faveur notre amour t'entretienne,
Ta générosité doit répondre à la mienne ;
Et pour venger un père emprunter d'autres bras,
Ma Chimène, crois-moi, c'est n'y répondre pas.
Ma main seule du mien a su venger l'offense,
Ta main seule du tien doit prendre la vengeance.

ACTE III.

CHIMÈNE.

Cruel, à quel propos sur ce point t'obstiner ?
Tu t'es vengé sans aide, et tu m'en veux donner !
Je suivrai ton exemple; et j'ai trop de courage
Pour souffrir qu'avec toi ma gloire se partage.
Mon père et mon honneur ne veulent rien devoir
Aux traits de ton amour, ni ne ton désespoir.

D. RODRIGUE.

Rigoureux point d'honneur! Hélas! quoi que je fasse,
Ne pourrai-je à la fin obtenir cette grace?
Au nom d'un père mort, ou de notre amitié,
Punis-moi par vengeance, ou du moins par pitié;
Ton malheureux amant aura bien moins de peine
A mourir par ta main, qu'à vivre avec ta haine.

CHIMÈNE.

Va, je ne te hais point.

D. RODRIGUE.

       Tu le dois.

CHIMÈNE.

       Je ne puis.

D. RODRIGUE.

Crains-tu si peu le blâme, et si peu les faux bruits?
Quand on saura mon crime et que ta flamme dure,
Que ne publieront point l'envie et l'imposture ?
Force-les au silence, et, sans plus discourir,
Sauve ta renommée en me faisant mourir.

CHIMÈNE.

Elle éclate bien mieux en te laissant la vie;

Et je veux que la voix de la plus noire envie
Elève au ciel ma gloire, et plaigne mes ennuis,
Sachant que je t'adore, et que je te poursuis.
Va-t'en, ne montre plus à ma douleur extrême
Ce qu'il faut que je perde, encore que je l'aime;
Dans l'ombre de la nuit cache bien ton départ.
Si l'on te voit sortir, mon honneur court hasard;
La seule occasion qu'aura la médisance,
C'est de savoir qu'ici j'ai souffert ta présence :
Ne lui donne point lieu d'attaquer ma vertu.

D. RODRIGUE.

Que je meure.

CHIMÈNE.

Va-t'en.

D. RODRIGUE.

A quoi te résous-tu ?

CHIMÈNE.

Malgré des feux si beaux qui troublent ma colère
Je ferai mon possible à bien venger mon père ;
Mais, malgré la rigueur d'un si cruel devoir,
Mon unique souhait est de ne rien pouvoir.

D. RODRIGUE.

O miracle d'amour !

CHIMÈNE.

O comble de misères !

D. RODRIGUE.

Que de maux et de pleurs nous coûteront nos pères!

CHIMÈNE.

Rodrigue, qui l'eût cru !....

ACTE III.

D. RODRIGUE.

   Chimène, qui l'eût dit !....

CHIMÈNE.

Que notre heur fût si proche, et sitôt se perdît !....

D. RODRIGUE.

Et que, si près du port, contre toute apparence,
Un orage si prompt brisât notre espérance !

CHIMÈNE.

Ah ! mortelles douleurs !

D. RODRIGUE.

    Ah ! regrets superflus !

CHIMÈNE.

Va-t'en, encore un coup, je ne t'écoute plus.

D. RODRIGUE.

Adieu. Je vais traîner une mourante vie,
Tant que par ta poursuite elle me soit ravie.

CHIMÈNE.

Si j'en obtiens l'effet, je t'engage ma foi
De ne respirer pas un moment après toi.
Adieu. Sors; et surtout garde bien qu'on te voie.

ELVIRE.

Madame, quelques maux que le ciel nous envoie...,

CHIMÈNE.

Ne m'importune plus, laisse-moi soupirer;
Je cherche le silence et la nuit pour pleurer.

Scène V.

D. DIEGUE, *seul*.

Jamais nous ne goûtons de parfaite alégresse ;
Nos plus heureux succès sont mêlés de tristesse ;
Toujours quelques soucis en ces événements
Troublent la pureté de nos contentements.
Au milieu du bonheur mon ame en sent l'atteinte ;
Je nage dans la joie, et je tremble de crainte ;
J'ai vu mort l'ennemi qui m'avoit outragé,
Et je ne saurois voir la main qui m'a vengé.
En vain je m'y travaille, et d'un soin inutile,
Tout cassé que je suis, je cours toute la ville ;
Ce peu que mes vieux ans m'ont laissé de vigueur
Se consume sans fruit à chercher ce vainqueur.
A tout heure, en tous lieux, dans une nuit si sombre,
Je pense l'embrasser, et n'embrasse qu'une ombre ;
Et mon amour, déçu par cet objet trompeur,
Se forme des soupçons qui redoublent ma peur.
Je ne découvre point de marques de sa fuite ;
Je crains du comte mort les amis et la suite ;
Leur nombre m'épouvante, et confond ma raison.
Rodrigue ne vit plus, ou respire en prison.
Justes cieux, me trompé-je encore à l'apparence,
Ou si je vois enfin mon unique espérance ?
C'est lui, n'en doutons plus ; mes vœux sont exaucés ;
Ma crainte est dissipée, et mes ennuis cessés.

Scène VI.

D. DIEGUE. — D. RODRIGUE.

D. DIÈGUE.

Rodrigue, enfin le ciel permet que je te voie !

D. RODRIGUE.

Hélas !

D. DIÈGUE.

Ne mêle point de soupirs à ma joie ;
Laisse-moi prendre haleine, afin de te louer.
Ma valeur n'a point lieu de te désavouer,
Tu l'as bien imitée ; et ton illustre audace
Fait bien revivre en toi les héros de ma race.
C'est d'eux que tu descends, c'est de moi que tu viens.
Ton premier coup d'épée égale tous les miens ;
Et d'une belle ardeur ta jeunesse animée
Par cette grande épreuve atteint ma renommée.
Appui de ma vieillesse, et comble de mon heur,
Touche ces cheveux blancs à qui tu rends l'honneur
Viens baiser cette joue, et reconnois la place
Où fut empreint l'affront que ton courage efface.

D. RODRIGUE.

L'honneur vous en est dû, je ne pouvois pas moins,
Etant sorti de vous, et nourri par vos soins :
Je me tiens trop heureux, et mon ame est ravie
Que mon coup d'essai plaise à qui je dois la vie.
Mais parmi vos plaisirs ne soyez point jaloux,
Si j'ose satisfaire à moi-même après vous.
Souffrez qu'en liberté mon désespoir éclate ;
Assez et trop long-temps votre discours le flatte.
Je ne me repens point de vous avoir servi ;
Mais rendez-moi le bien que ce coup m'a ravi.
Mon bras, pour vous venger, armé contre ma flamme,
Par ce coup glorieux m'a privé de mon ame :
Ne me dites plus rien ; pour vous j'ai tout perdu,
Ce que je vous devois, je vous l'ai bien rendu.

D. DIÈGUE.

Porte encore plus haut le fruit de ta victoire.
Je t'ai donné la vie, et tu me rends ma gloire,
Et d'autant que l'honneur m'est plus cher que le jour,
D'autant plus maintenant je te dois de retour.
Mais d'un cœur magnanime éloigne ces foiblesses :
Nous n'avons qu'un honneur; il est tant de maîtresses!
L'amour n'est qu'un plaisir, l'honneur est un devoir.

D. RODRIGUE.

Ah! que me dites-vous ?

D. DIÈGUE.

Ce que tu dois savoir.

D. RODRIGUE.

Mon honneur offensé sur moi-même se venge,
Et vous m'osez pousser à la honte du change !
L'infamie est pareille, et suit également
Le guerrier sans courage, et le perfide amant.
A ma fidélité ne faites point d'injure,
Souffrez-moi généreux sans me rendre parjure :
Mes liens sont trop forts pour être ainsi rompus ;
Ma foi m'engage encor si je n'espère plus,
Et, ne pouvant quitter ni posséder Chimène,
Le trépas que je cherche est ma plus douce peine.

D. DIÈGUE.

Il n'est pas temps encor de chercher le trépas ;
Ton prince et ton pays ont besoin de ton bras.
La flotte qu'on craignoit, dans le grand fleuve entrée,
Vient surprendre la ville, et piller la contrée ;
Les Maures vont descendre ; et le flux et la nuit,

Dans une heure, à nos murs les amènent sans bruit.
La cour est en désordre, et le peuple en alarmes;
On n'entend que des cris, on ne voit que des larmes.
Dans ce malheur public mon bonheur a permis
Que j'ai trouvé chez moi cinq cents de mes amis,
Qui, sachant mon affront, poussés d'un même zèle,
Se venoient tous offrir à venger ma querelle :
Tu les as prévenus; mais leurs vaillantes mains
Se tremperont bien mieux au sang des Africains.

   Va marcher à leur tête où l'honneur te demande;
C'est toi que veut pour chef leur généreuse bande :
De ces vieux ennemis va soutenir l'abord;
Là, si tu veux mourir, trouve une belle mort;
Prends-en l'occasion, puisqu'elle t'est offerte;
Fais devoir à ton roi son salut à ta perte.
Mais reviens-en plutôt les palmes sur le front,
Ne borne pas ta gloire à venger un affront :
Porte-la plus avant; force par ta vaillance
La justice au pardon, et Chimène au silence.
Si tu l'aimes, apprends que revenir vainqueur
C'est l'unique moyen de regagner son cœur.
Mais le temps est trop cher pour le perdre en paroles·
Je t'arrête en discours, et je veux que tu voles :
Viens, suis-moi; va combattre, et montrer à ton roi
Que ce qu'il perd au comte il le recouvre en toi.

FIN DU TROISIÈME ACTE.

ACTE QUATRIEME.

Scène I.

CHIMENE. — ELVIRE.

CHIMÈNE.

N'est-ce point un faux bruit ? Le sais-tu bien, Elvire ?

ELVIRE.

Vous ne croiriez jamais comme chacun l'admire,
Et porte jusqu'au ciel, d'une commune voix,
De ce jeune héros les glorieux exploits.
Les Maures devant lui n'ont paru qu'à leur honte ;
Leur abord fut bien prompt, leur fuite encor plus prompte ;
Trois heures de combat laissent à nos guerriers
Une victoire entière, et deux rois prisonniers ;
La valeur de leur chef ne trouvoit point d'obstacles.

CHIMÈNE.

Et la main de Rodrigue a fait tous ces miracles !

ELVIRE.

De ses nobles efforts ces deux rois sont le prix ;
Sa main les a vaincus, et sa main les a pris.

CHIMÈNE.

De qui peux-tu savoir ces nouvelles étranges ?

ELVIRE.

Du peuple, qui partout fait sonner ses louanges,

ACTE IV.

Le nomme de sa joie et l'objet et l'auteur,
Son ange tutélaire, et son libérateur.

CHIMÈNE.

Et le roi, de quel œil voit-il tant de vaillance?

ELVIRE.

Rodrigue n'ose encor paroître en sa présence;
Mais don Diègue ravi lui présente enchaînés,
Au nom de ce vainqueur, ces captifs couronnés,
Et demande pour grace à ce généreux prince
Qu'il daigne voir la main qui sauve la province.

CHIMÈNE.

Mais n'est-il point blessé?

ELVIRE.

      Je n'en ai rien appris.
Vous changez de couleur! Reprenez vos esprits.

CHIMÈNE.

Reprenons donc aussi ma colère affoiblie :
Pour avoir soin de lui faut-il que je m'oublie?
On le vante, on le loue, et mon cœur y consent!
Mon honneur est muet, mon devoir impuissant!
Silence, mon amour! laisse agir ma colère;
S'il a vaincu deux rois, il a tué mon père;
Ces tristes vêtements où je lis mon malheur
Sont les premiers effets qu'ait produit sa valeur :
Et quoi qu'on dise ailleurs d'un cœur si magnanime,
Ici tous les objets me parlent de son crime.
 Vous, qui rendez la force à mes ressentiments,
Voiles, crêpes, habits, lugubres ornements,
Pompe que me prescrit sa première victoire,

Contre ma passion soutenez bien ma gloire ;
Et lorsque mon amour prendra trop de pouvoir,
Parlez à mon esprit de mon triste devoir ;
Attaquez, sans rien craindre, une main triomphante.

ELVIRE.

Modérez ces transports, voici venir l'infante.

Scène II.

L'INFANTE. — CHIMENE. — LEONOR. —ELVIRE.

L'INFANTE.

Je ne viens pas ici consoler tes douleurs ;
Je viens plutôt mêler mes soupirs à tes pleurs.

CHIMÈNE.

Prenez bien plutôt part à la commune joie :
Et goûtez le bonheur que le ciel vous envoie.
Madame, autre que moi n'a droit de soupirer :
Le péril dont Rodrigue a su vous retirer,
Et le salut public que vous rendent ses armes,
A moi seule aujourd'hui permet encor les larmes.
Il a sauvé la ville, il a servi son roi,
Et son bras valeureux n'est funeste qu'à moi.

L'INFANTE.

Ma Chimène, il est vrai qu'il a fait des merveilles.

CHIMÈNE.

Déjà ce bruit fâcheux a frappé mes oreilles ;
Et je l'entends partout publier hautement
Aussi brave guerrier que malheureux amant.

L'INFANTE.

Qu'a de fâcheux pour toi ce discours populaire ?

Ce jeune Mars qu'on loue a su jadis te plaire;
Il possédoit ton ame, il vivoit sous tes lois;
Et vanter ta valeur, c'est honorer ton choix.

CHIMÈNE.

Chacun peut la vanter avec quelque justice;
Mais pour moi sa louange est un nouveau supplice.
On aigrit ma douleur en l'élevant si haut;
Je sens ce que je perds, quand je vois ce qu'il vaut.
Ah! cruels déplaisirs à l'esprit d'une amante!
Plus j'apprends son mérite, et plus mon feu s'augmente.
Cependant mon devoir est toujours le plus fort,
Et, malgré mon amour, va poursuivre sa mort.

L'INFANTE.

Hier ce devoir te mit en une haute estime;
L'effort que tu te fis parut si magnanime,
Si digne d'un grand cœur, que chacun à la cour
Admirait ton courage, et plaignait ton amour.
Mais croirois-tu l'avis d'une amitié fidèle?

CHIMÈNE.

Ne vous obéir pas me rendroit criminelle.

L'INFANTE.

Ce qui fut juste alors ne l'est plus aujourd'hui.
Rodrigue maintenant est notre unique appui,
L'espérance et l'amour d'un peuple qui l'adore,
Le soutien de Castille, et la terreur du Maure;
Ses faits nous ont rendu ce qu'ils nous ont ôté;
Et ton père en lui seul se voit ressuscité;
Et si tu veux enfin qu'en deux mots je m'explique,
Tu poursuis en sa mort la ruine publique.
Quoi! pour venger un père est-il jamais permis

De livrer sa patrie aux mains des ennemis ?
Contre nous ta poursuite est-elle légitime ?
Et, pour être punis, avons-nous part au crime ?
Ce n'est pas qu'après tout tu doives épouser
Celui qu'un père mort t'obligeoit d'accuser ;
Je te voudrois moi-même en arracher l'envie :
Ote-lui ton amour, mais laisse-nous sa vie.

CHIMÈNE.

Ah ! ce n'est pas à moi d'avoir tant de bonté ;
Le devoir qui m'aigrit n'a rien de limité.
Quoique pour ce vainqueur mon ame s'intéresse,
Quoiqu'un peuple l'adore, et qu'un roi le caresse,
Qu'il soit environné des plus vaillants guerriers,
J'irai sous mes cyprès accabler ses lauriers.

L'INFANTE.

C'est générosité, quand, pour venger un père,
Notre devoir attaque une tête si chère :
Mais c'en est une encor d'un plus illustre rang,
Quand on donne au public les intérêts du sang.
Non, crois-moi, c'est assez que d'éteindre ta flamme ;
Il sera trop puni s'il n'est plus dans ton ame.
Que le bien du pays t'impose cette loi :
Aussi-bien, que crois-tu que t'accorde le roi ?

CHIMÈNE.

Il peut me refuser, mais je ne puis me taire.

L'INFANTE.

Pense bien, ma Chimène, à ce que tu veux faire.
Adieu. Tu pourras seule y songer à loisir.

CHIMÈNE.

Après mon père mort, je n'ai point à choisir.

Scène III.

D. FERNAND. — D. DIEGUE. — D. ARIAS. —
D. RODRIGUE. — D. SANCHE.

D. FERNAND.

Généreux héritier d'une illustre famille
Qui fut toujours la gloire et l'appui de Castille,
Race de tant d'aïeux en valeur signalés,
Que l'essai de la tienne a sitôt égalés,
Pour te récompenser ma force est trop petite;
Et j'ai moins de pouvoir que tu n'as de mérite.
Le pays délivré d'un si rude ennemi,
Mon sceptre dans ma main par la tienne affermi,
Et les Maures défaits, avant qu'en ces alarmes
J'eusse pu donner ordre à repousser leurs armes,
Ne sont point des exploits qui laissent à ton roi
Le moyen ni l'espoir de s'acquitter vers toi.
Mais les deux rois captifs seront ta récompense;
Ils t'ont nommé tous deux leur Cid en ma présence;
Puisque Cid, en leur langue, est autant que seigneur,
Je ne t'envierai pas ce beau titre d'honneur.
Sois désormais le Cid; qu'à ce grand nom tout cède;
Qu'il comble d'épouvante et Grenade et Tolède;
Et qu'il marque à tous ceux qui vivent sous mes lois,
Et ce que tu me vaux, et ce que tu me dois.

D. RODRIGUE.

Que votre majesté, sire, épargne ma honte;
D'un si foible service elle fait trop de compte,
Et me force à rougir devant un si grand roi
De mériter si peu l'honneur que j'en reçoi.

Je sais trop que je dois au bien de votre empire;
Et le sang qui m'anime, et l'air que je respire;
Et quand je les perdrai pour un si digne objet,
Je ferai seulement le devoir d'un sujet.

D. FERNAND.

Tous ceux que ce devoir à mon service engage
Ne s'en acquittent pas avec même courage;
Et lorsque la valeur ne va point dans l'excès,
Elle ne produit point de si rares succès.
Souffre donc qu'on te loue; et de cette victoire
Apprends-moi plus au long la véritable histoire.

D. RODRIGUE.

Sire, vous avez su qu'en ce danger pressant
Qui jeta dans la ville un effroi si puissant,
Une troupe d'amis chez mon père assemblée
Sollicita mon ame encor toute troublée....
Mais, sire, pardonnez à ma témérité,
Si j'osai l'employer sans votre autorité;
Le péril approchoit; leur brigade étoit prête;
Me montrant à la cour je hasardois ma tête;
Et s'il falloit la perdre, il m'étoit bien plus doux
De sortir de la vie en combattant pour vous.

D. FERNAND.

J'excuse ta chaleur à venger ton offense,
Et l'état défendu me parle en ta défense.
Crois que dorénavant Chimène a beau parler,
Je ne l'écoute plus que pour la consoler.
Mais poursuis.

D. RODRIGUE.

   Sous moi donc cette troupe s'avance;

Et porte sur le front une mâle assurance.
Nous partîmes cinq cents : mais, par un prompt renfort,
Nous nous vîmes trois mille en arrivant au port,
Tant à nous voir marcher en si bon équipage
Les plus épouvantés reprenoient de courage !
J'en cache les deux tiers aussitôt qu'arrivés
Dans le fond des vaisseaux qui lors furent trouvés;
Le reste, dont le nombre augmentoit à toute heure,
Brûlant d'impatience, autour de moi demeure,
Se couche contre terre, et, sans faire aucun bruit,
Passe une bonne part d'une si belle nuit.
Par mon commandement la garde en fait de même,
Et se tenant cachée aide à mon stratagême;
Et je feins hardiment d'avoir reçu de vous
L'ordre qu'on me voit suivre et que je donne à tous.
Cette obscure clarté qui tombe des étoiles
Enfin avec le flux nous fait voir trente voiles;
L'onde s'enfle dessous, et d'un commun effort
Les Maures et la mer montent jusques au port.
On les laisse passer; tout leur paroît tranquille;
Point de soldats au port, point aux murs de la ville.
Notre profond silence abusant leurs esprits,
Ils n'osent plus douter de nous avoir surpris;
Ils abordent sans peur, ils ancrent, ils descendent,
Et courent se livrer aux mains qui les attendent.
Nous nous levons alors, et tous en même temps
Poussons jusques au ciel mille cris éclatants.
Les nôtres à ces cris de nos vaisseaux répondent :
Ils paroissent, armés. Les Maures se confondent,
L'épouvante les prend à demi descendus;
Avant que de combattre ils s'estiment perdus.
Ils couroient au pillage, et rencontrent la guerre;

Nous les pressons sur l'eau, nous les pressons sur terre,
Et nous faisons courir des ruisseaux de leur sang,
Avant qu'aucun résiste, ou reprenne son rang.
Mais bientôt, malgré nous, leurs princes les rallient,
Leur courage renaît, et leurs terreurs s'oublient;
La honte de mourir sans avoir combattu
Arrête leur désordre, et leur rend la vertu.
Contre nous de pied ferme ils tirent leurs épées :
Des plus braves soldats les trames sont coupées;
Et la terre, et le fleuve, et leur flotte, et le port,
Sont des champs de carnage où triomphe la mort.
  O combien d'actions, combien d'exploits célèbres
Sont demeurés sans gloire au milieu des ténèbres,
Où chacun, seul témoin des grands coups qu'il portoit,
Ne pouvoit discerner où le sort inclinoit !
J'allois de tous côtés encourager les nôtres,
Faire avancer les uns, et soutenir les autres.
Ranger ceux qui venoient, les pousser à leur tour,
Et ne l'ai pu savoir jusques au point du jour.
Mais enfin sa clarté montre notre avantage :
Le Maure voit sa perte, et perd soudain courage,
En voyant un renfort qui nous vient secourir,
L'ardeur de vaincre cède à la peur de mourir.
Ils gagnent leurs vaisseaux, ils en coupent les cables,
Poussent jusques aux cieux des cris épouvantables,
Font retraite en tumulte, et sans considérer
Si leurs rois avec eux peuvent se retirer.
Ainsi leur devoir cède à la frayeur plus forte;
Le flux les apporta, le reflux les remporte,
Cependant que leurs rois engagés parmi nous,
Et quelque peu des leurs tout percés de nos coups,
Disputent vaillamment et vendent bien leur vie.

A se rendre moi-même en vain je les convie;
Le cimeterre au poing ils ne m'écoutent pas :
Mais voyant à leurs pieds tomber tous leurs soldats,
Et que seuls désormais en vain ils se défendent,
Ils demandent le chef : je me nomme ; ils se rendent:
Je vous les envoyai tous deux en même temps ;
Et le combat cessa, faute de combattants.
C'est de cette façon que, pour votre service....

Scène IV.

D. FERNAND. — D. DIEGUE. — D. RODRIGUE. —
D. ARIAS. — D. SANCHE. — D. ALONSE.

D. ALONSE.

Sire, Chimène vient vous demander justice.

D. FERNAND.

La fâcheuse nouvelle, et l'importun devoir !
Va, je ne la veux pas obliger à te voir,
Pour tous remercîments il faut que je te chasse;
Mais avant que sortir, viens, que ton roi t'embrasse.
(D. Rodrigue rentre).

D. DIÈGUE.

Chimène le poursuit, et voudroit le sauver.

D. FERNAND.

On m'a dit qu'elle l'aime, et je vais l'éprouver :
Montrez un œil plus triste.

Scène V.

D. FERNAND. — D. DIEGUE. — D. ARIAS. — D. SANCHE. — D. ALONSE. — CHIMENE. — ELVIRE.

D. FERNAND.

Enfin, soyez contente,
Chimène; le succès répond à votre attente.
Si de nos ennemis Rodrigue a le dessus,
Il est mort à nos yeux des coups qu'il a reçus;
Rendez graces au ciel qui vous en a vengée.
(*A don Diègue.*)
Voyez comme déjà sa couleur est changée.

D. DIÈGUE.

Mais voyez qu'elle pâme, et d'un amour parfait,
Dans cette pâmoison, sire, admirez l'effet.
Sa douleur a trahi les secrets de son ame,
Et ne vous permet plus de douter de sa flamme.

CHIMÈNE.

Quoi! Rodrigue est donc mort?

D. FERNAND.

Non, non, il voit le jour,
Et te conserve encore un immuable amour.
Calme cette douleur qui pour lui s'intéresse.

CHIMÈNE.

Sire, on pâme de joie ainsi que de tristesse,
Un excès de plaisir nous rend tout languissants,
Et quand il surprend l'ame, il accable les sens.

ACTE IV.

D. FERNAND.

Tu veux qu'en ta faveur nous croyions l'impossible;
Chimène, ta douleur a paru trop visible.

CHIMÈNE.

Hé bien! sire, ajoutez ce comble à mon malheur,
Nommez ma pamoison l'effet de ma douleur,
Un juste déplaisir à ce point m'a réduite;
Son trépas déroboit sa tête à ma poursuite.
S'il meurt des coups reçus pour le bien du pays,
Ma vengeance est perdue, et mes desseins trahis;
Une si belle fin m'est trop injurieuse;
Je demande sa mort, mais non pas glorieuse,
Non pas dans un éclat qui l'élève si haut,
Non pas au lit d'honneur, mais sur un échafaud.
Qu'il meure pour mon père, et non pour la patrie;
Que son nom soit taché, sa mémoire flétrie;
Mourir pour le pays n'est pas un triste sort;
C'est s'immortaliser par une belle mort.
J'aime donc sa victoire, et je le puis sans crime;
Elle assure l'état, et me rend ma victime,
Mais noble, mais fameuse entre tous les guerriers,
Le chef, au lieu de fleurs, couronné de lauriers,
Et, pour dire en un mot ce que j'en considère,
Digne d'être immolée aux mânes de mon père.
   Hélas! à quel espoir me laissé-je emporter?
Rodrigue de ma part n'a rien à redouter.
Que pourroient contre lui des larmes qu'on méprise?
Pour lui tout votre empire est un lieu de franchise;
Là, sous votre pouvoir, tout lui devient permis;
Il triomphe de moi comme des ennemis;
Dans leur sang répandu la justice étouffée,

Au crime du vainqueur sert d'un nouveau trophée;
Nous en croissons la pompe; et le mépris des lois
Nous fait suivre son char au milieu de deux rois.

D. FERNAND.

Ma fille, ces transports ont trop de violence :
Quand on rend la justice, on met tout en balance.
On a tué ton père; il étoit l'agresseur;
Et la même équité m'ordonne la douceur.
Avant que d'accuser ce que j'en fais paroître,
Consulte bien ton cœur; Rodrigue en est le maître;
Et ta flamme, en secret, rend graces à ton roi,
Dont la faveur conserve un tel amant pour toi.

CHIMÈNE.

Pour moi, mon ennemi! l'objet de ma colère!
L'auteur de mes malheurs! l'assassin de mon père!
De ma juste poursuite on fait si peu de cas,
Qu'on me croit obliger en ne m'écoutant pas!
Puisque vous refusez la justice à mes larmes,
Sire, permettez-moi de recourir aux armes;
C'est par là seulement qu'il a su m'outrager,
Et c'est aussi par là que je me dois venger.
A tous vos chevaliers je demande sa tête;
Oui, qu'un d'eux me l'apporte, et je suis sa conquête;
Qu'ils le combattent, sire; et, le combat fini,
J'épouse le vainqueur, si Rodrigue est puni.
Sous votre autorité souffrez qu'on le publie.

D. FERNAND.

Cette vieille coutume en ces lieux établie,
Sous couleur de punir un injuste attentat,
Des meilleurs combattants affoiblit un état.
Souvent de cet abus le succès déplorable

Opprime l'innocent, et soutient le coupable:
J'en dispense Rodrigue : il m'est trop précieux;
Pour l'exposer aux coups d'un sort capricieux;
Et, quoi qu'ait pu commettre un cœur si magnanime,
Les Maures en fuyant ont emporté son crime.

D. DIÈGUE.

Quoi, sire! pour lui seul, vous renversez des lois
Qu'a vu toute la cour observer tant de fois !
Que croira votre peuple ? et que dira l'envie,
Si, sous votre défense, il ménage sa vie ;
Et s'en fait un prétexte à ne paroître pas
Où tous les gens d'honneur cherchent un beau trépas ?
De pareilles faveurs terniroit trop sa gloire :
Qu'il goûte sans rougir les fruits de sa victoire.
Le comte eut de l'audace, il l'en a su punir ;
Il l'a fait en brave homme, et le doit maintenir.

D. FERNAND.

Puisque vous le voulez, j'accorde qu'il le fasse.
Mais d'un guerrier vaincu mille prendroient la place;
Et le prix que Chimène au vainqueur a promis
De tous mes chevaliers feroit ses ennemis.
L'opposer seul à tous seroit trop d'injustice ;
Il suffi qu'une fois il entre dans la lice.
  Choisis qui tu voudras, Chimène, et choisis bien :
Mais après ce combat ne demande plus rien.

D. DIÈGUE.

N'excusez point par là ceux que son bras étonne
Laissez un champ ouvert où n'entrera personne.
Après ce que Rodrigue a fait voir aujourd'hui,
Quel courage assez vain s'oseroit prendre à lui ?

Qui se hasarderoit contre un tel adversaire ?
Qui seroit ce vaillant, ou bien ce téméraire ?

D. SANCHE.

Faites ouvrir le champ, vous voyez l'assaillant;
Je suis ce téméraire, ou plutôt ce vaillant.
(à Chimène.)
Accordez cette grace à l'ardeur qui me presse,
Madame, vous savez quelle est votre promesse.

D. FERNAND.

Chimène, remets-tu ta querelle en sa main ?

CHIMÈNE.

Sire, je l'ai promis.

D. FERNAND.

Soyez prêt à demain.

D. DIÈGUE.

Non, sire, il ne faut pas différer davantage ;
On est toujours tout prêt quand on a du courage.

D. FERNAND.

Sortir d'une bataille, et combattre à l'instant !

D. DIÈGUE.

Rodrigue a pris haleine en vous la racontant.

D. FERNAND.

Du moins une heure ou deux je veux qu'il se délasse ;
Mais, de peur qu'en exemple un tel combat ne passe,
Pour témoigner à tous qu'à regret je permets
Un sanglant procédé qui ne me plut jamais,
De moi ni de la cour il n'aura la présence.

(à D. Arias.)
Vous seul des combattants jugerez la vaillance :
Ayez soin que tous deux fassent en gens de cœur;
Et, le combat fini, m'amenez le vainqueur.
Quel qu'il soit, même prix est acquis à sa peine,
Je le veux de ma main présenter à Chimène,
Et que, pour récompense, il reçoive sa foi.

CHIMÈNE.

Quoi! sire! m'imposer une si dure loi!

D. FERNAND.

Tu t'en plains; mais ton feu, loin d'avouer ta plainte,
Si Rodrigue est vainqueur, l'accepte sans contrainte.
Cesse de murmurer contre un arrêt si doux;
Qui que ce soit des deux, j'en ferai ton époux.

FIN DU QUATRIÈME ACTE.

ACTE CINQUIÈME.

Scène I.

D. RODRIGUE, CHIMENE.

CHIMÈNE. [dace ?

Quoi! Rodrigue, en plein jour! D'où te vient cette au-
Va, tu me perds d'honneur; retire-toi, de grace.

D. RODRIGUE.

Je vais mourir, madame, et vous viens en ce lieu.
Avant le coup mortel, dire un dernier adieu.
Cet immuable amour qui sous vos lois m'engage
N'ose accepter ma mort sans vous en faire hommage.

CHIMÈNE.

Tu vas mourir!

D. RODRIGUE.

Je cours à ces heureux moments,
Qui vont livrer ma vie à vos ressentiments.

CHIMÈNE.

Tu vas mourir! Don Sanche est-il si redoutable
Qu'il donne l'épouvante à ce cœur indomtable?
Qui t'a rendu si foible? ou qui le rend si fort?
Rodrigue va combattre et se croit déjà mort!
Celui qui n'a pas craint les Maures ni mon père
Va combattre don Sanche, et déjà désespère!
Ainsi donc au besoin ton courage s'abat!

D. RODRIGUE.

Je cours à mon supplice, et non pas au combat;
Et ma fidèle ardeur sait bien m'ôter l'envie,
Quand vous cherchez ma mort, de défendre ma vie.
 J'ai toujours même cœur; mais je n'ai point de bras
Quand il faut conserver ce qui ne vous plaît pas;
Et déjà cette nuit m'auroit été mortelle,
Si j'eusse combattu pour ma seule querelle.
Mais défendant mon roi, son peuple, et mon pays,
A me défendre mal je les aurois trahis.
Mon esprit généreux ne hait pas tant la vie
Qu'il en veuille sortir par une perfidie,
Maintenant qu'il s'agit de mon seul intérêt,
Vous demandez ma mort, j'en accepte l'arrêt,
Votre ressentiment choisit la main d'un autre,
Je ne méritois pas de mourir de la vôtre:
On ne me verra point en repousser les coups;
Je dois plus de respect à qui combat pour vous;
Et, ravi de penser que c'est de vous qu'ils viennent,
Puisque c'est votre honneur que ses armes soutiennent,
Je vais lui présenter mon estomac ouvert,
Adorant en sa main la vôtre qui me perd.

CHIMÈNE.

Si d'un triste devoir la juste violence,
Qui me fait, malgré moi, poursuivre ta vaillance,
Prescrit à ton amour une si forte loi
Qu'il te rend sans défense à qui combat pour moi,
En cet aveuglement ne perds pas la mémoire
Qu'ainsi que de ta vie il y va de ta gloire,
Et que, dans quelque éclat que Rodrigue ait vécu,
Quand on le saura mort, on le croira vaincu.

Ton honneur t'est plus cher que je ne te suis chère,
Puisqu'il trempe tes mains dans le sang de mon père,
Et te fait renoncer, malgré ta passion,
A l'espoir le plus doux de ma possession.
Je t'en vois cependant faire si peu de compte,
Que, sans rendre combat, tu veux qu'on te surmonte!
Quelle inégalité ravale ta vertu?
Pourquoi ne l'as-tu plus, ou pourquoi l'avois-tu?

Quoi! n'es-tu généreux que pour me faire outrage?
S'il ne faut m'offenser n'as-tu point de courage?
Et traites-tu mon père avec tant de rigueur,
Qu'après l'avoir vaincu tu souffres un vainqueur?
Va, sans vouloir mourir, laisse-moi te poursuivre,
Et défends ton honneur, si tu ne veux plus vivre.

D. RODRIGUE.

Après la mort du comte, et les Maures défaits,
Faudroit-il à ma gloire encor d'autres effets?
Elle peut dédaigner le soin de me défendre;
On sait que mon courage ose tout entreprendre,
Que ma valeur peut tout et que dessous les cieux
Auprès de mon honneur rien ne m'est précieux.
Non, non, en ce combat, quoi que vous veuilliez croire,
Rodrigue peut mourir sans hasarder sa gloire,
Sans qu'on l'ose accuser d'avoir manqué de cœur,
Sans passer pour vaincu, sans souffrir un vainqueur.
On dira seulement : « Il adoroit Chimène;
« Il n'a pas voulu vivre, et mériter sa haine;
« Il a cédé lui-même à la rigueur du sort
« Qui forçoit sa maîtresse à poursuivre sa mort:
« Elle vouloit sa tête; et son cœur magnanime,
« S'il l'en eût refusée, eût pensé faire un crime
« Pour venger son honneur il perdit son amour;

ACTE V.

« Pour venger sa maîtresse il a quitté le jour.
« Préférant, quelque espoir qu'eût son âme asservie,
« Son honneur à Chimène, et Chimène à sa vie. »
Ainsi donc vous verrez ma mort, en ce combat,
Loin d'obscurcir ma gloire en rehausser l'éclat;
Et cet honneur suivra mon trépas volontaire,
Que tout autre que moi n'eût pu vous satisfaire.

CHIMÈNE.

Puisque, pour t'empêcher de courir au trépas,
Ta vie et ton honneur sont de foibles appas,
Si jamais je t'aimai, cher Rodrigue, en revanche,
Défends-toi maintenant, pour m'ôter à don Sanche.
Combats, pour m'affranchir d'une condition,
Qui me livre à l'objet de mon aversion.
Te dirai-je encor plus ? va, songe à ta défense,
Pour forcer mon devoir, pour m'imposer silence;
Et si tu sens pour moi ton cœur encore épris,
Sors vainqueur d'un combat dont Chimène est le prix.
Adieu. Ce mot lâché me fait rougir de honte.

Scène II.

D. RODRIGUE, *seul*.

Est-il quelque ennemi qu'à présent je ne domte?
Paroissez, Navarrois, Maures, et Castillans,
Et tout ce que l'Espagne a nourri de vaillants;
Unissez-vous ensemble, et faites une armée
Pour combattre une main de la sorte animée;
Joignez tous vos efforts contre un espoir si doux;
Pour en venir à bout c'est trop peu que de vous.

Scène III.

L'INFANTE.

T'écouterai-je encor, respect de ma naissance,
    Qui fais un crime de mes feux ?
T'écouterai-je, amour, dont la douce puissance
Contre ce fier tyran fais révolter mes vœux ?
      Pauvre princesse, auquel des deux
      Dois-tu prêter obéissance ?
Rodrigue, ta valeur te rend digne de moi;
Mais, pour être vaillant, tu n'es pas fils de roi.

Impitoyable sort, dont la rigueur sépare
    Ma gloire d'avec mes désirs !
Est-il dit que le choix d'une vertu si rare
Coûte à ma passion de si grands déplaisirs ?
      O ciel ! à combien de soupirs
      Faut-il que mon cœur se prépare,
Si jamais il n'obtient, sur un si long tourment,
Ni d'éteindre l'amour, ni d'accepter l'amant ?

Mais c'est trop de scrupule; et ma raison s'étonne
    Du mépris d'un si digne choix :
Rien qu'aux monarques seuls ma naissance me donne,
Rodrigue, avec honneur je vivrai sous tes lois.
      Après avoir vaincu deux rois,
      Pourrois-tu manquer de couronne ?
Et ce grand nom de Cid, que tu viens de gagner,
Ne fait-il pas trop voir sur qui tu dois régner ?

Il est digne de moi : mais il est à Chimène;
    Le don que j'en ai fait me nuit.
Entre eux la mort d'un père a si peu mis de haine,
Que le devoir du sang à regret le poursuit :

Ainsi n'espérons aucun fruit
De son crime ni de ma peine,
Puisque, pour me punir, le destin a permis
Que l'amour dure même entre deux ennemis.

Scène IV.

L'INFANTE. — LEONOR.

L'INFANTE.

Où viens-tu, Léonor?

LÉONOR.

Vous applaudir, madame,
Sur le repos qu'enfin a retrouvé votre ame.

L'INFANTE.

D'où viendroit ce repos dans un comble d'ennui?

LÉONOR.

Si l'amour vit d'espoir, et s'il meurt avec lui,
Rodrigue ne peut plus charmer votre courage :
Vous savez le combat où Chimène l'engage;
Puisqu'il faut qu'il y meurt, ou qu'il soit son mari,
Votre espérance est morte, et votre esprit guéri.

L'INFANTE.

Ah! qu'il s'en faut encor!

LÉONOR.

Que pouvez-vous prétendre?

L'INFANTE.

Mais plutôt quel espoir me pourrois-tu défendre?
Si Rodrigue combat sous ces conditions,

Pour en rompre l'effet j'ai trop d'inventions;
L'amour, ce doux auteur de mes cruels supplices,
Aux esprits des amants apprend trop d'artifices.

LÉONOR.

Pourrez-vous quelque chose après qu'un père mort
N'a pu dans leurs esprits allumer de discord?
Car Chimène aisément montre par sa conduite
Que la haine aujourd'hui ne fait pas sa poursuite.
Elle obtient un combat, et pour son combattant
C'est le premier offert qu'elle accepte à l'instant.
Elle n'a point recours à ces mains généreuses
Que tant d'exploits fameux rendent si glorieuses;
Don Sanche lui suffit, et mérite son choix
Parce qu'il va s'armer pour la première fois :
Elle aime en ce duel son peu d'expérience;
Comme il est sans renom, elle est sans défiance :
Un tel choix, et si prompt, vous doit bien faire voir
Qu'elle cherche un combat qui force son devoir,
Qui livre à son Rodrigue une victoire aisée,
Et l'autorise enfin à paroître appaisée.

L'INFANTE.

Je le remarque assez; et toutefois mon cœur,
A l'envi de Chimène, adore ce vainqueur.
A quoi me résoudrai-je, amante infortunée?

LÉONOR.

A vous mieux souvenir de qui vous êtes née;
Le ciel vous doit un roi, vous aimez un sujet.

L'INFANTE.

Mon inclination a bien changé d'objet.

Je n'aime plus Rodrigue un simple gentilhomme;
Non, ce n'est plus ainsi que mon amour le nomme,
Si j'aime, c'est l'auteur de tant de beaux exploits,
C'est le valeureux Cid, le maître de deux rois.
   Je me vaincrai pourtant, non de peur d'aucun blâme,
Mais pour ne troubler pas une si belle flamme;
Et quand, pour m'obliger, on l'auroit couronné,
Je ne veux point reprendre un bien que j'ai donné.
Puisqu'en un tel combat sa victoire est certaine,
Allons encore un coup le donner à Chimène.
Et toi, qui vois les traits dont mon cœur est percé,
Vieus me voir achever comme j'ai commencé.

Scène V.

CHIMENE. — ELVIRE.

CHIMÈNE.

Elvire, que je souffre! et que je suis à plaindre!
Je ne sais qu'espérer; et je vois tout à craindre.
Aucun vœu ne m'échappe où j'ose consentir;
Je ne souhaite rien sans un prompt repentir :
A deux rivaux pour moi je fais prendre les armes;
Le plus heureux succès me coûtera des larmes,
Et, quoi qu'en ma faveur en ordonne le sort,
Mon père est sans vengeance, ou mon amant est mort.

ELVIRE.

D'un et d'autre côté je vous vois soulagée;
Ou vous avez Rodrigue, ou vous êtes vengée :
Et quoi que le destin puisse ordonner de vous,
Il soutient votre gloire, et vous donne un époux.

CHIMÈNE.

Quoi! l'objet de ma haine, ou bien de ma colère!
L'assassin de Rodrigue, ou celui de mon père!
De tous les deux côtés on me donne un mari
Encor tout teint du sang que j'ai le plus chéri.
De tous les deux côtés mon ame se rebelle,
Je crains plus que la mort la fin de ma querelle :
Allez, vengeance, amour, qui troublez mes esprits,
Vous n'avez point pour moi de douceurs à ce prix.
Et toi, puissant moteur du destin qui m'outrage,
Termine ce combat sans aucun avantage,
Sans faire aucun des deux ni vaincu, ni vainqueur.

ELVIRE.

Ce seroit vous traiter avec trop de rigueur.
Ce combat pour votre ame est un nouveau supplice.
S'il vous laisse obligée à demander justice,
A témoigner toujours ce haut ressentiment,
Et poursuivre toujours la mort de votre amant.
Madame, il vaut bien mieux que sa rare vaillance,
Lui couronnant le front, vous impose silence,
Que la loi du combat étouffe vos soupirs,
Et que le roi vous force à suivre vos désirs.

CHIMÈNE.

Quand il sera vainqueur, crois-tu que je me rende ?
Mon devoir est trop fort, et ma perte trop grande;
Et ce n'est pas assez, pour leur faire la loi,
Que celle du combat, et le vouloir du roi.
Il peut vaincre don Sanche avec fort peu de peine,
Mais non pas avec lui la gloire de Chimène :
Et, quoi qu'à sa victoire un monarque ait promis,
Mon honneur lui fera mille autres ennemis.

ELVIRE.

Gardez, pour vous punir de cet orgueil étrange,
Que le ciel à la fin ne souffre qu'on vous venge.
Quoi! vous voulez encor refuser le bonheur
De pouvoir maintenant vous taire avec honneur!
Que prétend ce devoir, et qu'est-ce qu'il espère?
La mort de votre amant vous rendra-t-elle un père?
Est-ce trop peu pour vous que d'un coup de malheur?
Faut-il perte sur perte, et douleur sur douleur?
Allez, dans le caprice où votre humeur s'obstine,
Vous ne méritez pas l'amant qu'on vous destine;
Et nous verrons du ciel l'équitable courroux
Vous laisser par sa mort don Sanche pour époux.

CHIMÈNE.

Elvire, c'est assez des peines que j'endure;
Ne les redouble point par ce funeste augure.
Je veux, si je le puis, les éviter tous deux,
Sinon en ce combat Rodrigue a tous mes vœux.
Non qu'une folle ardeur de son côté me penche;
Mais, s'il était vaincu, je serais à don Sanche;
Cette appréciation fait naître mon souhait.
Que vois-je? malheureuse! Elvire, c'en est fait!

Scene VI.

D. SANCHE. — CHIMENE. — ELVIRE.

D. SANCHE.

Madame, à vos genoux j'apporte cette épée....

CHIMÈNE.

Quoi! du sang de Rodrigue encor toute trempée!

Perfide, oses-tu bien te montrer à mes yeux,
Après m'avoir ôté ce que j'aimais le mieux ?
Eclate, mon amour, tu n'as plus rien à craindre ;
Mon père est satisfait, cesse de te contraindre.
Un même coup a mis ma gloire en sûreté,
Mon ame au désespoir, ma flamme en liberté.

D. SANCHE.

D'un esprit plus rassis....

CHIMÈNE.

                    Tu me parles encore,
Exécrable assassin d'un héros que j'adore !
Va, tu l'as pris en traître ; un guerrier si vaillant
N'eût jamais succombé sous un tel assaillant.
N'espère rien de moi, tu ne m'as point servie ;
En croyant me venger, tu m'as ôté la vie.

D. SANCHE.

Etrange impression, qui, loin de m'écouter....

CHIMÈNE.

Veux-tu que de sa mort je t'écoute vanter,
Que j'entende à loisir avec quelle insolence
Tu peindra son malheur, mon crime, et ta vaillance ?

Scène VII.

D. FERNAND. — D. DIEGUE. — D. ARIAS. —
D. SANCHE. — D. ALONSE, — CHIMENE. —
ELVIRE.

CHIMÈNE.

Sire, il n'est plus besoin de vous dissimuler
Ce que tous mes efforts ne vous ont pu céler.

J'aimois, vous l'avez su; mais, pour venger mon père,
J'ai bien voulu proscrire une tête si chère.
Votre majesté, sire, elle-même a pu voir
Comme j'ai fait céder mon amour au devoir...
Enfin Rodrigue est mort, et sa mort m'a changée,
D'implacable ennemie, en amante affligée :
J'ai dû cette vengeance à qui m'a mise au jour,
Et je dois maintenant ces pleurs à mon amour.
Don Sanche m'a perdue en prenant ma défense,
Et du bras qui me perd je suis la récompense !
Sire, si la pitié peut émouvoir un roi,
De grace, révoquez une si dure loi.
Pour prix d'une victoire où je perds ce que j'aime
Je lui laisse mon bien; qu'il me laisse à moi-même.
Qu'en un cloître sacré je pleure incessamment
Jusqu'au dernier soupir mon père et mon amant.

D. DIÈGUE.

Enfin elle aime, sire, et ne croit plus un crime
D'avouer par sa bouche un amour légitime.

D. FERNAND.

Chimène, sort d'erreur, ton amant n'est pas mort,
Et don Sanche vaincu t'a fait un faux rapport.

D. SANCHE.

Sire, un peu trop d'ardeur, malgré moi, l'a déçue,
Je venois du combat lui raconter l'issue.
Ce généreux guerrier dont son cœur est charmé.
« Ne crains rien, » m'a-t-il dit quand il m'a désarmé;
« Je laisserois plutôt la victoire incertaine
« Que de répandre un sang hasardé pour Chimène :
« Mais puisque mon devoir m'appelle auprès du roi,

« Va de notre combat l'entretenir pour moi,
« De la part du vainqueur lui porter ton épée. »
Sire, j'y suis venu : cet objet l'a trompée,
Elle m'a cru vainqueur me voyant de retour,
Et soudain sa colère a trahi son amour
Avec tant de transport et tant d'impatience.
Que je n'ai pu gagner un moment d'audience.
Pour moi, bien que vaincu, je me répute heureux :
Et, malgré l'intérêt de mon cœur amoureux,
Perdant infiniment, j'aime encor ma défaite,
Qui fait le beau succès d'une amour si parfaite.

D. FERNAND.

Ma fille, il ne faut point rougir d'un si beau feu,
Ni chercher les moyens d'en faire un désaveu ;
Une louable honte en vain t'en sollicite ;
Ta gloire est dégagée, et ton devoir est quitte ;
Ton père est satisfait : et c'étoit le venger
Que mettre tant de fois ton Rodrigue en danger.
Tu vois comme le ciel autrement en dispose ;
Ayant tant fait pour lui, fais pour toi quelque chose,
Et ne sois point rebelle à mon commandement,
Qui te donnne un époux aimé si chèrement.

Scène VIII.

D. FERNAND. — D. DIEGUE. — D. ARIAS. —
D. RODRIGUE — D. ALONSE. — D. SANCHE. —
L'INFANTE. — CHIMENE. — LEONOR. —
ELVIRE.

L'INFANTE.

Sèche tes pleurs, Chimène, et reçois sans tristesse
Ce généreux vainqueur des mains de ta princesse.

ACTE V.

D. RODRIGUE.

Ne vous offensez point, sire, si devant vous
Un respect amoureux me jette à ses genoux.
　Je ne viens point ici demander ma conquête,
Je viens tout de nouveau vous apporter ma tête,
Madame ; mon amour n'emploiera point pour moi
Ni la loi du combat, ni le vouloir du roi.
Si tout ce qui s'est fait est trop peu pour un père,
Dites par quels moyens il vous faut satisfaire.
Faut-il combattre encor mille et mille rivaux,
Aux deux bouts de la terre étendre mes travaux,
Forcer moi seul au camp, mettre en fuite une armée,
Des héros fabuleux passer la renommée ?
Si mon crime par-là se peut enfin laver,
J'ose tout entreprendre, et puis tout achever.
Mais si ce fier honneur, toujours inexorable,
Ne se peut appaiser sans la mort du coupable,
N'armez plus contre moi le pouvoir des humains ;
Ma tête est à vos pieds, vengez-vous par vos mains.
Vos mains seules ont droit de vaincre un invincible ;
Prenez une vengeance à tout autre impossible.
Mais, du moins, que ma mort suffise à me punir :
Ne me bannissez point de votre souvenir :
Et, puisque mon trépas conserve votre gloire,
Pour vous en revancher conservez ma mémoire,
Et dites quelquefois, en déplorant mon sort :
« S'il ne m'avoit aimée, il ne seroit pas mort. »

CHIMÈNE.

Relève-toi, Rodrigue. Il faut l'avouer, sire,
Je vous en ai trop dit pour m'en pouvoir dédire ;
Rodrigue a des vertus que je ne puis haïr ;

Et quand un roi commande, on lui doit obéir.
Mais, à quoi que déjà vous m'ayez condamnée,
Pourrez-vous à vos yeux souffrir cet hyménée ?
Et quand de mon devoir vous voulez cet effort,
Toute votre justice en est-elle d'accord ?
Si Rodrigue à l'état devient si nécessaire,
De ce qu'il fait pour vous dois-je être le salaire,
Et me livrer moi-même au reproche éternel
D'avoir trempé mes mains dans le sang paternel ?

D. FERNAND.

Le temps assez souvent a rendu légitime
Ce qui sembloit d'abord ne se pouvoir sans crime.
Rodrigue t'a gagnée, et tu dois être à lui :
Mais, quoique sa valeur t'ai conquise aujourd'hui,
Il faudroit que je fusse ennemi de ta gloire,
Pour lui donner sitôt le prix de sa victoire.
Cet hymen différé ne rompt point une loi
Qui, sans marquer de temps, lui destine ta foi ;
Prends un an, si tu veux, pour essuyer tes larmes.
  Rodrigue, cependant il faut prendre les armes.
Après avoir vaincu les Maures sur nos bords,
Renversé leurs desseins, repoussé leurs efforts,
Va jusqu'en leurs pays leur reporter la guerre,
Commander mon armée, et ravager leur terre.
A ce seul nom de Cid ils trembleront d'effroi ;
Ils t'ont nommé seigneur, et te voudront pour roi.
Mais, parmi tes hauts faits, sois-lui toujours fidèle ;
Reviens-en, s'il se peut, encor plus digne d'elle ;
Et par tes grands exploits fais-toi si bien priser,
Qu'il lui soit glorieux alors de t'épouser.

D. RODRIGUE.

Pour posséder Chimène, et pour votre service,

Que peut-on m'ordonner que mon bras n'accomplisse ?
Quoi qu'absent de ses yeux il me faille endurer,
Sire, ce m'est trop d'heur de pouvoir espérer.

D. FERNAND.

Espère en ton courage, espère en ma promesse ;
Et, possédant déjà le cœur de ta maîtresse, [toi,
Pour vaincre un point d'honneur qui combat contre
Laisse faire le temps, ta vaillance, et ton roi.

FIN DU CID.

POLYEUCTE,

Martyr,

TRAGÉDIE EN CINQ ACTES.

ACTEURS.

Félix, sénateur romain, gouverneur d'Arménie.
Polyeucte, seigneur arménien, gendre de Félix.
Sévère, chevalier romain, favori de l'empereur Décie.
Néarque, seigneur arménien, ami de Polyeucte.
Pauline, fille de Félix, et femme de Polyeucte.
Stratonice, confidente de Pauline.
Albin, confident de Félix.
Fabian, domestique de Sévère.
Cléon, confident de Félix.

La scène est à Mélitène, capitale d'Arménie, dans le palais de Félix.

POLYEUCTE,

ACTE PREMIER.

Scène I.

POLYEUCTE. — NEARQUE.

NÉARQUE.

Quoi ! vous vous arrêtez aux songes d'une femme !
De si faibles sujets troublent cette grande âme !
Et ce cœur tant de fois dans la guerre éprouvé
S'alarme d'un péril qu'une femme a rêvé ?

POLYEUCTE.

Je sais ce qu'est un songe, et le peu de croyance
Qu'un homme doit donner à son extravagance,
Qui d'un amas confus des vapeurs de la nuit
Forme de vains objets que le réveil détruit :
Mais vous ne savez pas ce que c'est qu'une femme ;
Vous ignorez quels droits elle a sur toute l'âme ;
Quand, après un long temps qu'elle a su nous charmer,
Les flambeaux de l'hymen viennent de s'allumer.
Pauline, sans raison dans la douleur plongée,
Craint et croit déjà voir ma mort qu'elle a songée ;
Elle oppose ses pleurs aux desseins que je fais :

Et tâche à m'empêcher de sortir du palais.
Je méprise sa crainte, et je cède à ses larmes,
Elle m'a fait pitié sans me donner d'alarmes;
Et mon cœur, attendri sans être intimidé,
N'ose déplaire aux yeux dont il est possédé.
L'occasion, Néarque, est-elle si pressante
Qu'il faille être insensible aux soupirs d'une amante?
Remettons ce dessein qui l'accable d'ennui;
Nous le pourrons demain aussi bien qu'aujourd'hui.

NÉARQUE.

Avez-vous cependant une pleine assurance
D'avoir assez de vie ou de persévérance?
Et Dieu, qui tient votre âme et vos jours dans sa main,
Promet-il à vos vœux de le vouloir demain?
Il est toujours tout juste et tout bon, mais sa grâce
Ne descend pas toujours avec même efficace :
Après certains moments que perdent nos longueurs,
Elle quitte ces traits qui pénètrent les cœurs;
Le nôtre s'endurcit, la repousse, l'égare;
Le bras qui la versait en devient plus avare;
Et cette sainte ardeur, qui doit porter au bien,
Tombe plus rarement, ou n'opère plus rien.
Celle qui vous pressait de courir au baptême,
Languissante déjà, cesse d'être la même;
Et, pour quelques soupirs qu'on vous a fait ouïr,
Sa flamme se dissipe et va s'épanouir.

POLYEUCTE.

Vous me connaissez mal: la même ardeur me brûle,
Et le désir s'accroit quand l'effet se recule.
Ces pleurs que je regarde avec un œil d'époux,
Me laissent dans le cœur aussi chrétien que vous;

Mais, pour en recevoir le sacré caractère,
Qui lave nos forfaits dans une eau salutaire,
Et qui, purgeant notre âme et dessillant nos yeux,
Nous rend le premier droit que nous avions aux cieux,
Bien que je le préfère aux grandeurs d'un empire,
Comme le bien suprême et le seul où j'aspire,
Je crois, pour satisfaire un long et saint amour,
Pouvoir un peu remettre et différer d'un jour.

NÉARQUE.

Ainsi du genre humain l'ennemi vous abuse;
Ce qu'il ne peut de force, il l'entreprend de ruse;
Jaloux des bons desseins qu'il tâche d'ébranler;
Quand il ne les peut rompre, il pousse à reculer;
D'obstacle sur obstacle il va troubler le vôtre, [tre;
Aujourd'hui par des pleurs, chaque jour par quelque au-
Et ce songe, rempli de noires visions,
N'est que le coup d'essai de ces illusions.
Il met tout en usage, et prière et menace,
Il attaque toujours et jamais ne se lasse,
Il croit pouvoir enfin ce qu'encore il n'a pu,
Et que ce qu'on diffère est à moitié rompu.
Rompez ces premiers coups; laissez pleurer Pauline,
Dieu ne veut point d'un cœur où le monde domine,
Qui regarde en arrière, et douteux en son choix,
Lorsque sa voix l'appelle, écoute une autre voix.

POLYEUCTE.

Pour se donner à lui, faut-il n'aimer personne?

NÉARQUE.

Nous pouvons tout aimer, il le souffre, il l'ordonne;
Mais, à vous dire tout, ce Seigneur des seigneurs
Veut le premier amour et les premiers honneurs.

Comme rien n'est égal à sa grandeur suprême,
Il ne faut rien aimer qu'après lui, qu'en lui-même,
Négliger, pour lui plaire, et femme, et biens, et rang,
Exposer pour sa gloire et verser tout son sang.
Mais que vous êtes loin de cette ardeur parfaite
Qui vous est nécessaire, et que je vous souhaite !
Je ne puis vous parler que les larmes aux yeux,
Polyeucte, aujourd'hui qu'on nous hait en tous lieux,
Qu'on croit servir l'Etat quand on nous persécute,
Qu'aux plus âpres tourments un chrétien est en butte ;
Comment en pourriez-vous surmonter les douleurs,
Si vous ne pouvez pas résister à des pleurs !

POLYEUCTE.

Vous ne m'étonnez point ; la pitié qui me blesse
Sied bien aux plus grands cœurs, et n'a point de faiblesse.
Sur mes pareils, Néarque, un bel œil est bien fort ;
Tel craint de le fâcher, qui ne craint pas la mort ;
Et s'il faut affronter les plus cruels supplices,
Y trouver des appas, en faire mes délices,
Votre Dieu que je n'ose encore nommer le mien,
M'en donnera la force en me faisant chrétien.

NÉARQUE.

Hâtez-vous donc de l'être.

POLYEUCTE.

    Oui, j'y cours, cher Néarque ;
Je brûle d'en porter la glorieuse marque ;
Mais Pauline s'afflige, et ne peut consentir,
Tant ce songe la trouble, à me laisser sortir.

NÉARQUE.

Votre retour pour elle en aura plus de charmes ;

Dans une heure au plus tard, vous essuierez ses larmes;
Et l'heur de vous revoir lui semblera plus doux,
Plus elle aura pleuré pour un si cher époux.
Allons, on nous attend.

POLYEUCTE.

Apaisez donc sa crainte,
Et calmez la douleur dont son âme est atteinte.
Elle revient.

NÉARQUE.

Fuyez.

POLYEUCTE.

Je ne puis.

NÉARQUE.

Il le faut.
Fuyez un ennemi qui sait votre défaut,
Qui le trouve aisément, qui blesse par la vue,
Et dont le coup mortel vous plaît quand il vous tue.

POLYEUCTE.

Fuyons, puisqu'il le faut.

Scène II.

POLYEUCTE. — NEARQUE. — PAULINE. — STRATONICE.

POLYEUCTE.

Adieu, Pauline, adieu:
Dans une heure, au plus tard, je reviens en ce lieu.

PAULINE.

Quel sujet si pressant à sortir vous convie?
Y va-t-il de l'honneur? y va-t-il de la vie?

POLYEUCTE.

Il y va de bien plus.

PAULINE.

Quel est donc ce secret?

POCYEUCTE.

Vous le saurez un jour. Je vous quitte à regret,
Mais enfin il le faut.

PAULINE.

Vous m'aimez?

POLYEUCTE.

Je vous aime,
Le ciel m'en soit témoin, cent fois plus que moi-même;
Mais.....

PAULINE.

Mais mon déplaisir ne vous peut émouvoir!
Vous avez des secrets que je ne puis savoir!
Quelle preuve d'amour! au nom de l'hyménée,
Donnez à mes soupirs cette seule journée.

POLYEUCTE.

Un songe vous fait peur!

PAULINE.

Ses présages sont vains,
Je le sais : mais enfin je vous aime, et je crains.

POLYEUCTE.

Ne craignez rien de mal pour une heure d'absence.
Adieu : vos pleurs sur moi prennent trop de puissance;
Je sens déjà mon cœur prêt à se révolter,
Et ce n'est qu'en fuyant que j'y puis résister.

Scène III.

PAULINE. — STRATONICE.

PAULINE.

Va, néglige mes pleurs, cours, et te précipite
Au-devant de la mort que les Dieux m'ont prédite;
Suis cet agent fatal de tes mauvais destins,
Qui peut-être te livre aux mains des assassins.
Tu vois, ma Stratonice, en quel siècle nous sommes :
Voilà notre pouvoir sur les esprits des hommes ;
Voilà ce qui nous reste, et l'ordinaire effet
De l'amour qu'on nous offre, et des vœux qu'on nous fait.
Tant qu'ils ne sont qu'amants, nous sommes souveraines!
Et jusqu'à la conquête ils nous traitent de reines ;
Mais après l'hyménée ils sont rois à leur tour.

STRATONICE.

Polyeucte pour vous ne manque point d'amour ;
S'il ne vous traite ici d'entière confidence,
S'il part, malgré vos pleurs, c'est un trait de prudence;
Sans vous affliger, présumez avec moi
Qu'il est plus à propos qu'il vous cèle pourquoi :
Assurez-vous sur lui qu'il en a juste cause.
Il est bon qu'un mari nous cache quelque chose,
Qu'il soit quelquefois libre, et ne s'abaisse pas
A vous rendre toujours compte de tous ses pas.
On n'a tous deux qu'un cœur qui sent mêmes traverses ;
Mais ce cœur a pourtant ses fonctions diverses :
Et la loi de l'hymen qui vous tient assemblés
N'ordonne pas qu'il tremble alors que vous tremblez.
Ce qui fait vos frayeurs ne peut le mettre en peine,
Il est Arménien, et vous êtes Romaine.

Et vous pouvez savoir que nos deux nations
N'ont pas sur ce sujet mêmes impressions.
Un songe en notre esprit passe pour ridicule;
Il ne nous laisse espoir, ni crainte, ni scrupule,
Mais il passe dans Rome avec autorité
Pour fidèle miroir de la fatalité.

PAULINE.

Quelque peu de crédit que chez vous il obtienne,
Je crois que ta frayeur égalerait la mienne,
Si de telles horreurs t'avaient frappé l'esprit,
Si je t'en avais fait seulement le récit.

STRATONICE.

A raconter ses maux souvent on les soulage.

PAULINE.

Ecoute : mais il faut te dire davantage.
Et que, pour mieux comprendre un si triste discours,
Tu saches ma faiblesse et mes autres amours.
Une femme d'honneur peut avouer sans honte
Ces surprises des sens que la raison surmonte :
Ce n'est qu'en ces assauts qu'éclate la vertu;
Et l'on doute d'un cœur qui n'a point combattu.
Dans Rome, où je naquis, ce malheureux visage
D'un chevalier romain captiva le courage;
Il s'appelait Sévère. Excuse les soupirs
Qu'arrache encore un nom trop cher à mes désirs.

STRATONICE.

Est-ce lui qui naguère, aux dépens de sa vie,
Sauva des ennemis votre empereur Décie,
Qui leur tira mourant la victoire des mains;
Et fit tourner le sort des Perses aux Romains;

Lui qu'entre tant de morts immolés à son maître
On ne put rencontrer, ou du moins reconnaître,
A qui Décie enfin, pour des exploits si beaux,
Fit si pompeusement dresser de vains tombeaux?

PAULINE.

Hélas! c'était lui-même; et jamais notre Rome
N'a produit plus grand cœur, ni vu plus honnête homme.
Puisque tu le connais, je ne t'en dirai rien.
Je l'aimais, Stratonice; il le méritait bien.
Mais que sert le mérite où manque la fortune ?
L'un était grand en lui, l'autre faible et commune ;
Trop invincible obstacle, et dont trop rarement
Triomphe auprès d'un père un vertueux amant?

STRATONICE.

La digne occasion d'une rare constance !

PAULINE.

Dis plutôt d'une indigne et folle résistance.
Quelque fruit qu'une fille en puisse recueillir,
Ce n'est une vertu que pour qui veut faillir.
 Parmi ce grand amour que j'avais pour Sévère,
J'attendais un époux de la main de mon père,
Toujours prête à le prendre; et jamais ma raison
N'avoua de mes yeux l'aimable trahison.
Il possédait mon cœur, mes désirs, ma pensée;
Je ne lui cachais point combien j'étais blessée;
Nous soupirions ensemble et pleurions nos malheurs;
Mais, au lieu d'espérance, il n'avait que des pleurs :
Et malgré des soupirs si doux, si favorables,
Mon père et mon devoir étaient inexorables.
Enfin je quittai Rome et ce parfait amant,
Pour suivre ici mon père en son gouvernement;

Et lui, désespéré, s'en alla dans l'armée
Chercher d'un beau trépas l'illustre renommée.
Le reste, tu le sais. Mon abord en ces lieux
Me fit voir Polyeucte, et je plus à ses yeux :
Et comme il est ici le chef de la noblesse,
Mon père fut ravi qu'il me prit pour maîtresse.
Et par son alliance il se crut assuré
D'être plus redoutable et plus considéré;
Il approuva sa flamme, et conclut l'hyménée;
Et moi, comme à son lit je me vis destinée,
Je donnai par devoir à son affection
Tout ce que l'autre avait par inclination.
Si tu peux en douter, juge-le par la crainte
Dont en ce triste jour tu me vois l'âme atteinte.

STRATONICE.

Elle fait assez voir à quel point vous l'aimez.
Mais quel songe, après tout, tient vos sens alarmés ?

PAULINE.

Je l'ai vu cette nuit, ce malheureux Sévère,
La vengeance à la main, l'œil ardent de colère :
Il n'était point couvert de ces tristes lambeaux
Qu'une ombre désolée emporte des tombeaux :
Il n'était point percé de ces coups pleins de gloire,
Qui retranchant sa vie assurent sa mémoire;
Il semblait triomphant, et tel que sur son char
Victorieux dans Rome entre notre César.
Après un peu d'effroi que m'a donné sa vue :
*Porte à qui tu voudras la faveur qui m'est due,
Ingrate, m'a-t-il dit, et, ce jour expiré,
Pleure à loisir l'époux que tu m'as préféré.*
A ces mots j'ai frémi, mon âme s'est troublée.

Ensuite des chrétiens une impie assemblée,
Pour avancer l'effet de ce discours fatal,
A jeté Polyeucte aux pieds de son rival.
Soudain à son secours j'ai réclamé mon père.
Hélas! c'est de tout point ce qui me désespère!
J'ai vu mon père même, un poignard à la main,
Entrer le bras levé, pour lui percer le sein.
Là, ma douleur trop forte a brouillé ces images;
Le sang de Polyeucte a satisfait leurs rages.
Je ne sais ni comment, ni quand ils l'ont tué,
Mais je sais qu'à sa mort tous ont contribué.
Voilà quel est mon songe.

STRATONICE.

Il est vrai qu'il est triste;
Mais il faut que votre âme à ses frayeurs résiste :
La vision, de soi, peut faire quelque horreur,
Mais non pas vous donner une juste terreur. [père
Pouvez-vous craindre un mort? Pouvez-vous craindre un
Qui chérit votre époux, que votre époux révère,
Et dont le juste choix vous a donnée à lui
Pour s'en faire en ces lieux un ferme et sûr appui ?

PAULINE.

Il m'en a dit autant, et rit de mes alarmes :
Mais je crains des chrétiens les complots et les charmes,
Et que sur mon époux leur troupeau ramassé
Ne venge tant de sang que mon père a versé.

STRATONICE.

Leur secte est insensée, impie et sacrilége,
Et dans son sacrifice use de sortilége.
Mais sa fureur ne va qu'à briser nos autels;
Elle n'en veut qu'aux Dieux, et non par aux mortels.

Quelque sévérité que sur eux on déploie,
Ils souffrent sans murmure, et meurent avec joie,
Et depuis qu'on les traite en criminels d'Etat,
On ne peut les charger d'aucun assassinat.

PAULINE.

Tais-toi, mon père vient.

Scène IV.

FELIX. — ALBIN. — PAULINE. — STRATONICE.

FÉLIX.

Ma fille, que ton songe
En d'étranges frayeurs ainsi que toi me plonge!
Que j'en crains les effets qui semblent s'approcher!

PAULINE.

Quelle subite alarme ainsi vous peut toucher?

FÉLIX.

Sévère n'est point mort.

PAULINE.

Quel mal nous fait sa vie?

FÉLIX.

Il est le favori de l'empereur Décie.

PAULINE.

Après l'avoir sauvé des mains des ennemis,
L'espoir d'un si haut rang lui devenait permis;
Le destin, aux grands cœurs si souvent mal propice
Se résout quelquefois à leur faire justice.

FÉLIX.

Il vient ici lui-même.

ACTE I.

PAULINE.

Il vient!

FÉLIX.

Tu le vas voir.

PAULINE.

C'en est trop, mais comment le pouvez-vous savoir ?

FÉLIX.

Albin l'a rencontré dans la proche campagne :
Un gros de courtisans en foule l'accompagne,
Et montre assez quel est son rang et son crédit.
Mais, Albin, redis-lui ce que ses gens t'ont dit.

ALBIN.

Vous savez quelle fut cette grande journée
Que sa perte pour nous rendit si fortunée,
Où l'empereur captif, par sa main dégagé,
Rassura son parti déjà découragé,
Tandis que sa vertu succomba sous le nombre ;
Vous savez les honneurs qu'on fit faire à son ombre,
Après qu'entre les morts on ne le put trouver :
Le roi de Perse aussi l'avait fait enlever.
Témoin de ses hauts faits et de son grand courage,
Ce monarque en voulut connaître le visage :
On le mit dans sa tente, où, tout percé de coups,
Tout mort qu'il paraissait, il fit mille jaloux.
Là, bientôt il montra quelque signe de vie :
Ce prince généreux en eut l'âme ravie,
Et sa joie, en dépit de son dernier malheur,
Du bras qui le causait honora la valeur.
Il en fit prendre soin, la cure en fut secrète ;
Et comme au bout d'un mois sa santé fut parfaite,

Il offrit dignité, alliance, trésor,
Et pour gagner Sévère il fit cent vains efforts.
Après avoir comblé ses refus de louange,
Il envoie à Décie en proposer l'échange ;
Et soudain l'empereur, transporté de plaisir,
Offre au Perse son frère, et cents chefs à choisir.
Ainsi revint au camp le valeureux Sévère,
De sa haute vertu recevoir le salaire.
La faveur de Décie en fut le digne prix.
De nouveau l'on combat, et nous sommes surpris.
Ce malheur toutefois sert à croître sa gloire:
Lui seul rétablit l'ordre, et gagne la victoire,
Mais si belle et si pleine, et part tant de beaux faits,
Qu'on nous offre tribut, et nous faisons la paix.
L'empereur qui lui montre une amour infinie,
Après ce grand succès l'envoie en Arménie :
Il vient en apporter la nouvelle en ces lieux,
Et par un sacrifice en rendre hommage aux Dieux.

FÉLIX.

O ciel ! en quel état ma fortune est réduite !

ALBIN.

Voilà ce que j'ai su d'un homme de sa suite ;
Et j'ai couru, Seigneur, pour vous y disposer.

FÉLIX.

Ah ! sans doute, ma fille, il vient pour t'épouser,
L'ordre d'un sacrifice est pour lui peu de chose ;
C'est un prétexte faux dont l'amour est la cause.

PAULINE.

Cela pourrait bien être : il m'aimait chèrement.

FÉLIX.

Que ne permettra-t-il à son ressentiment !
Et jusques à quel point ne porte sa vengeance
Une juste colère avec tant de puissance !
Il nous perdra, ma fille.

PAULINE.

Il est trop généreux.

FÉLIX.

Tu veux flatter en vain un père malheureux ;
Il nous perdra, ma fille ! Ah ! regret qui me tue
De n'avoir pas aimé la vertu toute nue !
Ah ! Pauline, en effet, tu m'as trop obéi :
Ton courage était bon, ton devoir l'a trahi.
Que ta rébellion m'eût été favorable !
Qu'elle m'eût garanti d'un état déplorable !
Si quelque espoir me reste, il n'est plus aujourd'hui
Qu'en l'absolu pouvoir qu'il te donnait sur lui.
Ménage en ma faveur l'amour qui le possède,
Et d'où provient mon mal fais sortir le remède.

PAULINE.

Moi ! moi, que je revoie un si puissant vainqueur,
Et m'expose à des yeux qui me percent le cœur !
Mon père, je suis femme, et je sais ma faiblesse ;
Je sens déjà mon cœur qui pour lui s'intéresse,
Et poussera sans doute en dépit de ma foi,
Quelque soupir indigne et de vous et de moi.
Je ne le verrai point.

FÉLIX.

Rassure un peu ton âme.

PAULINE.

Il est toujours aimable, et je suis toujours femme.
Dans le pouvoir sur moi que ses regards ont eu,
Je n'ose m'assurer de toute ma vertu.
Je ne le verrai point.

FÉLIX.

Il faut le voir, ma fille;
Ou tu trahis ton père et toute ta famille.

PAULINE.

C'est à moi d'obéir, puisque vous commandez :
Mais voyez les périls où vous me hasardez.

FÉLIX.

Ta vertu m'est connue.

PAULINE.

Elle vaincra sans doute;
Ce n'est point le succès que mon âme redoute;
Je crains ce dur combat et ces troubles puissants
Que fait déjà chez moi la révolte des sens.
Mais, puisqu'il faut combattre un ennemi que j'aime,
Souffrez que je me puisse armer contre moi-même,
Et qu'un peu de loisir me prépare à le voir.

FÉLIX.

Jusqu'au-devant des murs je vais le recevoir.
Rappelle cependant tes forces étonnées,
Et songe qu'en tes mains tu tiens nos destinées.

PAULINE.

Oui, je vais de nouveau dompter mes sentiments,
Pour servir de victime à vos commandements.

FIN DU PREMIER ACTE.

ACTE DEUXIÈME.

Scène I.

SEVERE. — FABIAN.

SÉVÈRE.

Cependant que Félix donne ordre au sacrifice,
Pourrai-je prendre un temps à mes vœux si propice ?
Pourrai-je voir Pauline, et rendre à ses beaux yeux
L'hommage souverain que l'on va rendre aux Dieux ?
Je ne t'ai point celé que c'est ce qui m'amène ;
Le reste est un prétexte à soulager ma peine ;
Je viens sacrifier, mais c'est à ses beautés
Que je viens immoler toutes mes volontés.

FABIAN.

Vous la verrez, seigneur.

SÉVÈRE.

     Ah ! quel comble de joie !
Cette chère beauté consent que je la voie !
Mais ai-je sur son âme encor quelque pouvoir ?
Quelque reste d'amour s'y fait-il encor voir ?
Quel trouble, quel transport lui cause ma venue ?
Puis-je tout espérer de cette heureuse vue ?
Car je voudrais mourir plutôt que d'abuser
Des lettres de faveur que j'ai pour l'épouser ;
Elles sont pour Félix, non pour triompher d'elle ;
Jamais à ses désirs mon cœur ne fut rebelle ;

Et si mon mauvais sort avait changé le sien,
Je me vaincrais moi-même, et ne prétendrais rien.

FABIAN.

Vous la verrez, c'est tout ce que je vous puis dire.

SÉVÈRE.

D'où vient que tu frémis, et que ton cœur soupire?
Ne m'aime-t-elle plus? Eclaircis-moi ce point.

FABIAN.

M'en croirez-vous, seigneur? ne la revoyez point;
Portez en lieu plus haut l'honneur de vos caresses:
Vous trouverez dans Rome assez d'autres maîtresses:
Et, dans ce haut degré de puissance et d'honneur,
Les plus grands y tiendront votre amour à bonheur.

SÉVÈRE.

Qu'à des pensers si bas mon âme se ravale!
Que je tienne Pauline à mon sort inégale!
Elle en a mieux usé, je la dois imiter;
Je n'aime mon bonheur que pour la mériter.
Voyons-la, Fabian, ton discours m'importune:
Allons mettre à ses pieds cette haute fortune;
Je l'ai dans les combats trouvée heureusement
En cherchant une mort digne de son amant.
Ainsi ce rang est sien, cette faveur est sienne,
Et je n'ai rien enfin que d'elle je ne tienne.

FABIAN.

Non; mais encore un coup ne la revoyez point.

SÉVÈRE.

Ah! c'en est trop, enfin éclaircis-moi ce point.
As-tu vu des froideurs quand tu l'en as priée?

ACTE II.

FABIAN.

Je tremble à vous le dire ; elle est....

SÉVÈRE.

Quoi ?

FABIAN.

Mariée.

SÉVÈRE.

Soutiens-moi, Fabian ; ce coup de foudre est grand,
Et frappe d'autant plus que plus il me surprend.

FABIAN.

Seigneur, qu'est devenu ce généreux courage ?

SÉVÈRE.

La constance est ici d'un difficile usage.
De pareils déplaisirs accablent un grand cœur :
La vertu la plus mâle en perd toute vigueur ;
Et quand d'un feu si beau les âmes sont éprises,
La mort les trouble moins que de telles surprises.
Je ne suis plus à moi quand j'entends ce discours.
Pauline est mariée !

FABIAN.

Oui, depuis quinze jours.
Polyeucte, un seigneur des premiers d'Arménie,
Goûte de son hymen la douceur infinie.

SÉVÈRE.

Je ne la puis du moins blâmer d'un mauvais choix ;
Polyeucte a du nom, et sort du sang des rois.
Faibles soulagements d'un malheur sans remède !
Pauline, je verrai qu'un autre vous possède !
O ciel, qui malgré moi me renvoyez au jour ;

4.

O sort, qui redonniez l'espoir à mon amour,
Reprenez la faveur que vous m'avez prêtée,
Et rendez-moi la mort que vous m'avez ôtée!

Voyons-la, toutefois, et dans ce triste lieu
Achevons de mourir en lui disant adieu.
Que mon cœur, chez les morts emportant son image,
De son dernier soupir puisse lui faire hommage.

FABIAN.

Seigneur, considérez....

SÉVÈRE.

Tout est considéré.
Quel désordre peut craindre un cœur désespéré?
N'y consent-elle pas?

FABIAN.

Oui, seigneur, mais.....

SÉVÈRE.

N'importe.

FABIAN.

Cette vive douleur en deviendra plus forte.

SÉVÈRE.

Et ce n'est pas un mal que je veuille guérir;
Je ne veux que la voir, soupirer et mourir.

FABIAN.

Vous vous échapperez sans doute en sa présence.
Un amant qui perd tout n'a plus de complaisance;
Dans un tel entretien il suit sa passion,
Et ne pousse qu'injure et qu'imprécation.

SÉVÈRE.

Juge autrement de moi : mon respect dure encore;

Tout violent qu'il est, mon désespoir l'adore.
Quels reproches aussi peuvent m'être permis ?
De quoi puis-je accuser qui ne m'a rien promis ?
Elle n'est point parjure, elle n'est point légère ;
Son devoir m'a trahi, mon malheur est son père ;
Mais son devoir fut juste, et son père eut raison ;
J'impute à mon malheur toute la trahison.
Un peu moins de fortune, et plus tôt arrivée,
Eût gagné l'un par l'autre, et me l'eût conservée ;
Trop heureux, mais trop tard, je n'ai pu l'acquérir;
Laisse-la-moi donc voir, soupirer et mourir.

FABIAN.

Oui je vais l'assurer qu'en ce malheur extrême
Vous êtes assez fort pour vous vaincre vous-même.
Elle a craint comme moi ces premiers mouvements
Qu'une perte imprévue arrache aux vrais amants
Et dont la violence excite assez de trouble,
Sans que l'objet présent l'irrite et le redouble.

SÉVÈRE.

Fabian, je la vois.

FABIAN.

Seigneur, souvenez-vous......

SÉVÈRE.

Hélas ! elle aime un autre ! un autre est son époux !

Scène II.

PAULINE. — SEVERE. — STRATONICE. — FABIAN.

PAULINE.

Oui, je l'aime, Sévère, et n'en fais point d'excuse;
Que tout autre que moi vous flatte et vous abuse :

Pauline a l'âme noble, et parle à cœur ouvert.
Le bruit de votre mort n'est point ce qui vous perd;
Si le ciel en mon choix eût mis mon hyménée,
A vos seules vertus je me serais donnée;
Et toute la rigueur de votre premier sort
Contre votre mérite eût fait un vain effort.
Je découvrais en vous d'assez illustres marques
Pour vous préférer même aux plus heureux monarques;
Mais, puisque mon devoir m'impose d'autres lois,
De quelque amant pour moi que mon père eût fait choix,
Quand à ce grand pouvoir que la valeur vous donne,
Vous auriez ajouté l'éclat d'une couronne;
Quand je vous aurais vu, quand je l'aurais haï,
J'en aurais soupiré, mais j'aurais obéi,
Et sur mes passions ma raison souveraine
Eût blâmé mes soupirs, et dissipé ma haine.

SÉVÈRE.

Que vous êtes heureuse, et qu'un peu de soupirs
Fait un aisé remède à tous vos déplaisirs!
Ainsi, de vos désirs toujours reine absolue,
Les plus grands changements vous trouvent résolue.
De la plus forte ardeur vous portez vos esprits
Jusqu'à l'indifférence, et peut-être au mépris;
Et votre fermeté fait succéder sans peine
La faveur au dédain, et l'amour à la haine.

Qu'un peu de votre humeur, ou de votre vertu,
Soulagerait les maux de ce cœur abattu!
Un soupir, une larme à regret épandue,
M'aurait déjà guéri de vous avoir perdue :
Ma raison pourrait tout sur l'amour affaibli,
Et de l'indifférence irait jusqu'à l'oubli,

Et mon feu désormais se réglant sur le vôtre,
Je me tiendrais heureux entre les bras d'une autre.

  O trop aimable objet qui m'avez trop charmé,
Est-ce là comme on aime? et m'avez vous aimé?

PAULINE.

Je vous l'ai fait trop voir, seigneur; et si mon âme
Pouvait bien étouffer les restes de sa flamme,
Dieux! que j'éviterais de rigoureux tourments!
Ma raison, il est vrai, dompte mes sentiments;
Mais, quelque autorité que sur eux elle ait prise,
Elle n'y règne pas, elle les tyrannise;
Et, quoique le dehors soit sans émotion,
Le dedans n'est que trouble et que sédition :
Un je ne sais quel charme encor vers vous m'emporte.
Votre mérite est grand, si ma raison est forte;
Je le vois, encor tel qu'il alluma mes feux,
D'autant plus puissamment solliciter mes vœux,
Qu'il est environné de puissance et de gloire,
Qu'en tous lieux après vous il traîne la victoire,
Que j'en sais mieux le prix, et qu'il n'a point déçu
Le généreux espoir que j'en avais conçu.
Mais ce même devoir qui le vainquit dans Rome,
Et qui me range ici dessous les lois d'un homme,
Repousse encor si bien l'effort de tant d'appas,
Qu'il déchire mon âme, et ne l'ébranle pas.
C'est cette vertu même, à nos désirs cruelle,
Que vous louiez alors en blasphémant contre elle :
Plaignez-vous-en encor; mais louez sa rigueur
Qui triomphe à la fois de vous et de mon cœur;
Et voyez qu'un devoir moins ferme et moins sincère
N'aurait pas mérité l'amour du grand Sévère.

SÉVÈRE.

Ah! Madame, excusez une aveugle douleur
Qui ne connaît plus rien que l'excès du malheur :
Je nommais inconstance et prenais pour un crime
De ce juste devoir l'effort le plus sublime.
De grâce montrez moins à mes sens désolés
La grandeur de ma perte et ce que vous valez;
Et cachant par pitié cette vertu si rare
Qui redouble mes feux lorsqu'elle nous sépare,
Faites voir des défauts qui puissent à leur tour
Affaiblir ma douleur avecque mon amour.

PAULINE.

Hélas! cette vertu, quoique enfin invincible,
Ne laisse que trop voir une âme trop sensible.
Ces pleurs en sont témoins, et ces lâches soupirs
Qu'arrachent de nos feux les cruels souvenirs :
Trop rigoureux effets d'une aimable présence
Contre qui mon devoir a trop peu de défense!
Mais si vous estimez ce vertueux devoir,
Conservez-m'en la gloire, et cessez de me voir.
Epargnez-moi des pleurs qui coulent à ma honte;
Epargnez-moi des feux qu'à regret je surmonte;
Enfin épargnez-moi ces tristes entretiens,
Qui ne font qu'irriter vos tourments et les miens.

SÉVÈRE.

Que je me prive ainsi du seul bien qui me reste!

PAULINE.

Sauvez-vous d'une vue à tous les deux funeste.

SÉVÈRE.

Quel prix de mon amour! quel fruit de mes travaux!

ACTE II.

PAULINE.

C'est le remède seul qui peut guérir nos maux..

SÉVÈRE.

Je veux mourir des miens, aimez-en la mémoire.

PAULINE.

Je veux guérir les miens; ils souilleraient ma gloire.

SÉVÈRE.

Ah! puisque votre gloire en prononce l'arrêt,
Il faut que ma douleur cède à son intérêt :
Est-il rien que sur moi cette gloire n'obtienne?
Elle me rend les soins que je dois à la mienne.
Adieu : je vais chercher au milieu des combats
Cette immortalité que donne un beau trépas,
Et remplir dignement, par une mort pompeuse,
De mes premiers exploits l'attente avantageuse;
Si toutefois, après ce coup mortel du sort,
J'ai de la vie assez pour chercher une mort.

PAULINE.

Et moi, dont votre vue augmente le supplice,
Je l'éviterai même en votre sacrifice ;
Et, seule dans ma chambre, enfermant mes regrets,
Je vais pour vous aux Dieux faire des vœux secrets.

SÉVÈRE.

Puisse le juste ciel, content de ma ruine,
Combler d'heur et de jours Polyeucte et Pauline!

PAULINE.

Puisse trouver Sévère, après tant de malheur,
Une félicité digne de sa valeur!

SÉVÈRE.

Il la trouvait en vous.

PAULINE.

Je dépendais d'un père.

SÉVÈRE.

O devoir qui me perd et qui me désespère !
Adieu, trop vertueux objet, et trop charmant.

PAULINE.

Adieu, trop malheureux et trop parfait amant.

Scène III.

PAULINE. — STRATONICE.

STRATONICE.

Je vous ai plaints tous deux, j'en verse encor des larmes;
Mais du moins votre esprit est hors de ses alarmes :
Vous voyez clairement que votre songe est vain;
Sévère ne vient point la veangeance à la main.

PAULINE.

Laisse-moi respirer du moins, si tu m'as plainte;
Au fort de ma douleur tu rappelles ma crainte :
Souffre un peu de relâche à mes esprits troublés,
Et ne m'accable point par des maux redoublés.

STRATONICE.

Quoi ! vous craignez encor ?

PAULINE.

Je tremble, Stratonice :
Et, bien que je m'effraie avec peu de justice,

Cette injuste frayeur sans cesse reproduit
L'image des malheurs que j'ai vu cette nuit.

STRATONICE.

Sévère est généreux.

PAULINE.

Malgré sa retenue,
Polyeucte sanglant frappe toujours ma vue.

STRATONICE.

Vous voyez ce rival faire des vœux pour lui.

PAULINE.

Je crois même au besoin qu'il serait son appui :
Mais, soit cette croyance ou fausse ou véritable,
Son séjour en ce lieu m'est toujours redoutable;
A quoi que sa vertu puisse le disposer,
Il est puissant, il m'aime, et vient pour m'épouser.

Scène IV.

POLYEUCTE. — NEARQUE. — PAULINE. — STRATONICE.

POLYEUCTE.

C'est trop verser de pleurs; il est temps qu'ils tarissent,
Que votre douleur cesse, et vos craintes finissent;
Malgré les faux avis par vos Dieux envoyés,
Je suis vivant, Madame, et vous me revoyez.

PAULINE.

Le jour est encor long; et ce qui plus m'effraie,
La moitié de l'avis se trouve déjà vraie :
J'ai cru Sévère mort, et je le vois ici.

POLYEUCTE.

Je le sais; mais enfin j'en prends peu de souci.
Je suis dans Mélitène; et, quel que soit Sévère,
Votre père y commande, et l'on m'y considère;
Et je ne pense pas qu'on puisse avec raison
D'un cœur tel que le sien craindre une trahison.
On m'avait assuré qu'il vous faisait visite,
Et je venais lui rendre un honneur qu'il mérite.

PAULINE.

Il vient de me quitter assez triste et confus;
Mais j'ai gagné sur lui qu'il ne me verra plus.

POLYEUCTE.

Quoi! vous me soupçonnez déjà de quelque ombrage?

PAULINE.

Je ferais à tous trois un trop sensible outrage.
J'assure mon repos que troublent ses regards.
La vertu la plus ferme évite les hasards :
Qui s'expose au péril veut bien trouver sa perte;
Et, pour vous en parler avec une âme ouverte,
Depuis qu'un vrai mérite a pu nous enflammer,
Sa présence toujours a droit de nous charmer.
Outre qu'on doit rougir de s'en laisser surprendre,
On souffre à résister, on souffre à s'en défendre;
Et, bien que la vertu triomphe de ses feux,
La victoire est pénible, et le combat honteux.

POLYEUCTE.

O vertu trop parfaite, et devoir trop sincère,
Que vous devez coûter de regrets à Sévère!
Qu'aux dépens d'un beau feu vous me rendez heureux!
Et que vous êtes doux à mon cœur amoureux!

Plus je vois mes défauts, et plus je vous contemple,
Plus j'admire......

Scène V.

POLYEUCTE. — PAULINE. — NEARQUE. —
STRATONICE. — CLEON.

CLÉON.

Seigneur, Félix vous mande au temple ;
La victime est choisie, et le peuple à genoux ;
Et pour sacrifier on n'attend plus que vous.

POLYEUCTE.

Va, nous allons te suivre. Y venez-vous, Madame ?

PAULINE.

Sévère craint ma vue, elle irrite sa flamme :
Je lui tiendrai parole, et ne veux plus le voir.
Adieu. Vous l'y verrez : pensez à son pouvoir,
Et ressouvenez-vous que sa faveur est grande.

POLYEUCTE.

Allez, tout son crédit n'a rien que j'appréhende ;
Et comme je connais sa générosité,
Nous ne combattrons que de civilité.

Scène VI.

POLYEUCTE. — NEARQUE.

NÉARQUE.

Où pensez-vous aller ?

POLYEUCTE.

Au temple où l'on m'appelle.

NÉARQUE.

Quoi! vous mêler aux vœux d'une troupe infidèle ?
Oubliez-vous déjà que vous êtes chrétien ?

POLYEUCTE.

Vous, par qui je le suis, vous en souvient-il bien ?

NÉARQUE.

J'abhorre les faux Dieux.

POLYEUCTE.

Et moi, je les déteste.

NÉARQUE.

Je tiens leur culte impie.

POLYEUCTE.

Et je le tiens funeste.

NÉARQUE.

Fuyez donc leurs autels.

POLYEUCTE.

Je les veux renverser,
Et mourir dans leur temple, où les y terrasser.
Allons, mon cher Néarque, allons aux yeux des hommes
Braver l'idolâtrie, et montrer qui nous sommes :
C'est l'attente du ciel, il nous la faut remplir ;
Je viens de le promettre, et je vais l'accomplir.
Je rends grâces au Dieu que tu m'as fait connaître,
De cette occasion qu'il a sitôt fait naître,
Où déjà sa bonté, prête à me couronner,
Daigne éprouver la foi qu'il vient de me donner.

NÉARQUE.

Ce zèle est trop ardent, souffrez qu'il se modère.

POLYEUCTE.
On n'en peut avoir trop pour le Dieu qu'on révère.
NÉARQUE.
Vous trouverez la mort.
POLYEUCTE.
Je la cherche pour lui.
NÉARQUE.
Et si ce cœur s'ébranle ?
POLYEUCTE.
Il sera mon appui.
NÉARQUE.
Il ne commande point que l'on s'y précipite.
POLYEUCTE.
Plus elle est volontaire, et plus elle mérite.
NÉARQUE.
Il suffit, sans chercher, d'attendre et de souffrir.
POLYEUCTE.
On souffre avec regret, quand on n'ose souffrir.
NÉARQUE.
Mais dans ce temple enfin la mort est assurée.
POLYEUCTE.
Mais dans le ciel déjà la palme est préparée.
NÉARQUE.
Par une sainte vie il faut la mériter.
POLYEUCTE.
Mes crimes en vivant me la pourraient ôter.

Pourquoi mettre au hasard ce que la mort assure ?
Quand elle ouvre le ciel, peut-elle sembler dure ?
Je suis chrétien, Néarque, et le suis tout à fait ;
La foi que j'ai reçue aspire à son effet.
Qui fuit croit lâchement, et n'a qu'une foi morte.

NÉARQUE.

Ménagez votre vie, à Dieu même elle importe ;
Vivez pour protéger les chrétiens en ces lieux.

POLYEUCTE.

L'exemple de ma mort les fortifiera mieux.

NÉARQUE.

Vous voulez donc mourir ?

POLYEUCTE.

Vous aimez donc à vivre ?

NÉARQUE.

Je ne puis déguiser que j'ai peine à vous suivre.
Sous l'horreur des tourments je crains de succomber.

POLYEUCTE.

Qui marche assurément n'a pas peur de tomber ;
Dieu fait part, au besoin, de sa force infinie.
Qui craint de le nier, dans son âme le nie ;
Il croit le pouvoir faire, et doute de sa foi.

NÉARQUE.

Qui n'appréhende rien présume trop de soi.

POLYEUCTE.

J'attends tout de sa grâce, et rien de ma faiblesse.
Mais, loin de me presser, il faut que je vous presse !
D'où vient cette froideur.

ACTE II.

NÉARQUE.

Dieu même a craint la mort.

POLYEUCTE.

Il s'est offert pourtant : suivons ce saint effort,
Dressons-lui des autels sur des monceaux d'idoles.
Il faut, je me souviens encor de vos paroles,
Négliger, pour lui plaire, et femme, et biens, et rang ;
Exposer pour sa gloire et verser tout son sang.
Hélas! qu'avez-vous fait de cette amour parfaite
Que vous me souhaitiez, et que je vous souhaite ?
S'il vous en reste encor, n'êtes-vous point jaloux
Qu'à grand'peine chrétien j'en montre plus que vous ?

NÉARQUE.

Vous sortez du baptême; et ce qui vous anime,
C'est sa grâce qu'en vous n'affaiblit aucun crime ;
Comme encor tout entière elle agit pleinement,
Et tout semble possible à son feu véhément :
Mais cette même grâce en moi diminuée,
Et par mille péchés sans cesse exténuée,
Agit aux grands effets avec tant de largeur,
Que tout semble impossible à son peu de vigueur.
Cette indigne mollesse et ces lâches défenses
Sont des punitions qu'attirent mes offenses :
Mais Dieu, dont on ne doit jamais se défier,
Me donne votre exemple à me fortifier.
    Allons, cher Polyeucte, allons aux yeux des hommes
Braver l'idolâtrie, et montrer qui nous sommes ;
Puissé-je vous donner l'exemple de souffrir,
Comme vous me donnez celui de vous offrir !

POLYEUCTE.

A cet heureux transport que le ciel vous envoie,

Je reconnais Néarque, et j'en pleure de joie.
Ne perdons plus de temps, le sacrifice est prêt :
Allons-y du vrai Dieu soutenir l'intérêt,
Allons fouler aux pieds ce foudre ridicule
Dont arme un bois pourri ce peuple trop crédule ;
Allons en éclairer l'aveuglement fatal,
Allons briser ces Dieux de pierre et de métal ;
Abandonnons nos jours à cette ardeur céleste ;
Faisons triompher Dieu, qu'il dispose du reste.

NÉARQUE.

Allons faire éclater sa gloire aux yeux de tous,
Et répondre avec zèle à ce qu'il veut de nous.

FIN DU SECOND ACTE.

ACTE TROISIÈME.

Scène I.

PAULINE *seule.*

Que de soucis flottants, que de confus nuages,
Présentent à mes yeux d'inconstantes images!
Douce tranquillité que je n'ose espérer,
Que ton divin rayon tarde à les éclairer!
Mille agitations que mes troubles produisent
Dans mon cœur ébranlé tour à tour se détruisent;
Aucun espoir n'y coule où j'ose persister;
Aucun espoir n'y règne où j'ose m'arrêter.
Mon esprit embrassant tout ce qu'il s'imagine,
Voit tantôt mon bonheur, et tantôt ma ruine,
Et suit leur vaine idée avec si peu d'effet
Qu'il ne peut espérer ni craindre tout à fait.
Sévère incessamment brouille ma fantaisie :
J'espère en sa vertu, je crains sa jalousie;
Et je n'ose penser que d'un œil bien égal
Polyeucte en ces lieux puisse voir son rival.
Comme entre deux rivaux la haine est naturelle,
L'entrevue aisément se termine en querelle;
L'un voit aux mains d'autrui ce qu'il croit mériter,
L'autre un désespéré qui peut tout attenter.
Quelque haute raison qui règle leur courage,
L'un conçoit de l'envie, et l'autre de l'ombrage.
La honte d'un affront que chacun d'eux croit voir
Ou de nouveau reçue, ou prête à recevoir,
Consumant dès l'abord toute leur patience,

Forme de la colère et de la défiance;
Et, saisissant ensemble et l'époux et l'amant,
En dépît d'eux les livre à leur ressentiment.
Mais que je me figure une étrange chimère !
Et que je traite mal Polyeucte et Sévère,
Comme si la vertu de ces fameux rivaux
Ne pouvait s'affranchir de ces communs défauts !
Leurs âmes à tous deux d'elles-mêmes maîtresses
Sont d'un ordre trop haut pour de telles bassesses :
Ils se verront au temple en hommes généreux.
Mais, las! ils se verront, et c'est beaucoup pour eux.
Que sert à mon époux d'être dans Mélitène,
Si contre lui Sévère arme l'aigle romaine,
Si mon père y commande, et craint ce favori,
Et se repent déjà du choix de mon mari!
Si peu que j'ai d'espoir ne luit qu'avec contrainte,
En naissant il avorte, et fait place à la crainte;
Ce qui doit l'affermir sert à le dissiper.
Dieux! faites que ma peur puisse enfin se tromper.
Mais sachons-en l'issue.

Scène II.

PAULINE. — STRATONICE.

PAULINE.

Eh bien! ma Stratonice,
Comment s'est terminé ce pompeux sacrifice?
Ces rivaux généreux au temple se sont vus?

STRATONICE.

Ah! Pauline!

PAULINE.

Mes vœux ont-ils été déçus?

ACTE III.

J'en vois sur ton visage une mauvaise marque.
Se sont-ils querellés ?

STRATONICE.

Polyeucte, Néarque,
Les chrétiens....

PAULINE.

Parle donc : les chrétiens......

STRATONICE.

Je ne puis.

PAULINE.

Tu prépares mon âme à d'étranges ennuis.

STRATONICE.

Vous n'en sauriez avoir une plus juste cause.

PAULINE.

L'ont-ils assassiné ?

STRATONICE.

Ce serait peu de chose
Tout votre songe est vrai, Polyeucte n'est plus....,

PAULINE.

Il est mort ?

STRATONICE.

Non, il vit; mais, ô pleurs superflus!
Ce courage si grand, cette âme si divine,
N'est plus digne du jour, ni digne de Pauline.
Ce n'est plus cet époux si charmant à vos yeux:
C'est l'ennemi commun de l'Etat et des Dieux :
Un méchant, un infâme, un rebelle, un perfide,
Un traître, un scélérat, un lâche, un parricide,

Une peste exécrable à tous les gens de bien,
Un sacrilége impie, en un mot, un chrétien.

PAULINE.

Ce mot aurait suffi sans ce torrent d'injures.

STRATONICE.

Ces titres aux chrétiens sont-ce des impostures?

PAULINE.

Il est ce que tu dis, s'il embrasse leur foi;
Mais il est mon époux, et tu parles à moi.

STRATONICE.

Ne considérez plus que le Dieu qu'il adore.

PAULINE

Je l'aimai par devoir; ce devoir dure encore.

STRATONICE.

Il vous donne à présent sujet de le haïr :
Qui trahit tous nos Dieux aurait pu vous trahir.

PAULINE.

Je l'aimerais encor, quand il m'aurait trahie;
Et si de tant d'amour tu peux être ébahie,
Apprends que mon devoir ne dépend pas du sien,
Qu'il y manque, s'il veut; je dois faire le mien.
Quoi! s'il aimait ailleurs, serais-je disposée
A suivre, à son exemple, une ardeur insensée?
Quelque chrétien qu'il soit, je n'en ai point d'horreur:
Je chéris sa personne, et je hais son erreur.
Mais quel ressentiment en témoigne mon père?

STRATONICE.

Une secrète rage, un excès de colère,

ACTE III.

Malgré qui toutefois un reste d'amitié
Montre pour Polyeucte encor quelque pitié.
Il ne veut point sur lui faire agir sa justice,
Que du traître Néarque il n'ait vu le supplice.

PAULINE.

Quoi! Néarque en est donc?

STRATONICE.

                    Néarque l'a séduit;
De leur vieille amitié c'est là l'indigne fruit.
Ce perfide tantôt en dépit de lui-même,
L'arrachant de vos bras le traînait au baptême.
Voilà ce grand secret et si mystérieux
Que n'en pouvait tirer votre amour curieux.

PAULINE.

Tu me blâmais alors d'être trop importune.

STRATONICE.

Je ne prévoyais pas une telle infortune.

PAULINE.

Avant d'abandonner mon âme à mes douleurs,
Il me faut essayer la force de mes pleurs;
En qualité de femme, ou de fille, j'espère
Qu'ils vaincront un époux, ou fléchiront un père.
Que si sur l'un et l'autre ils manquent de pouvoir,
Je ne prendrai conseil que de mon désespoir.
Apprends-moi cependant ce qu'ils ont fait au temple.

STRATONICE.

C'est une impiété qui n'eut jamais d'exemple.
Je ne puis y penser sans frémir à l'instant,

Et crains de faire un crime en vous la racontant.
Apprenez en deux mots leur brutale insolence.
　Le prêtre avait à peine obtenu le silence,
Et devers l'orient assuré son aspect,
Qu'ils ont fait éclater leur manque de respect.
A chaque occasion de la cérémonie,
A l'envie l'un et l'autre étalait sa manie,
Des mystères sacrés hautement se moquait,
Et traitait de mépris les Dieux qu'on invoquait.
Tout le peuple en murmure, et Félix s'en offense :
Mais tous deux s'emportant à plus d'irrévérence :
Quoi! lui dit Polyeucte en élevant la voix,
Adorez-vous des Dieux ou de pierre ou de bois ?

Ici dispensez-moi du récit des blasphèmes
Qu'ils ont vomis tous deux contre Jupiter mêmes :
L'adultère et l'inceste en étaient les plus doux.
Oyez, dit-il ensuite, *oyez, peuple, oyez tous :*
Le Dieu de Polyeucte, et celui de Néarque,
De la terre et du ciel est l'absolu monarque,
Sans être indépendant, seul maître du destin,
Seul principe éternel, et souveraine fin.
C'est ce Dieu des chrétiens qu'il faut qu'on remercie
Des victoires qu'il donne à l'empereur Décie ;
Lui seul tient en sa main le succès des combats,
Il le veut élever, il le peut mettre à bas ;
Sa bonté, son pouvoir, sa justice est immense ;
C'est lui seul qui punit, lui seul qui récompense :
Vous adorez en vain des monstres impuissants.
Se jetant à ces mots sur le vin et l'encens,
Après en avoir mis les saints vases par terre,
Sans crainte de Félix, sans crainte du tonnerre,
D'une fureur pareille ils courent à l'autel.

Cieux ! a-t-on vu jamais, a-t-on rien vu de tel !
Du plus puissant des Dieux nous voyons la statue
Par une main impie à leurs pieds abattue,
Les mystères troublés, le temple profané,
La fuite et les clameurs d'un peuple mutiné,
Qui craint d'être accablé sous le courroux céleste.
Félix..... Mais le voici qui vous dira le reste.

PAULINE.

Que son visage est sombre et plein d'émotion !
Qu'il montre de tristesse et d'indignation !

Scène III.

FELIX. — PAULINE. — STRATONICE.

FÉLIX.

Une telle insolence avoir osé paraître !
En public ! à ma vue ! il en mourra, le traître !

PAULINE.

Souffrez que votre fille embrasse vos genoux.

FÉLIX.

Je parle de Néarque, et non de votre époux.
Quelque indigne qu'il soit de ce doux nom de gendre,
Mon âme lui conserve un sentiment plus tendre ;
La grandeur de son crime et de mon déplaisir
N'a pas éteint l'amour qui me l'a fait choisir.

PAULINE.

Je n'attendais pas moins de la bonté d'un père.

FÉLIX.

Je pouvais l'immoler à ma juste colère :

Car vous n'ignorez point à quel comble d'horreur
De son audace impie a monté la fureur,
Vous l'avez pu savoir du moins de Stratonice.

PAULINE.

Je sais que de Néarque il doit voir le supplice.

FÉLIX.

Du conseil qu'il doit prendre il sera mieux instruit,
Quand il verra punir celui qui l'a séduit.
Au spectacle sanglant d'un ami qu'il faut suivre
La crainte de mourir et le désir de vivre
Ressaisissent une âme avec tant de pouvoir,
Que qui voit le trépas cesse de le vouloir.
L'exemple touche plus que ne fait la menace :
Cette indiscrète ardeur tourne bientôt en glace ;
En vain vous en avez l'esprit inquiété,
Il se repentira de son impiété.

PAULINE.

Vous pouvez espérer qu'il change de courage ?

FÉLIX.

Aux dépens de Néarque il doit se rendre sage.

PAULINE.

Il le doit ; mais, hélas ! où me renvoyez-vous ?
Et quels tristes hasards ne court point mon époux,
Si de son inconstance il faut qu'enfin j'espère,
Le bien que j'espérais de la bonté d'un père !

FÉLIX.

Je vous en fais trop voir, Pauline, à consentir
Qu'il évite la mort par un promt repentir.

Je devais même peine à des crimes semblables,
Et mettant différence entre ces deux coupables,
J'ai trahi la justice à l'amour paternel;
Je me suis fait, pour lui, moi-même criminel;
Et j'attendais de vous, au milieu de vos craintes,
Plus de remerciments que je n'entends de plaintes.

PAULINE.

De quoi remercier qui ne me donne rien?
Je sais quelle est l'humeur et l'esprit d'un chrétien:
Dans l'obstination jusqu'au bout il demeure:
Vouloir son repentir, c'est ordonner qu'il meure.

FÉLIX.

Sa grâce est dans sa main, c'est à lui d'y rêver.

PAULINE.

Faites-la tout entière.

FÉLIX.

Il la peut achever.

PAULINE.

Ne l'abandonnez pas aux fureurs de sa secte.

FÉLIX.

Je l'abandonne aux lois qu'il faut que je respecte.

PAULINE.

Est-ce ainsi que d'un gendre un beau-père est l'appui?

FÉLIX.

Qu'il fasse autant pour soi comme je fais pour lui.

PAULINE.

Mais il est aveuglé.

FÉLIX.

Mais il se plaît à l'être.
Qui chérit son erreur ne la veut pas connaître.

PAULINE.

Mon père, au nom des Dieux.....

FÉLIX.

Ne les réclamez pas ;
Ces Dieux dont l'intérêt demande son trépas.

PAULINE.

Ils écoutent nos vœux.

FÉLIX.

Eh bien, qu'il leur en fasse.

PAULINE.

Au nom de l'empereur, dont vous tenez la place.....

FÉLIX.

J'ai son pouvoir en main; mais s'il me l'a commis,
C'est pour le déployer contre ses ennemis.

PAULINE.

Polyeucte l'est-il ?

FÉLIX.

Tous chrétiens sont rebelles.

PAULINE.

N'écoutez point pour lui ces maximes cruelles ;
En épousant Pauline il s'est fait votre sang.

FÉLIX.

Je regarde sa faute, et ne vois plus son rang.

Quand le crime d'Etat se mêle au sacrilége,
Le sang ni l'amitié n'ont plus de privilége.

PAULINE.

Quel excès de rigueur !

FÉLIX.

Moindre que son forfait,

PAULINE.

O de mon songe affreux trop véritable effet ?
Voyez-vous qu'avec lui vous perdez votre fille ?

FÉLIX.

Les Dieux et l'empereur sont plus que ma famille.

PAULINE.

La perte de tous deux ne vous peut arrêter.

FÉLIX.

J'ai les Dieux et Décie ensemble à redouter.
Mais nous n'avons encore à craindre rien de triste ;
Dans son aveuglement pensez-vous qu'il persiste ?
S'il nous semblait tantôt courir à son malheur,
C'est d'un nouveau chrétien la première chaleur.

PAULINE.

Si vous l'aimez encor, quittez cette espérance,
Que deux fois en un jour il change de croyance ;
Outre que les chrétiens ont plus de dureté,
Vous attendez de lui trop de légèreté.
Ce n'est point une erreur avec le lait sucée,
Que sans l'examiner son âme ait embrassée ;
Polyeucte est chrétien par ce qu'il l'a voulu,
Et vous portait au temple un esprit résolu

Vous devez présumer de lui comme du reste :
Le trépas n'est pour eux ni honteux ni funeste;
Ils cherchent de la gloire à mépriser nos Dieux:
Aveugles pour la terre, ils aspirent aux cieux;
Et croyant que la mort leur en ouvre la porte,
Tourmentés, déchirés, assassinés, n'importe,
Les supplices leur sont ce qu'à nous les plaisirs
Et les mènent au but où tendent leurs désirs :
La mort la plus infâme, ils l'appellent martyre.

FÉLIX.

Eh bien donc! Polyeucte aura ce qu'il désire :
N'en parlons plus.....

PAULINE.

Mon père.....

Scène IV.

FELIX. —ALBIN. —PAULINE. —STRATONICE.

FÉLIX.

Albin, en est-ce fait ?

ALBIN.

Oui; seigneur, et Néarque a payé son forfait.

FÉLIX.

Et notre Polyeucte a vu trancher sa vie?

ALBIN.

Il l'a vu, mais hélas! avec un œil d'envie.
Il brûle de le suivre, au lieu de reculer ;
Et son cœur s'affermit, au lieu de s'ébranler.

PAULINE.

Je vous le disais bien. Encore un coup mon père,
Si jamais mon respect a pu vous satisfaire,
Si vous l'avez prisé, si vous l'avez chéri....

FÉLIX.

Vous aimez trop, Pauline, un indigne mari.

PAULINE.

Je l'ai de votre main : mon amour est sans crime;
Il est de votre choix la glorieuse estime :
Et j'ai pour l'accepter éteint le plus beau feu
Qui d'une âme bien née ait mérité l'aveu.
Au nom de cette aveugle et prompte obéissance
Que j'ai toujours rendue aux lois de la naissance,
Si vous avez pu tout sur moi, sur mon amour,
Que je puisse sur vous quelque chose à mon tour!
Par ce juste pouvoir à présent trop à craindre,
Par ces beaux sentiments qu'il m'a fallu contraindre,
Ne m'ôtez pas vos dons, ils sont chers à mes yeux,
Et m'ont assez coûté pour m'être précieux.

FÉLIX.

Vous m'importunez trop : bien que j'aie un cœur tendre,
Je n'aime la pitié qu'au prix que j'en veux prendre;
Employez mieux l'effort de vos justes douleurs :
Malgré moi m'en toucher, c'est perdre et temps et pleurs;
J'en veux être le maître, et je veux bien qu'on sache
Que je la désavoue, alors qu'on me l'arrache.
Préparez-vous à voir ce malheureux chrétien;
Et faites votre effort quand j'aurai fait le mien.
Allez, n'irritez plus un père qui vous aime;
Et tâchez d'obtenir votre époux de lui-même.

Tantôt jusqu'en ce lieu je le ferai venir..
Cependant quittons-nous, je veux l'entretenir.

PAULINE.

De grâce, permettez.....

FÉLIX.

              Laissez-nous seuls, vous dis-je;
Votre douleur m'offense autant qu'elle m'afflige.
A gagner Polyeucte appliquez tous vos soins :
Vous avancerez plus en m'importunant moins.

Scène V.

FELIX. — ALBIN.

FÉLIX.

Albin, comme est-il mort?

ALBIN.

                  En brutal, en impie,
En bravant les tourments, en dédaignant la vie,
Sans regret, sans murmure, et sans étonnement,
Dans l'obstination et l'endurcissement,
Comme un chrétien enfin, le blasphème à la bouche.

FÉLIX.

Et l'autre ?

ALBIN.

        Je l'ai dit déjà, rien ne le touche :
Loin d'en être abattu, son cœur en est plus haut :
On l'a violenté pour quitter l'échafaud;
Il est dans la prison, où je l'ai vu conduire;
Mais vous êtes bien loin encor de le réduire.

FÉLIX.

Que je suis malheureux!

ALBIN.

Tout le monde vous plaint.

FÉLIX.

On ne sait pas les maux dont mon cœur est atteint :
De pensers sur pensers mon âme est agitée,
De soucis sur soucis elle est inquiétée ;
Je sens l'amour, la haine, et la crainte, et l'espoir,
  La joie et la douleur, tour à tour l'émouvoir :
J'entre en des sentiments qui ne sont pas croyables ;
J'en ai de violents, j'en ai de pitoyables,
J'en ai de généreux qui n'oseraient agir :
J'en ai même de bas, et qui me font rougir.
J'aime ce malheureux que j'ai choisi pour gendre ;
Je hais l'aveugle erreur qui le vient de surpendre ;
Je déplore sa perte, et, le voulant sauver,
J'ai la gloire des Dieux ensemble à conserver :
Je redoute leur foudre et celui de Décie :
Il y va de ma charge, il y va de ma vie ;
Ainsi tantôt pour lui je m'expose au trépas,
Et tantôt je le perds pour ne me perdre pas.

ALBIN.

Décie excusera l'amitié d'un beau-père ;
Et d'ailleurs Polyeucte est d'un sang qu'on révère.

FÉLIX.

A punir les chrétiens son ordre est rigoureux ;
Et plus l'exemple est grand, plus il est dangereux :
On ne distingue point, quand l'offense est publique
Et, lorsqu'on dissimule un crime domestique,
Par quelle autorité peut-on, par quelle loi,
Châtier en autrui ce qu'on souffre chez soi ?

ALBIN.

Si vous n'osez avoir d'égard à sa personne,
Ecrivez à Décie, afin qu'il en ordonne.

FÉLIX.

Sévère me perdrait si j'en usais ainsi :
Sa haine et son pouvoir font mon plus grand souci.
Si j'avais différé de punir un tel crime,
Quoiqu'il soit généreux, quoiqu'il soit magnanime,
Il est homme, et sensible, et je l'ai dédaigné;
Et de tant de mépris son esprit indigné,
Que met au désespoir cet hymen de Pauline,
Du courroux de Décie obtiendrait ma ruine.
Pour venger un affront tout semble être permis,
Et les occasions tentent les plus remis.
Peut-être, et ce soupçon n'est pas sans apparence,
Il rallume en son cœur déjà quelque espérance,
Et, croyant bientôt voir Polyeucte puni,
Il rappelle un amour à grand'peine banni.
Juge si sa colère, en ce cas implacable,
Me ferait innocent de sauver un coupable,
Et s'il m'épargnerait, voyant par mes bontés
Une seconde fois ses desseins avortés.
  Te dirai-je un penser, indigne, bas, et lâche?
Je l'étouffe; il renaît; il me flatte, et me fâche :
L'ambition toujours me le vient présenter;
Et tout ce que je puis, c'est de le détester.
Polyeucte est ici l'appui de ma famille;
Mais si, par son trépas, l'autre épousait ma fille;
J'acquerrais bien par là de plus puissants appuis,
Qui me mettraient plus haut cent fois que je ne suis,
Mon cœur en prend par force une maligne joie.

Mais que plutôt le ciel à tes yeux me foudroie,
Qu'à des pensers si bas je puisse consentir,
Que jusque-là ma gloire ose se démentir !

ALBIN.

Votre cœur est trop bon, et votre âme trop haute.
Mais vous résolvez-vous à punir cette faute ?

FÉLIX.

Je vais dans la prison faire tout mon effort
A vaincre cet esprit par l'effroi de la mort;
Et nous verrons après ce que pourra Pauline.

ALBIN.

Que ferez-vous enfin, si toujours il s'obstine ?

FÉLIX.

Ne me presse point tant; dans un tel déplaisir,
Je ne puis me résoudre, et ne sais que choisir.

ALBIN

Je dois vous avertir, en serviteur fidèle,
Qu'en sa faveur déjà la ville se rebelle,
Et ne peut voir passer par la rigueur des lois
Sa dernière espérance et le sang de ses rois.
Je tiens sa prison même assez mal assurée;
J'ai laissé tout autour une troupe éplorée;
Je crains qu'on ne la force.

FÉLIX.

        Il faut donc l'en tirer,
Et l'amener ici pour nous en assurer.

ALBIN.

Tirez-l'en donc vous-même; et d'un espoir de grâce
Apaisez la fureur de cette populace

FÉLIX.

Allons; et, s'il persiste à demeurer chrétien,
Nous en disposerons sans qu'elle en sache rien.

FIN DU TROISIÈME ACTE.

ACTE QUATRIEME.

Scène I.

POLYEUCTE. — CLÉON. — TROIS AUTRES GARDES.

POLYEUCTE.

Gardes, que me veut-on ?

CLÉON.

Pauline vous demande.

POLYEUCTE.

O présence, ô combat que surtout j'appréhende !
Félix, dans la prison j'ai triomphé de toi,
J'ai ri de ta menace, et t'ai vu sans effroi :
Tu prends pour t'en venger de plus puissantes armes ;
Je craignais beaucoup moins tes bourreaux que ses lar-
  Seigneur, qui vois ici les périls que je cours, [mes
En ce pressant besoin redouble ton secours ;
Et toi, qui tout sortant encor de la victoire,
Regardes mes travaux du séjour de la gloire,
Cher Néarque, pour vaincre un si fort ennemi,
Prête du haut du ciel la main à ton ami.
Gardes, oseriez-vous me rendre un bon office ?
Non pour me dérober aux rigueurs du supplice ;
Ce n'est pas mon dessein qu'on me fasse évader ;
Mais, comme il suffira de trois à me garder,
L'autre m'obligerait d'aller quérir Sévère ;
Je crois que sans péril on peut me satisfaire ;

Si j'avais pu lui dire un secret important,
Il vivrait plus heureux, et je mourrais content.

CLÉON.

Si vous me l'ordonnez, j'y cours en diligence.

POLYEUCTE.

Sévère, à mon défaut, fera ta récompense.
Va, ne perds point de temps, et reviens promptement.

CLÉON.

Je serai de retour, seigneur, dans un moment.

Scène II.

POLYEUCTE.

(Les gardes se retirent aux coins du théâtre.)

Source délicieuse, en misères féconde,
Que voulez-vous de moi, flatteuses voluptés?
Honteux attachements de la chair et du monde,
Que ne me quittez-vous quand je vous ai quittés!
Allez, honneurs, plaisirs, qui me livrez la guerre.
 Toute votre félicité,
 Sujette à l'instabilité,
 En moins de rien tombe par terre;
 Et comme elle a l'éclat du verre,
 Elle en a la fragilité.

Ainsi n'espérez pas qu'après vous je soupire.
Vous étalez en vain vos charmes impuissants;
Vous me montrez en vain par tout ce vaste empire
Les ennemis de Dieu pompeux et florissants.
Il étale à son tour des revers équitables,
 Par qui les grands sont confondus;
 Et les glaives, qu'il tient pendus

Sur les plus fortunés coupables,
Sont d'autant plus inévitables
Que leurs coups sont moins attendus.

Tigre altéré de sang, Décie impitoyable,
Ce Dieu t'a trop long-temps abandonné les siens.
De ton heureux destin vois la suite effroyable :
Le Scythe va venger la Perse et les chrétiens.
Encore un peu plus outre, ton heure est venue ;
Rien ne t'en saurait garantir ;
Et la foudre qui va partir,
Toute prête à crever la nue,
Ne peut plus être retenue
Par l'attente du repentir.

Que cependant Félix m'immole à ta colère ;
Qu'un rival plus puissant éblouisse ses yeux,
Qu'aux dépens de ma vie il s'en fasse beau-père,
Et qu'à titre d'esclave il commande en ces lieux ;
Je consens, où plutôt j'aspire à ma ruine.
Monde, pour moi tu n'es plus rien.
Je porte en un cœur tout chrétien
Une flamme toute divine :
Et je ne regarde Pauline
Que comme un obstacle à mon bien.

Saintes douceurs du ciel, adorables idées,
Vous remplissez un cœur qui vous peut recevoir.
De vos sacrés attraits les âmes possédées
Ne conçoivent plus rien qui les puisse émouvoir.
Vous promettez beaucoup, et donnez davantage.
Vos biens ne sont point inconstants ;
Et l'heureux trépas que j'attends,
Ne vous sert que d'un doux passage
Pour nous introduire au partage

Qui nous rend à jamais contents.

C'est vous, ô feu divin que rien ne peut éteindre,
Qui m'allez faire voir Pauline sans la crainte.
Je la vois; mais mon cœur, d'un saint zèle enflammé,
N'en goûte plus l'appât dont il était charmé,
Et mes yeux, éclairés des célestes lumières,
Ne trouvent plus aux siens leurs grâces coutumières.

Scène III.

POLYEUCTE. — PAULINE. — GARDES.

POLYEUCTE.

Madame, quel dessein vous fait me demander ?
Est-ce pour me combattre, ou pour me seconder ?
Cet effort généreux de votre amour parfaite
Vient-il à mon secours, vient-il à ma défaite ?
Apportez-vous ici la haine ou l'amitié,
Comme mon ennemie, ou ma chère moitié ?

PAULINE.

Vous n'avez point ici d'ennemi que vous-même;
Seul vous vous haïssez lorsque chacun vous aime;
Seul vous exécutez tout ce que j'ai rêvé :
Ne veuillez pas vous perdre, et vous êtes sauvé.
A quelque extrémité que votre crime passe,
Vous êtes innocent, si vous vous faites grâce.
Daignez considérer le sang dont vous sortez,
Vos grandes actions, vos rares qualités :
Chéri de tout le peuple, estimé chez le prince,
Gendre du gouverneur de toute la province.
Je ne vous compte à rien le nom de mon époux,
C'est un bonheur pour moi, qui n'est pas grand pour vous,
Mais après vos exploits, après votre naissance,
Après votre pouvoir, voyez notre espérance;

ACTE IV.

Et n'abandonnez pas à la main d'un bourreau
Ce qu'à nos justes vœux promet un sort si beau.

POLYEUCTE.

Je considère plus; je sais mes avantages,
Et l'espoir que sur eux forment les grands courages.
Ils n'aspirent enfin qu'à des biens passagers,
Que troublent les soucis, que suivent les dangers;
La mort nous les ravit, la fortune s'en joue;
Aujourd'hui sur le trône, et demain dans la boue,
Et leur plus haut éclat fait tant de mécontents,
Que peu de vos Césars en ont joui long-temps.
 J'ai de l'ambition, mais plus noble et plus belle.
Cette grandeur périt, j'en veux une immortelle,
Un bonheur assuré, sans mesure et sans fin,
Au-dessus de l'envie, au-dessus du destin.
Est-ce trop l'acheter que d'une triste vie,
Qui tantôt, qui soudain, me peut être ravie;
Qui ne me fait jouir que d'un instant qui fuit,
Et ne peut m'assurer de celui qui le suit?

PAULINE.

Voilà de vos chrétiens les ridicules songes;
Voilà jusqu'à quel point vous charment leurs men- [songes.
Tout votre sang est peu pour un bonheur si doux :
Mais, pour en disposer, ce sang est-il à vous?
Vous n'avez pas la vie ainsi qu'un héritage;
Le jour qui vous la donne en même temps l'engage :
Vous la devez au prince, au public, à l'Etat.

POLYEUCTE.

Je la voudrais pour eux perdre dans un combat;
Je sais quel en est l'heur, et quelle en est la gloire.
Des aïeux de Décie on vante la mémoire;
Et ce nom, précieux encore à vos Romains,

Au bout de six cents ans lui met l'empire aux mains.
Je dois ma vie au peuple, au prince, à sa couronne;
Mais je la dois bien plus au Dieu qui me la donne.
Si mourir pour son prince est un illustre sort,
Quand on meurt pour son Dieu, quelle sera la mort!

PAULINE.

Quel Dieu?

POLYEUCTE.

Tout beau, Pauline : il entend vos paroles,
Et ce n'est pas un Dieu comme vos dieux frivoles,
Insensibles et sourds, impuissants, mutilés,
De bois, de marbre, ou d'or, comme vous les voulez :
C'est le Dieu des chrétiens, c'est le mien, c'est le vôtre;
Et la terre et le ciel n'en connaissent point d'autre.

PAULINE.

Adorez-le dans l'âme, et n'en témoignez rien.

POLYEUCTE.

Que je sois tout ensemble idolâtre et chrétien!

PAULINE.

Ne feignez qu'un moment : laisser partir Sévère,
Et donnez lieu d'agir aux bontés de mon père.

POLYEUCTE.

Les bontés de mon Dieu sont bien plus à chérir :
Il m'ôte des périls que j'aurais pu courir,
Et, sans me laisser lieu de tourner en arrière,
Sa faveur me couronne entrant dans la carrière;
Du premier coup de vent il me conduit au port,
Et sortant du baptême, il m'envoie à la mort.
Si vous pouviez comprendre et le peu qu'est la vie,
Et de quelles douceurs cette mort est suivie....
Mais que sert de parler de ces trésors cachés
A des esprits que Dieu n'a pas encor touchés?

PAULINE.

Cruel ! car il est temps que ma douleur éclate,
Et qu'un juste reproche accable une âme ingrate.
Est-ce là ce beau feu ! sont-ce là tes serments ?
Témoignes-tu pour moi les moindres sentiments ?
Je ne te parlais point de l'état déplorable
Où ta mort va laisser ta femme inconsolable ;
Je croyais que l'amour t'en parlerait assez,
Et je ne voulais pas de sentiments forcés :
Mais cette amour si ferme et si bien méritée,
Que tu m'avais promise, et que je t'ai portée,
Quand tu me veux quitter, quand tu me fais mourir,
Te peut-elle arracher une larme, un soupir ?
Tu me quittes, ingrat, et le fais avec joie ;
Tu ne la caches pas, tu veux que je la voie ;
Et ton cœur, insensible à ces tristes appas,
Se figure un bonheur où je ne serai pas !
C'est donc là le dégoût qu'apporte l'hyménée !
Je te suis odieuse après m'être donnée.

POLYEUCTE.

Hélas !

PAULINE.

      Que cet hélas a de peine à sortir !
Encor s'il commençait un heureux repentir,
Que, tout forcé qu'il est, j'y trouverais de charmes !
Mais, courage, il s'émeut, je vois couler des larmes.

POLYEUCTE.

J'en verse, et plût à Dieu qu'à force d'en verser
Ce cœur trop endurci se pût enfin percer !
Le déplorable état où je vous abandonne
Est bien digne des pleurs que mon amour vous donne ;
Et si l'on peut au ciel sentir quelques douleurs,

J'y pleurerai pour vous l'excès de vos malheurs :
Mais si, dans ce séjour de gloire et de lumière,
Ce Dieu tout juste et bon peut souffrir ma prière;
S'il y daigne écouter un conjugal amour,
Sur votre aveuglement il répandra le jour.
　Seigneur, de vos bontés, il faut que je l'obtienne :
Elle a trop de vertus pour n'être pas chrétienne :
Avec trop de mérite il vous plut la former,
Pour ne vous pas connaître et ne vous pas aimer,
Pour vivre des enfers esclave infortunée,
Et sous leur triste joug mourir comme elle est née.

PAULINE.

Que dis-tu, malheureux ? qu'oses-tu souhaiter ?

POLYEUCTE.

Ce que de tout mon sang je voudrais acheter.

PAULINE.

Que plutôt...!

POLYEUCTE.

　　　　C'est en vain qu'on se met en défense :
Ce Dieu touche les cœurs lorsque moins on y pense.
Ce bienheureux moment n'est pas encor venu;
Il viendra; mais le temps ne m'en est pas connu.

PAULINE.

Quittez cette chimère, et m'aimez.

POLYEUCTE.

　　　　　　　Je vous aime, [moi-même.
Beaucoup moins que mon Dieu, mais bien plus que

PAULINE.

Au nom de cet amour, ne m'abandonnez pas.

POLYEUCTE.

Au nom de cet amour, daignez suivre mes pas.

PAULINE.

C'est peu de me quitter, tu veux donc me séduire?

POLYEUCTE.

C'est peu d'aller au ciel, je vous y veux conduire.

PAULINE.

Imaginations!

POLYEUCTE.

Célestes vérités!

PAULINE.

Etrange aveuglement!

POLYEUCTE.

Eternelles clartés!

PAULINE.

Tu préfères la mort à l'amour de Pauline!

POLYEUCTE.

Vous préférez le monde à la bonté divine!

PAULINE.

Va, cruel, va mourir: tu ne m'aimas jamais.

POLYEUCTE.

Vivez heureuse au monde, et me laissez en paix.

PAULINE.

Oui, je t'y vais laisser, ne t'en mets plus en peine;
Je vais....

Scène IV.

POLYEUCTE. — PAULINE. — SEVERE. — FABIAN. — GARDES.

PAULINE.

Mais quel dessein en ce lieu vous amène,

Sévère? aurait-on cru qu'un cœur si généreux
Pût venir jusqu'ici braver un malheureux?

POLYEUCTE.

Vous traitez mal, Pauline, un si rare mérite;
A ma seule prière, il rend cette visite.
Je vous ai fait, seigneur, une incivilité,
Que vous pardonnerez à ma captivité.
Possesseur d'un trésor dont je n'étais pas digne,
Souffrez avant ma mort que je vous le résigne,
Et laisse la vertu la plus rare à nos yeux
Qu'une femme jamais pût recevoir des cieux,
Aux mains du plus vaillant et du plus honnête homme
Qu'ait adoré la terre et qu'ait vu naître Rome.
Vous êtes digne d'elle, elle est digne de vous;
Ne la refusez pas de la main d'un époux:
S'il vous a désunis, sa mort va vous rejoindre.
Qu'un feu jadis si beau n'en devienne pas moindre;
Rendez-lui votre cœur, et recevez sa foi:
Vivez heureux ensemble, et mourez comme moi:
C'est le bien qu'à tous deux Polyeucte désire.
Qu'on me mène à la mort; je n'ai plus rien à dire.
Allons, gardes, c'est fait.

Scène V.

SEVERE. — PAULINE. — FABIAN.

SÉVÈRE.

                Dans mon étonnement
Je suis confus pour lui de son aveuglement;
Sa résolution a si peu de pareilles,
Qu'à peine je me fie encore à mes oreilles.
Un cœur qui vous chérit (mais quel cœur assez bas
Aurait pu vous connaître et ne vous chérir pas),

Un homme aimé de vous, sitôt qu'il vous possède,
Sans regret il vous quitte : il fait plus, il vous cède,
Et, comme si vos feux étaient un don fatal,
Il en fait un présent lui-même à son rival !
Certes, ou les chrétiens ont d'étranges manies,
Ou leurs félicités doivent être infinies,
Puisque, pour y prétendre, ils osent rejeter
Ce que de tout l'empire il faudrait acheter.
Pour moi, si mes destins, un peu plus tôt propices,
Eussent de votre hymen honoré mes services,
Je n'aurais adoré que l'éclat de vos yeux,
J'en aurais fait mes rois, j'en aurais fait mes Dieux;
On m'aurait mis en poudre, on m'aurait mis en cendre,
Avant que.....

PAULINE.

Brisons là : je crains de trop entendre,
Et que cette chaleur, qui sent vos premiers feux,
Ne pousse quelque suite indigne de tous deux.
Sévère, connaissez Pauline tout entière.
Mon Polyeucte touche à son heure dernière;
Pour achever de vivre il n'a plus qu'un moment;
Vous en êtes la cause, encor qu'innocemment.
Je ne sais si votre âme, à vos désirs ouverte,
Aurait osé former quelque espoir sur sa perte :
Mais sachez qu'il n'est point de si cruels trépas,
Où d'un front assuré je ne porte mes pas,
Qu'il n'est point aux enfers d'horreurs que je n'endure,
Plutôt que de souiller une gloire si pure,
Que d'épouser un homme, après son triste sort,
Qui, de quelque façon, soit cause de sa mort;
Et, si vous me croyez d'une âme si peu saine,
L'amour que j'eus pour vous tournerait tout en haine.
Vous êtes généreux : soyez-le jusqu'au bout.

Mon père est en état de vous accorder tout,
Il vous craint; et j'avance encor cette parole,
Que, s'il perd mon époux, c'est à vous qu'il l'immole.
Sauvez ce malheureux; employez-vous pour lui;
Faites-vous un effort pour lui servir d'appui.
Je sais que c'est beaucoup que ce que je demande;
Mais plus l'effort est grand, plus la gloire en est grande.
Conserver un rival dont vous êtes jaloux,
C'est un trait de vertu qui n'appartient qu'à vous;
Et si ce n'est assez de votre renommée,
C'est beaucoup qu'une femme autrefois tant aimée,
Et dont l'amour peut-être encor vous peut toucher,
Doive à votre grand cœur ce qu'elle a de plus cher:
Souvenez-vous enfin que vous êtes Sévère.
Adieu. Résolvez seul ce que vous devez faire :
Si vous n'êtes pas tel que je l'ose espérer,
Pour vous priser encor je le veux ignorer.

Scène VI.

SEVERE. — FABIAN.

SÉVÈRE.

Qu'est-ce ci, Fabian ? quel nouveau coup de foudre
Tombe sur mon bonheur et le réduit en poudre !
Plus je l'estime près, plus il est éloigné;
Je trouve tout perdu, quand je crois tout gagné;
Et toujours la fortune, à me nuire obstinée,
Tranche mon espérance aussitôt qu'elle est née;
Avant qu'offrir des vœux je reçois des refus;
Toujours triste, toujours et honteux et confus,
De voir que lâchement elle ait osé renaître,
Qu'encor plus lâchement elle ait osé paraître;
Et qu'une femme enfin dans la calamité
Me fasse des leçons de générosité.

Votre belle âme est haute autant que malheureuse,
Mais elle est inhumaine autant que généreuse,
Pauline; et vos douleurs avec trop de rigueur
D'un amant tout à vous tyrannisent le cœur.
C'est donc peu de vous perdre, il faut que je vous donne;
Que je serve un rival lorsqu'il vous abandonne;
Et que, par un cruel et généreux effort,
Pour vous rendre en ses mains, je l'arrache à la mort!

FABIAN.

Laissez à son destin cette ingrate famille:
Qu'il accorde, s'il veut, le père avec la fille,
Polyeucte et Félix, l'épouse avec l'époux:
D'un si cruel effort quel prix espérez-vous?

SÉVÈRE.

La gloire de montrer à cet âme si belle
Que Sévère l'égale, et qu'il est digne d'elle,
Qu'elle m'était bien due, et que l'ordre des cieux
En me la refusant m'est trop injurieux.

FABIAN.

Sans accuser le sort ni le ciel d'injustice,
Prenez garde au péril qui suit un tel service;
Vous hasardez beaucoup, seigneur, pensez-y bien.
Quoi! vous entreprenez de sauver un chrétien!
Pouvez-vous ignorer pour cette secte impie
Quelle est et fut toujours la haine de Décie?
C'est un crime vers lui si grand, si capital,
Qu'à votre faveur même il peut être fatal.

SÉVÈRE.

Cet avis serait bon pour quelque âme commune.
S'il tient entre ses mains ma vie et ma fortune,
Je suis encor Sévère, et tout ce grand pouvoir
Ne peut rien sur ma gloire, et rien sur mon devoir.

Ici l'honneur m'oblige, et j'y veux satisfaire ;
Qu'après, le sort se montre, ou propice ou contraire,
Comme son naturel est toujours inconstant,
Périssant glorieux, je périrai content.

Je te dirai bien plus, mais avec confidence :
La secte des chrétiens n'est pas ce que l'on pense :
On les hait : la raison, je ne la connais point ;
Et je ne vois Décie injuste qu'en ce point.
Par curiosité j'ai voulu les connaître :
On les tient pour sorciers dont l'enfer est le maître,
Et, sur cette croyance, on punit du trépas
Des mystères secrets que nous n'entendons pas.
Mais Cérès Eleusine, et la bonne déesse,
Ont leurs secrets comme eux, à Rome, et dans la Grèce
Encore impunément nous souffrons en tous lieux,
Leur Dieu seul excepté, toute sorte de dieux :
Tous les monstres d'Egypte ont leurs temples dans Rome
Nos aïeux à leur gré faisaient un dieu d'un homme ;
Et, leur sang parmi nous conservant leurs erreurs,
Nous remplissons le ciel de tous nos empereurs :
Mais, à parler sans fard de tant d'apothéoses,
L'effet est bien douteux de ces métamorphoses.

Les chrétiens n'ont qu'un Dieu, maître absolu de tout;
De qui le seul vouloir fait tout ce qu'il résout :
Mais, si j'ose entre nous dire ce qui me semble,
Les nôtres bien souvent s'accordent mal ensemble ;
Et, me dût leur colère écraser à tes yeux,
Nous en avons beaucoup pour être de vrais dieux.
Peut-être qu'après tout ces croyances publiques
Ne sont qu'inventions de sages politiques,
Pour contenir un peuple, ou bien pour l'émouvoir
Et dessus sa faiblesse affermir leur pouvoir.
Enfin, chez les chrétiens les mœurs sont innocentes,

Les vices détestés, les vertus florissantes;
Jamais un adultère, un traître, un assassin;
Jamais d'ivrognerie, et jamais de larcin;
Ce n'est qu'amour entre eux, que charité sincère;
Chacun y chérit l'autre, et le secourt en frère :
Ils font des vœux pour nous qui les persécutons;
Et, depuis tant de temps que nous les tourmentons,
Les a-t-on vus mutins? les a-t-on vus rebelles?
Nos princes ont-ils eu des soldats plus fidèles?
Furieux dans la guerre, ils souffrent nos bourreaux,
Et, lions au combat, ils meurent en agneaux.
J'ai trop de pitié d'eux pour ne pas les défendre.
Allons trouver Félix; commençons par son gendre;
Et contentons ainsi, d'une seule action,
Et Pauline, et ma gloire, et ma compassion.

FIN DU QUATRIÈME ACTE.

ACTE CINQUIEME.

Scène I.

FELIX. — ALBIN. — CLEON.

FÉLIX.

Albin, as-tu bien vu la fourbe de Sévère ?
As-tu bien vu sa haine ? et vois-tu ma misère ?

ALBIN.

Je n'ai rien vu en lui qu'un rival généreux,
Et ne vois rien en vous qu'un père rigoureux.

FÉLIX.

Que tu discernes mal le cœur d'avec la mine !
Dans l'âme il hait Félix, et dédaigne Pauline,
Et s'il l'aima jadis, il estime aujourd'hui
Les restes d'un rival trop indignes de lui.
Il parle en sa faveur, il me prie, il menace,
Et me perdra, dit-il, si je ne lui fais grâce ;
Tranchant du généreux il croit m'épouvanter.
L'artifice est trop lourd pour ne pas l'éventer.
Je sais des gens de cour quelle est la politique ;
J'en connais mieux que lui la plus fine pratique.
C'est en vain qu'il tempête, et feint d'être en fureur,
Je vois ce qu'il prétend auprès de l'empereur.
De ce qu'il me demande il m'y ferait un crime ;
Epargnant son rival, je serais sa victime ;
Et s'il avait affaire à quelque maladroit,
Le piége est bien tendu, sans doute il le perdrait.
Mais un vieux courtisan est un peu moins crédule ;

Il voit quand on le joue, et quand on dissimule;
Et moi j'en ai tant vu de toutes les façons,
Qu'à lui-même, au besoin, j'en ferais des leçons.

ALBIN.

Dieux! que vous vous gênez par cette défiance!

FÉLIX.

Pour subsister en cour c'est la haute science.
Quand un homme une fois à droit de nous haïr,
Nous devons présumer qu'il cherche à nous trahir;
Toute son amitié nous doit être suspecte.
Si Polyeucte enfin n'abandonne sa secte,
Quoi que son protecteur ait pour lui dans l'esprit,
Je suivrai hautement l'ordre qui m'est prescrit.

ALBIN.

Grâce, grâce, seigneur! que Pauline l'obtienne!

FÉLIX.

Celle de l'empereur ne suivrait pas la mienne;
Et, loin de le tirer de ce pas hasardeux,
Ma bonté ne ferait que nous perdre tous deux.

ALBIN.

Mais Sévère promet....

FÉLIX.

    Albin, je m'en défie,
Et connais mieux que lui la haine de Décie;
En faveur des chrétiens s'il choquait son courroux,
Lui-même assurément se perdrait avec nous.
Je veux tenter pourtant encore une autre voie.

(A Cléon.)

Amenez Polyeucte; et si je le renvoie,
S'il demeure insensible à ce dernier effort,
Au sortir de ce lieu qu'on lui donne la mort.

ALBIN.
Votre ordre est rigoureux.

FÉLIX.
　　　　　　　Il faut que je le suive,
Si je veux empêcher qu'un désordre n'arrive.
Je vois le peuple ému pour prendre son parti :
Et toi-même tantôt tu m'en as averti :
Dans ce zèle pour lui qu'il fait déjà paraître,
Je ne sais si long-temps j'en pourrais être maître :
Peut-être dès demain, dès la nuit, dès ce soir,
J'en verrais des effets que je ne veux pas voir;
Et, Sévère, aussitôt courant à sa vengeance,
M'irait calomnier de quelque intelligence.
Il faut rompre ce coup qui me serait fatal.

ALBIN.
Que tant de prévoyance est un étrange mal!
Tout vous nuit, tout vous perd, tout vous fait de l'ombrage :
Mais voyez que sa mort mettra ce peuple en rage,
Que c'est mal le guérir que le désespérer.

FÉLIX.
En vain après sa mort il voudra murmurer;
Et, s'il ose venir à quelque violence,
C'est à faire à céder deux jours à l'insolence;
J'aurai fait mon devoir, quoi qu'il puisse arriver.
Mais Polyeucte vient; tâchons à le sauver.
Soldats, retirez-vous, et gardez bien la porte.

Scène II.

FELIX. — POLYEUCTE. — ALBIN.

FÉLIX.
As-tu donc pour la vie une haine si forte,

Malheureux Polyeucte? et la loi des chrétiens
T'ordonne-t-elle ainsi d'abandonner les tiens?

POLYEUCTE.

Je ne hais point la vie, et j'en aime l'usage,
Mais sans attachement qui sente l'esclavage,
Toujours prêt à la rendre au Dieu dont je la tiens;
La raison me l'ordonne, et la loi des chrétiens :
Et je vous montre à tous par là comme il faut vivre,
Si vous avez le cœur assez bon pour me suivre.

FÉLIX.

Te suivre dans l'abîme où tu te veux jeter?

POLYEUCTE.

Mais plutôt dans la gloire où je m'en vais monter.

FÉLIX.

Donne-moi pour le moins le temps de la connaître;
Pour me faire chrétien, sers-moi de guide à l'être,
Et ne dédaigne pas de m'instruire en ta foi,
Ou toi-même à ton Dieu tu répondras de moi.

POLYEUCTE.

N'en riez point, Félix, il sera votre juge;
Vous ne trouverez point devant lui de refuge;
Les rois et les bergers y sont d'un même rang.
De tous les siens sur vous il vengera le sang.

FÉLIX.

Je n'en répandrai plus; et, quoi qu'il en arrive,
Dans la foi des chrétiens je souffrirai qu'on vive;
J'en serai protecteur.

POLYEUCTE.

Non, non, persécutez,
Et soyez l'instrument de nos félicités :
Celle d'un vrai chrétien n'est que dans les souffrances;

Les plus cruels tourments lui sont des récompenses.
Dieu, qui rend le centuple aux bonnes actions,
Pour comble donne encor les persécutions.
Mais ces secrets pour vous sont fâcheux à comprendre;
Ce n'est qu'à ses élus que Dieu les fait entendre.

FÉLIX.

Je te parle sans fard, et veux être chrétien.

POLYEUCTE.

Qui peut donc retarder l'effet d'un si grand bien?

FÉLIX.

La présence importune....

POLYEUCTE.

                Et de qui? de Sévère?

FELIX.

Pour lui seul contre toi j'ai feint tant de colère :
Dissimule un moment jusques à son départ.

POLYEUCTE.

Félix, c'est donc ainsi que vous parlez sans fard?
Portez à vos païens, portez à vos idoles
Le sucre empoisonné que sèment vos paroles.
Un chrétien ne craint rien, ne dissimule rien;
Aux yeux de tout le monde il est toujours chrétien.

FÉLIX.

Ce zèle de ta foi ne sert qu'à te séduire,
Si tu cours à la mort plutôt que de m'instruire.

POLYEUCTE.

Je vous en parlerais ici hors de saison;
Elle est un don du ciel, et non de la raison;
Et c'est là que bientôt, voyant Dieu face à face,
Plus aisément pour vous j'obtiendrai cette grâce.

ACTE V.

FÉLIX.

Ta perte cependant me va désespérer.

POLYEUCTE.

Vous avez en vos mains de quoi la réparer ;
En vous ôtant un gendre, on vous en donne un autre
Dont la condition répond mieux à la vôtre.
Ma perte n'est pour vous qu'un change avantageux.

FÉLIX.

Cesse de me tenir ce discours outrageux.
Je t'ai considéré plus que tu ne mérites,
Mais malgré ma bonté, qui croît plus tu l'irrites,
Cette insolence enfin te rendrait odieux ;
Et je me vengerais aussi bien que nos Dieux.

POLYEUCTE.

Quoi ! vous changez bientôt d'humeur et de langage !
Le zèle de vos dieux rentre en votre courage !
Celui d'être chrétien s'échappe ! et par hasard
Je vous viens d'obliger à me parler sans fard !

FÉLIX.

Va, ne présume pas que, quoi que je te jure,
De tes nouveaux docteurs je suive l'imposture.
Je flattais ta manie, afin de t'arracher
Du honteux précipice où tu vas trébucher ;
Je voulais gagner temps pour ménager ta vie,
Après l'éloignement d'un flatteur de Décie ;
Mais j'ai fait trop d'injure à nos dieux tout-puissants ;
Choisis de leur donner ton sang, ou de l'encens.

POLYEUCTE.

Mon choix n'est point douteux. Mais j'aperçois Pauline.
O ciel !

Scène III.

FELIX. — POLYEUCTE. — PAULINE. — ALBIN.

PAULINE.

Qui de vous deux aujourd'hui m'assassine ?
Sont-ce tous deux ensemble, ou chacun à son tour ?
Ne pourrai-je fléchir la nature, ou l'amour ?
Et n'obtiendrai-je rien d'un époux, ni d'un père ?

FÉLIX.

Parlez à votre époux.

POLYEUCTE.

                    Vivez avec Sévère.

PAULINE.

Tigre, assassine-moi du moins sans m'outrager.

POLYEUCTE.

Mon amour, par pitié, cherche à vous soulager ;
Il voit quelle douleur dans l'âme vous possède,
Et sait qu'un autre amour en est le seul remède,
Puisqu'un si grand mérite a pu vous enflammer,
Sa présence toujours a droit de vous charmer.
Vous l'aimez, il vous aime ; et sa gloire augmentée.....

PAULINE.

Que t'ai-je fait, cruel ! pour être ainsi traitée,
Et pour me reprocher, au mépris de ma foi,
Un amour si puissant que j'ai vaincu pour toi ?
Vois, pour te faire vaincre un si fort adversaire,
Quels efforts à moi-même il a fallu me faire,
Quels combats j'ai donnés pour te donner un cœur
Si justement acquis à son premier vainqueur ;
Et, si l'ingratitude en ton cœur ne domine,
Fais quelque effort sur toi pour te rendre à Pauline.

Apprends d'elle à forcer ton propre sentiment;
Prends sa vertu pour guide en ton aveuglement;
Souffre que de toi-même elle obtienne ta vie,
Pour vivre sous tes lois à jamais asservie.
Si tu peux rejeter de si justes désirs,
Regarde au moins ses pleurs, écoute ses soupirs;
Ne désespère pas une âme qui t'adore.

POLYEUCTE.

Je vous l'ai déjà dit, et vous le dis encore,
Vivez avec Sévère, ou mourez avec moi.
Je ne méprise point vos pleurs ni votre foi;
Mais, de quoi que pour vous notre amour m'entretienne,
Je ne vous connais plus si vous n'êtes chrétienne.
C'en est assez; Félix, reprenez ce courroux,
Et sur cet insolent vengez vos dieux et vous.

PAULINE.

Ah! mon père, son crime à peine est pardonnable;
Mais s'il est insensé, vous êtes raisonnable;
La nature est trop forte, et ses aimables traits,
Imprimés dans le sang, ne s'effacent jamais :
Un père est toujours père, et sur cette assurance
J'ose appuyer encore un reste d'espérance.
Jetez sur votre fille un regard paternel;
Ma mort suivra la mort de ce cher criminel;
Et les dieux trouveront sa peine illégitime,
Puisqu'elle confondra l'innocence et le crime,
Et qu'elle changera, par ce redoublement,
En injuste rigueur un juste châtiment.
Nos destins, par vos mains rendus inséparables,
Nous doivent rendre heureux ensemble ou misérables;
Et vous seriez cruel jusques au dernier point,
Si vous désunissiez ce que vous avez joint.
Un cœur à l'autre uni jamais ne se retire;

Et pour l'en séparer il faut qu'on le déchire.
Mais vous êtes sensible à mes justes douleurs,
Et d'un œil paternel vous regardez mes pleurs.

FÉLIX.

Oui, ma fille, il est vrai qu'un père est toujours père;
Rien n'en peut effacer le sacré caractère;
Je porte un cœur sensible, et vous l'avez percé.
Je me joins avec vous contre cet insensé.
Malheureux Polyeucte, est-tu seul insensible?
Et veux-tu rendre seul ton crime irrémissible?
Peux-tu voir tant de pleurs d'un œil détaché?
Peux-tu voir tant d'amour sans en être touché?
Ne reconnais-tu plus ni beau-père, ni femme,
Sans amitié pour l'un, et pour l'autre sans flamme?
Pour reprendre les noms et de gendre et d'époux,
Veux-tu nous voir tous deux embrasser tes genoux?

POLYEUCTE.

Que tout cet artifice est de mauvaise grâce!
Après avoir deux fois essayé la menace,
Après m'avoir fait voir Néarque dans la mort,
Après avoir tenté l'amour et son effort,
Après m'avoir montré cette soif du baptême,
Pour opposer à Dieu l'intérêt de Dieu même,
Vous vous joignez ensemble! Ah! ruses de l'enfer!
Faut-il tant de fois vaincre avant que triompher!
Vos résolutions usent trop de remise;
Prenez la vôtre enfin, puisque la mienne est prise.
Je n'adore qu'un Dieu, maître de l'univers,
Sous qui tremblent le ciel, la terre, et les enfers;
Un Dieu qui, nous aimant d'une amour infinie,
Voulut mourir pour nous avec ignomie,
Et qui, par un effort de cet excès d'amour,
Veut pour nous en victime être offert chaque jour.

Mais j'ai tort d'en parler à qui ne peut m'entendre.
Voyez l'aveugle erreur que vous osez défendre :
Des crimes les plus noirs vous souillez tous vos dieux ;
Vous n'en punissez point qui n'ait son maître aux cieux.
La prostitution, l'adultère, l'inceste,
Le vol, l'assassinat, et tout ce qu'on déteste,
C'est l'exemple qu'à suivre offrent vos immortels.
J'ai profané leur temple et brisé leurs autels.
Je le ferais encor, si j'avais à le faire,
Même aux yeux de Félix, même aux yeux de Sévère,
Même aux yeux du sénat, aux yeux de l'empereur.

FÉLIX.

Enfin ma bonté cède à ma juste fureur :
Adore-les, ou meurs.

POLYEUCTE.

Je suis chrétien.

FÉLIX.

Impie.
Adore-les, te dis-je, ou renonce à la vie.

POLYEUCTE.

Je suis chrétien.

FÉLIX.

Tu l'es ? O cœur trop obstiné !...
Soldats, exécutez l'ordre que j'ai donné.

PAULINE.

Où le conduisez-vous ?

FÉLIX.

A la mort.

POLYEUCTE.

A la gloire.
Chère Pauline, adieu : conservez ma mémoire.

PAULINE.

Je te suivrai partout, et mourrai si tu meurs.

POLYEUCTE.

Ne suivez point mes pas, ou quittez vos erreurs.

FÉLIX.

Qu'on l'ôte de mes yeux, et que l'on m'obéisse :
Puisqu'il aime à périr, je consens qu'il périsse.

Scène IV.

FELIX. — ALBIN.

FÉLIX.

Je me fais violence, Albin, mais je l'ai dû :
Ma bonté naturelle aisément m'eut perdu :
Que la rage du peuple à présent se déploie,
Que Sévère en fureur tonne, éclate, foudroie,
M'étant fait cet effort, j'ai fait ma sûreté.
Mais n'es-tu point surpris de cette dureté ?
Vois-tu comme le sien des cœurs impénétrables,
Ou des impiétés à ce point exécrables ?
Du moins j'ai satisfait mon esprit affligé :
Pour amollir son cœur je n'ai rien négligé :
J'ai feint même à ses yeux des lâchetés extrêmes ;
Et certes, sans l'horreur de ses derniers blasphèmes,
Qui m'ont rempli soudain de colère et d'effroi,
J'aurais eu de la peine à triompher de moi.

ALBIN.

Vous maudirez peut-être un jour cette victoire,
Qui tient je ne sais quoi d'une action trop noire,
Indigne de Félix, indigne d'un Romain,
Répandant votre sang par votre propre main.

FÉLIX.

Ainsi l'ont autrefois versé Brute et Manlie ;

Mais leur gloire en a crû, loin d'en être affaiblie;
Et quand nos vieux héros avaient de mauvais sang,
Ils eussent, pour le perdre, ouvert leur propre flanc.

ALBIN.

Votre ardeur vous séduit, mais, quoi qu'elle vous die,
Quand vous la sentirez une fois refroidie,
Quand vous verrez Pauline, et que son désespoir
Par ses pleurs et ses cris saura vous émouvoir....

FÉLIX.

Tu me fais souvenir qu'elle a suivi ce traître,
Et que ce désespoir qu'elle fera paraître
De mes commandements pourra troubler l'effet.
Va donc, cours y mettre ordre, et voir ce qu'elle fait;
Romps ce que ses douleurs y donnaient d'obstacle;
Tire-la, si tu peux, de ce triste spectacle;
Tâche à la consoler. Va donc; qui te retient?

ALBIN.

Il n'en est pas besoin, seigneur, elle revient.

Scène V.

FELIX. — PAULINE. — ALBIN.

PAULINE.

Père barbare, achève, achève ton ouvrage;
Cette seconde hostie est digne de ta rage;
Joins ta fille à ton gendre; ose : que tardes-tu?
Tu vois le même crime, ou la même vertu :
Ta barbarie en elle a les mêmes matières;
Mon époux, en mourant, m'a laissé ses lumières;
Son sang, dont tes bourreaux viennent de me couvrir,
M'a dessillé les yeux, et me les vient d'ouvrir.
Je vois, je sais, je crois, je suis désabusée,
De ce bienheureux sang tu me vois baptisée;

Je suis chrétienne enfin; n'est-ce point assez dit?
Conserve, en me perdant, ton rang et ton crédit,
Redoute l'empereur, appréhende Sévère;
Si tu ne veux périr, ma perte est nécessaire,
Polyeucte m'appelle à cet heureux trépas;
Je vois Néarque et lui qui me tendent les bras.
Mène, mène-moi voir tes dieux que je déteste;
Ils n'en ont brisé qu'un, je briserai le reste.
On m'y verra braver tout ce que vous craignez,
Ces foudres impuissants qu'en leurs mains vous peignez,
Et, saintement rebelle aux lois de la naissance,
Une fois envers toi manquer d'obéissance.
Ce n'est point ma douleur que par là je fais voir;
C'est la grâce qui parle, et non le désespoir.
Le faut-il dire encor? Félix, je suis chrétienne.
Affermis par ma mort ta fortune et la mienne :
Le coup à l'un et l'autre en sera précieux,
Puisqu'il t'assure en terre, en m'élevant aux cieux.

Scène VI.

FELIX. — SEVERE. — PAULINE. — ALBIN. — FABIAN.

SÉVÈRE.

Père dénaturé, malheureux politique,
Esclave ambitieux d'une peur chimérique,
Polyeucte est donc mort! et par vos cruautés
Vous pensez conserver vos tristes dignités
La faveur que pour lui je vous avais offerte,
Au lieu de le sauver, précipite sa perte!
J'ai prié, menacé, mais sans vous émouvoir,
Et vous m'avez cru fourbe, ou de peu de pouvoir!
Eh bien! à vos dépens vous verrez que Sévère
Ne se vante jamais que de ce qu'il peut faire;

Et par votre ruine il vous fera juger
Que qui peut bien vous perdre eût pu vous protéger.
Continuez aux dieux ce service fidèle ;
Par de telles horreurs montrez-leur votre zèle.
Adieu : mais, quand l'orage éclatera sur vous,
Ne doutez point du bras dont partiront les coups.

FÉLIX.

Arrêtez-vous, seigneur, et d'une âme appaisée
Souffrez que je vous livre une vengeance aisée.
Ne me reprochez plus que par mes cruautés
Je tâche à conserver mes tristes dignités ;
Je dépose à vos pieds l'éclat de leur faux lustre ;
Celle où j'ose aspirer est d'un rang plus illustre ;
Je m'y trouve forcé par un secret appas :
Je cède à des transports que je ne connais pas ;
Et, par un mouvement que je ne puis entendre,
De ma fureur je passe au zèle de mon gendre.
C'est lui, n'en doutez point, dont le sang innocent
Pour son persécuteur prie un Dieu tout-puissant.
Son amour épandu sur toute la famille
Tire après lui le père aussi bien que la fille.
J'en ai fait un martyr ; sa mort me fait chrétien ;
J'ai fait tout son bonheur ; il veut faire le mien.
C'est ainsi qu'un chrétien se venge et se courrouce :
Heureuse cruauté dont la suite est si douce !
Donne la main, Pauline. Apportez les liens,
Immolez à vos dieux ces deux nouveaux chrétiens :
Je le suis, elle l'est ; suivez votre colère.

PAULINE.

Qu'heureusement enfin je retrouve mon père,
Cet heureux changement rend mon bonheur parfait.

FÉLIX.

Ma fille, il n'appartient qu'à la main qui le fait.

SÉVÈRE.

Qui ne serait touché d'un si tendre spectacle !
De pareils changements ne vont point sans miracle.
Sans doute vos chrétiens, qu'on persécute en vain,
Ont quelque chose en eux qui surpasse l'humain ;
Ils mènent une vie avec tant d'innocence,
Que le ciel leur en doit quelque reconnaissance :
Se relever plus forts, plus ils sont abattus,
N'est pas aussi l'effet des communes vertus.
Je les aimai toujours, quoi qu'on m'en ait pu dire ;
Je n'en vois point mourir que mon cœur n'en soupire ;
Et peut-être qu'un jour je les connaîtrai mieux.
J'approuve cependant que chacun ait ses dieux,
Qu'il les serve à sa mode, et sans peur de la peine.
Si vous êtes chrétien, ne craignez plus ma haine ;
Je les aime, Félix, et de leur protecteur
Je n'en veux pas sur vous faire un persécuteur.
Gardez votre pouvoir, reprenez-en la marque ;
Servez bien votre Dieu, servez notre monarque ;
Je perdrai mon crédit envers sa majesté,
Ou vous verrez finir cette sévérité :
Par cette injuste haine il se fait trop d'outrage.

FÉLIX.

Daigne le ciel en vous achever son ouvrage,
Et, pour vous rendre un jour ce que vous méritez,
Vous inspirer bientôt toutes ses vérités !
Nous autres, bénissons notre heureuse aventure ;
Allons à nos martyrs donner la sépulture,
Baiser leurs corps sacrés, les mettre en digne lieu,
Et faire retentir partout le nom de Dieu.

FIN DE POLYEUCTE.

BRITANNICUS.

TRAGÉDIE EN CINQ ACTES

ACTEURS.

Néron, empereur, fils d'Agrippine.
Britannicus, fils de Messaline et de l'empereur Claudius
Agrippine, veuve de Domitius Erobarbus, père de Néron, et, en seconde noces, veuve de l'empereur Claudius.
Junie, amante de Britannicus.
Burrhus, gouverneur de Néron.
Albine, confidente d'Agrippine.
Gardes.

La scène est à Rome, dans une chambre du palais de Néron.

BRITANNICUS.

ACTE PREMIER.
Scène I.
AGRIPPINE. — ALBINE.

ALBINE.

Quoi! tandis que Néron s'abandonne au sommeil,
Faut-il que vous veniez attendre son réveil?
Qu'errant dans le palais, sans suite et sans escorte,
La mère de César veille seule à la porte?
Madame, retournez dans votre appartement.

AGRIPPINE.

Albine, il ne faut pas s'éloigner un moment.
Je veux l'attendre ici : les chagrins qu'il me cause
M'occuperont assez tout le temps qu'il repose.
Tout ce que j'ai prédit n'est que trop assuré ;
Contre Britannicus Néron s'est déclaré.
L'impatient Néron cesse de se contraindre ;
Las de se faire aimer, il veut se faire craindre.
Britannicus le gêne, Albine, et chaque jour
Je sens que je deviens importune à mon tour.

ALBINE.

Quoi! vous à qui Néron doit le jour qu'il respire ;
Qui l'avez appelé de si loin à l'empire ;
Vous qui, déshéritant le fils de Claudius,
Avez nommé César l'heureux Domitius?
Tout lui parle, madame, en faveur d'Agrippine :
Il vous doit son amour.

AGRIPPINE.

Il me le doit, Albine :
Tout, s'il est généreux, lui prescrit cette loi ;
Mais tout, s'il est ingrat, lui parle contre moi.

ALBINE.

S'il est ingrat, madame ? Ah ! tout dans sa conduite
Marque dans son devoir une âme trop instruite.
Depuis trois ans entiers, qu'a-t-il dit, qu'a-t-il fait
Qui ne promette à Rome un empereur parfait ?
Rome, depuis trois ans par ses soins gouvernée,
Au temps de ses consuls croit être retournée :
Il la gouverne en paix. Enfin, Néron naissant
A toutes les vertus d'Auguste vieillissant.

AGRIPPINE.

Non, non, mon intérêt ne me rend point injuste,
Il commence, il est vrai, par où finit Auguste ;
Mais crains que, l'avenir détruisant le passé,
Il ne finisse ainsi qu'Auguste a commencé.
Il se déguise en vain : je lis sur son visage
Des fiers Domitius l'humeur triste et sauvage.
Il mêle avec l'orgueil qu'il a pris dans leur sang
La fierté des Néron qu'il puisa dans mon flanc.
Toujours la tyrannie a d'heureuses prémices :
De Rome, pour un temps, Caïus fut les délices,
Mais, sa feinte bonté se tournant en fureur,
Les délices de Rome en devinrent l'horreur.
Que m'importe, après tout, que Néron plus fidèle
D'une longue vertu laisse un jour le modèle ?
Ai-je mis dans sa main le timon de l'Etat
Pour le conduire au gré du peuple et du sénat ?
Ah ! que de la patrie il soit, s'il veut, le père,
Mais qu'il songe un peu plus qu'Agrippine est sa mère.
De quel nom cependant pouvons-nous appeler

L'attentat que le jour vient de nous révéler ?
Il sait, car leur amour ne peut être ignorée,
Que de Britannicus Junie est adorée.
Et ce même Néron, que la vertu conduit,
Fait enlever Junie au milieu de la nuit !
Que veut-il ? Est-ce haine, est-ce amour qui l'inspire ?
Cherche-t-il seulement le plaisir de leur nuire ?
Ou plutôt n'est-ce point que sa malignité
Punit sur eux l'appui que je leur ai prêté ?

ALBINE.

Vous, leur appui, madame ?

AGRIPPINE.

Arrête chère Albine.
Je sais que j'ai moi seule avancé leur ruine :
Que du trône, où le sang l'a dû faire monter,
Britannicus par moi s'est vu précipiter.
Par moi seule éloigné de l'hymen d'Octavie,
Le frère de Junie abandonna la vie,
Silanus, sur qui Claude avait jeté les yeux,
Et qui comptait Auguste au rang de ses aïeux.
Néron jouit de tout : et moi, pour récompense,
Il faut qu'entre eux et lui je tienne la balance,
Afin que quelque jour par une même loi
Britannicus la tienne entre mon fils et moi.

ALBINE.

Quel dessein !

AGRIPPINE.

Je m'assure un port dans la tempête.
Néron m'échappera, si ce frein ne l'arrête.

ALBINE.

Mais prendre contre un fils tant de soins superflus ?

AGRIPPINE.

Je le craindrais bientôt s'il ne me craignait plus.

ALBINE.

Une injuste frayeur vous alarme peut-être.
Mais si Néron pour vous n'est plus ce qu'il doit être,
Du moins son changement ne vient point jusqu'à nous;
Et ce sont des secrets entre César et vous.
Quelques titres nouveaux que Rome lui défère,
Néron n'en reçoit point qu'il ne donne à sa mère.
Sa prodigue amitié ne se réserve rien :
Votre nom est dans Rome aussi saint que le sien,
A peine parle-t-on de la triste Octavie.
Auguste, votre aïeul, honora moins Livie :
Néron devant sa mère a permis le premier
Qu'on portât des faisceaux couronnés de laurier.
Quels efforts voulez-vous de sa reconnaissance?

AGRIPPINE.

Un peu moins de respect, et plus de confiance.
Tous ces présents, Albine, irritent mon dépit :
Je vois mes honneurs croître, et tomber mon crédit.
Non, non, le temps n'est plus que Néron, jeune encore
Me renvoyait les vœux d'une cour qui l'adore ;
Lorsqu'il se reposait sur moi de tout l'Etat;
Que mon ordre au palais assemblait le sénat ;
Et que derrière un voile, invisible et présente,
J'étais de ce grand corps l'âme toute-puissante.
Des volontés de Rome alors mal assuré,
Néron de sa grandeur n'était point enivré.
Ce jour, ce triste jour frappe encor ma mémoire,
Où Néron fut lui-même ébloui de sa gloire,
Quand les ambassadeurs de tant de rois divers
Vinrent le reconnaître au nom de l'univers.
Sur son trône avec lui j'allais prendre ma place :
J'ignore quel conseil prépara ma disgrâce;
Quoi qu'il en soit, Néron, d'aussi loin qu'il me vit,

Laissa sur son visage éclater son dépit.
Mon cœur même en conçut un malheureux augure.
L'ingrat, d'un faux respect colorant son injure,
Se leva par avance, et courant m'embrasser,
Il m'écarta du trône où je m'allais placer.
Depuis ce coup fatal le pouvoir d'Agrippine,
Vers sa chute à grand pas chaque jour s'achemine.
L'ombre seule m'en reste, et l'on n'implore plus
Que le nom de Sénèque et l'appui de Burrhus.

ALBINE.

Ah! si de ce soupçon votre âme est prévenue,
Pourquoi nourrissez-vous le venin qui vous tue?
Daignez avec César vous éclaircir du moins.

AGRIPPINE.

César ne me voit plus; Albine, sans témoins:
En public, à mon heure, on me donne audience.
Sa réponse est directe, et même son silence.
Je vois deux surveillants, ses maîtres et les miens,
Présider l'un ou l'autre à tous nos entretiens
Mais je le poursuivrai d'autant plus qu'il m'évite :
De son désordre, Albine, il faut que je profite.
J'entends du bruit; on ouvre. Allons subitement
Lui demander raison de cet enlèvement :
Surprenons, s'il se peut, les secrets de son âme.
Mais quoi! déjà Burrhus sort de chez lui!

Scène II.

AGRIPPINE. — BURRHUS. — ALBINE.

BURRHUS.

Madame,
Au nom de l'empereur, j'allais vous informer
D'un ordre qui d'abord a pu vous alarmer,

Mais qui n'est que l'effet d'une sage conduite,
Dont César a voulu que vous fussiez instruite.

AGRIPPINE.

Puisqu'il le veut, entrons ; il m'en instruira mieux.

BURRHUS.

César pour quelque temps s'est soustrait à nos yeux.
Déjà par une porte au public moins connue
L'un et l'autre consul vous avaient prévenue,
Madame. Mais souffrez que je retourne exprès...

AGRIPPINE.

Non, je ne trouble point ses augustes secrets.
Cependant voulez-vous qu'avec moins de contrainte
L'un et l'autre une fois nous nous parlions sans feinte ?

BURRHUS. [reur.

Burrhus pour le mensonge eut toujours trop d'hor-

AGRIPPINE.

Prétendez-vous long-temps me cacher l'empereur ?
Ne le verrai-je plus qu'à titre d'importune ?
Ai-je donc élevé si haut votre fortune
Pour mettre une barrière entre mon fils et moi ?
Ne l'osez-vous laisser un moment sur sa foi ?
Entre Sénèque et vous disputez-vous la gloire
A qui m'effacera plutôt de sa mémoire ?
Vous l'ai-je confié pour en faire un ingrat,
Pour être, sous son nom, les maîtres de l'Etat ?
Certes, plus je médite, et moins je me figure
Que vous m'osez compter pour votre créature ;
Vous, dont j'ai pu laisser vieillir l'ambition
Dans les honneurs obscurs de quelque légion ;
Et moi, qui sur le trône ai suivi mes ancêtres,
Moi, fille, femme, sœur et mère de vos maîtres.
Que prétendez-vous donc ? Pensez-vous que ma voix

Ait fait un empereur pour m'en imposer trois ?
Néron n'est plus enfant : n'est-il pas temps qu'il règne ?
Jusqu'à quand voulez-vous que l'empereur vous craigne?
Ne saurait-il rien voir qu'il n'emprunte vos yeux!
Pour se conduire enfin n'a-t-il pas ses aïeux ?
Qu'il choisisse s'il veut, d'Auguste ou de Tibère;
Qu'il imite, s'il peut, Germanicus, mon père.
Parmi tant de héros, je n'ose me placer;
Mais il est des vertus que je lui puis tracer :
Je puis l'instruire au moins combien sa confidence
Entre un sujet et lui doit laisser de distance.

BURRHUS.

Je ne m'étais chargé dans cette occasion
Que d'excuser César d'une seule action :
Mais puisque, sans vouloir que je le justifie,
Vous me rendez garant du reste de sa vie,
Je répondrai, madame, avec la liberté
D'un soldat qui sait mal farder la vérité :
Vous m'avez de César confié la jeunesse,
Je l'avoue, et je dois m'en souvenir sans cesse.
Mais vous avais-je fait serment de le trahir,
D'en faire un empereur qui ne sût qu'obéir ?
Non. Ce n'est plus à vous qu'il faut que j'en réponde;
Ce n'est plus votre fils, c'est le maître du monde.
J'en dois compte, madame, à l'empire romain,
Qui croit voir son salut ou sa perte en ma main.
Ah! si dans l'ignorance il le fallait instruire,
N'avait-on que Sénèque et moi pour le séduire ?
Pourquoi de sa conduite éloigner les flatteurs ?
Fallait-il dans l'exil chercher des corrupteurs ?
La cour de Claudius, en esclaves fertile,
Pour deux que l'on cherchait en eût présenté mille,
Qui tous auraient brigué l'honneur de l'avilir :

Dans une longue enfance ils l'auraient fait vieillir.
De quoi vous plaignez-vous, madame? on vous ré-
Ainsi que par César, on jure par sa mère. [vère!
L'empereur, il est vrai, ne vient plus chaque jour
Mettre à vos pieds l'empire et grossir votre cour:
Mais le doit-il, madame? et sa reconnaissance
Ne peut-elle éclater que dans sa dépendance?
Toujours humble, toujours le timide Néron
N'ose-t-il être Auguste et César que de nom?
Vous le dirai-je, enfin? Rome le justifie.
Rome, à trois affranchis si long-temps asservie,
A peine respirant du joug qu'elle a porté,
Du règne de Néron compte sa liberté.
Que dis-je! la vertu semble même renaître.
Tout l'empire n'est plus la dépouille d'un maître:
Le peuple aux champs de Mars nomme ses magis-
César nomme les chefs sur la foi des soldats: [trats
Thraséas au sénat, Corbulon dans l'armée,
Sont encor innocents malgré leur renommée:
Les déserts, autrefois peuplés de sénateurs,
Ne sont plus habités que par leurs délateurs,
Qu'importe que César continue à nous croire,
Pourvu que nos conseils ne tendent qu'à sa gloire,
Pourvu que dans le cours d'un règne florissant
Rome soit toujours libre, et César tout-puissant?
Mais, madame, Néron suffit pour se conduire.
J'obéis, sans prétendre à l'honneur de l'instruire.
Sur ses aïeux, sans doute, il n'a qu'à se régler;
Pour bien faire, Néron n'a qu'à se ressembler.
Heureux si ses vertus l'une à l'autre enchaînées,
Ramènent tous les ans ses premières années!

AGRIPPINE.

Ainsi, sur l'avenir n'osant vous assurer,

Vous croyez que sans vous Néron va s'égarer,
Mais vous qui, jusqu'ici content de votre ouvrage,
Venez de ses vertus vous rendre témoignage,
Expliquez-nous pourquoi, devenu ravisseur,
Néron de Silanus fait enlever la sœur !
Ne tient-il qu'à marquer de cette ignominie
Le sang de mes aïeux qui brille dans Junie ?
De quoi l'accuse-t-il ? et par quel attentat
Devient-elle en un jour criminelle d'Etat;
Elle qui, sans orgueil jusqu'alors élevée,
N'aurait point vu Néron, s'il ne l'eût enlevée,
Et qui même aurait mis au rang de ses bienfaits
L'heureuse liberté de ne le voir jamais ?

BURRHUS.

Je sais que d'aucun crime elle n'est soupçonnée,
Mais jusqu'ici César ne l'a point condamnée,
Madame : aucun objet ne blesse ici ses yeux;
Elle est dans un palais tout plein de ses aïeux :
Vous savez que les droits qu'elle porte avec elle
Peuvent de son époux faire un prince rebelle;
Que le sang de César ne se doit allier
Qu'à ceux à qui César le veut bien confier :
Et vous-même avouerez qu'il ne serait pas juste
Qu'on disposât sans lui de la nièce d'Auguste.

AGRIPPINE.

Je vous entends : Néron m'apprend par votre voix
Qu'en vain Britannicus s'assure sur mon choix.
En vain, pour détourner ses yeux de sa misère,
J'ai flatté son amour d'un hymen qu'il espère :
A ma confusion, Néron veut faire voir
Qu'Agrippine promet par-delà son pouvoir.
Rome de ma faveur est trop préoccupée;
Il veut par cet affront qu'elle soit détrompée,

Et que tout l'univers apprenne avec terreur
A ne confondre plus mon fils et l'empereur.
Il le peut. Toutefois j'ose encore lui dire
Qu'il doit avant ce coup affermir son empire;
Et qu'en me réduisant à la nécessité
D'éprouver contre lui ma faible autorité,
Il expose la sienne ; et que dans la balance
Mon nom peut-être aura plus de poids qu'il ne pense.

BURRHUS.

Quoi ! madame, toujours soupçonner son respect !
Ne peut-il faire un pas qu'il ne vous soit suspect ?
L'empereur vous croit-il du parti de Junie ?
Avec Britannicus vous croit-il réunie ?
Quoi ! de vos ennemis devenez-vous l'appui
Pour trouver un prétexte à vous plaindre de lui ?
Sur le moindre discours qu'on pourra vous redire,
Serez-vous toujours prête à partager l'empire ?
Vous craindrez-vous sans cesse, et vos embrasse-
Ne passeront-ils qu'en éclaircissements ?   [ments
Ah ! quittez d'un censeur la triste diligence ;
D'une mère facile affectez l'indulgence ;
Souffrez quelques froideurs sans les faire éclater,
Et n'avertissez point la cour de vous quitter.

AGRIPPINE.

Et qui s'honorerait de l'appui d'Agrippine,
Lorsque Néron lui-même annonce ma ruine ;
Lorsque de sa présence il semble me bannir ;
Quand Burrhus à sa porte ose me retenir ?

BURRHUS.

Madame, je vois bien qu'il est temps de me taire,
Et que ma liberté commence à vous déplaire.
La douleur est injuste, et toutes les raisons

Qui ne la flattent point aigrissent ses soupçons.
Voici Britannicus : je lui cède ma place.
Je vous laisse écouter et plaindre sa disgrâce,
Et peut-être, madame, en accuser les soins
De ceux que l'empereur a consultés le moins.

Scène III.

AGRIPPINE. — BRITANNICUS. — NARCISSE. — ALBINE.

AGRIPPINE.

Ah, prince ! où courez-vous ? Quelle ardeur inquiète
Parmi vos ennemis en aveugle vous jette !
Que venez-vous chercher ?

BRITANNICUS.

Ce que je cherche ? Ah ! Dieux !
Tout ce que j'ai perdu, madame, est en ces lieux.
De mille affreux soldats Junie environnée
S'est vue en ce palais indignement traînée.
Hélas ! de quelle horreur ses timides esprits
A ce nouveau spectacle auront été surpris !
Enfin on me l'enlève. Une loi trop sévère
Va séparer deux cœurs qu'assemblait leur misère :
Sans doute on ne veut pas que, mêlant nos douleurs,
Nous nous aidions l'un l'autre à porter nos malheurs.

AGRIPPINE.

Il suffit. Comme vous je ressens vos injures ;
Mes plaintes ont déjà précédé vos murmures.
Mais je ne prétends pas qu'un impuissant courroux
Dégage ma parole et m'acquitte envers vous.
Je ne m'explique point. Si vous voulez m'entendre,
Suivez-moi chez Pallas où je vais vous attendre.

Scène IV.

BRITANNICUS. — NARCISSE.

BRITANNICUS.

La croirai-je, Narcisse? et dois-je sur sa foi
La prendre pour arbitre entre son fils et moi?
Qu'en dis-tu? N'est-ce pas cette même Agrippine
Que mon père épousa jadis pour ma ruine,
Et qui, si je t'en crois, a de ses derniers jours,
Trop lents pour ses desseins, précipité le cours?

NARCISSE.

N'importe : elle se sent comme vous outragée :
A vous donner Junie elle s'est engagée;
Unissez vos chagrins, liez vos intérêts.
Ce palais retentit en vain de vos regrets :
Tandis qu'on vous verra d'une voix suppliante
Semer ici la plainte et non pas l'épouvante,
Que vos ressentiments se perdront en discours,
Il n'en faut point douter, vous vous plaindrez tou-
[jours.

BRITANNICUS.

Ah! Narcisse! tu sais si de la servitude
Je prétends faire encore une longue habitude;
Tu sais si pour jamais, de ma chute étonné,
Je renonce à l'empire où j'étais destiné.
Mais je suis seul encor : les amis de mon père
Sont autant d'inconnus que glace ma misère;
Et ma jeunesse même écarte loin de moi
Tous ceux qui dans le cœur me réservent leur foi.
Pour moi, depuis un an qu'un peu d'expérience
M'a donné de mon sort la triste connaissance,
Que vois-je autour de moi, que des amis vendus
Qui sont de tous mes pas les témoins assidus,
Qui, choisis par Néron pour ce commerce infâme,

Trafiquent avec lui des secrets de mon âme ?
Quoi qu'il en soit, Narcisse, on me vend tous les jours ;
Il prévoit mes desseins, il entend mes discours;
Comme toi, dans mon cœur il sait ce qui se passe.
Que t'en semble, Narcisse ?

NARCISSE.

        Ah ! quelle âme assez basse...
C'est à vous de choisir des confidents discrets,
Seigneur, et de ne pas prodiguer vos secrets.

BRITANNICUS.

Narcisse, tu dis vrai; mais cette défiance
Est toujours d'un grand cœur la dernière science;
On le trompe long-temps. Mais enfin je te croi,
Ou plutôt je fais vœu de ne croire que toi.
Mon père, il m'en souvient, m'assura de ton zèle :
Seul de ses affranchis tu m'es toujours fidèle;
Tes yeux, sur ma conduite incessamment ouverts,
M'ont sauvé jusqu'ici de mille écueils couverts.
Va donc voir si le bruit de ce nouvel orage
Aura de nos amis excité le courage.
Examine leurs yeux, observe leurs discours ;
Vois si j'en puis attendre un fidèle secours.
Surtout dans ce palais remarque avec adresse
Avec quel soin Néron fait garder la princesse :
Sache si du péril ses beaux yeux sont remis,
Et si son entretien m'est encore permis.
Cependant de Néron je vais trouver la mère
Chez Pallas, comme toi l'affranchi de mon père;
Je vais la voir, l'aigrir, la suivre, et, s'il se peut,
M'engager sous son nom plus loin qu'elle ne veut.

FIN DU PREMIER ACTE.

ACTE DEUXIÈME.

Scène I.

NERON. — BURRHUS. — NARCISSE. — GARDES.

NÉRON.

N'en doutez point, Burrhus ; malgré ses injustices,
C'est ma mère, et je veux ignorer ses caprices ;
Mais je ne prétends plus ignorer ni souffrir
Le ministre insolent qui les ose nourrir.
Pallas de ses conseils empoisonne ma mère ;
Il séduit chaque jour Britannicus, mon frère :
Ils l'écoutent lui seul et qui suivrait leurs pas,
Les trouverait peut-être assemblés chez Pallas.
C'en est trop. De tous deux il faut que je l'écarte.
Pour la dernière fois, qu'il s'éloigne, qu'il parte ;
Je le veux, je l'ordonne, et que la fin du jour
Ne le retrouve pas dans Rome ou dans ma cour.
Allez : cet ordre importe au salut de l'empire.

(aux gardes).

Vous, Narcisse approchez. Et vous, qu'on se retire.

Scène II.

NERON. — NARCISSE.

NARCISSE.

Grâces aux Dieux, seigneur, Junie entre vos mains
Vous assure aujourd'hui du reste des Romains.
Vos ennemis déchus de leur vaine espérance,
Sont allés chez Pallas pleurer leur impuissance.
Mais que vois-je ? vous-même, inquiet, étonné,

ACTE II.

Plus que Britannicus paraissez consterné.
Que présage à mes yeux cette tristesse obscure,
Et ses sombres regards errants à l'aventure?
Tout vous rit : la fortune obéit à vos vœux.

NÉRON.

Narcisse, c'en est fait, Néron est amoureux.

NARCISSE.

Vous?

NÉRON.

Depuis un moment, mais pour toute ma vie.
J'aime, que dis-je aimer! j'idolâtre Junie.

NARCISSE.

Vous l'aimez?

NÉRON.

Excité d'un désir curieux,
Cette nuit je l'ai vue arriver en ces lieux,
Triste, levant au ciel ses yeux mouillés de larmes
Qui brillaient au travers des flambeaux et des armes :
Belle sans ornement, dans le simple appareil
D'une beauté qu'on vient d'arracher au sommeil.
Que veux-tu? Je ne sais si cette négligence,
Les ombres, les flambeaux, les cris et le silence,
Et le farouche aspect de ses fiers ravisseurs,
Relevaient de ses yeux les timides douceurs :
Quoi qu'il en soit, ravi d'une si belle vue,
J'ai voulu lui parler, et ma voix s'est perdue :
Immobile, saisi, d'un long étonnement,
Je l'ai laissée passer dans son appartement.
J'ai passé dans le mien. C'est là que solitaire,
De son image en vain j'ai voulu me distraire.
Trop présente à mes yeux, je croyais lui parler :
J'aimais jusqu'à ses pleurs que je faisais couler.
Quelquefois, mais trop tard, je lui demandais grâce :

J'employais les soupirs, et même la menace.
Voilà comme, occupé de mon nouvel amour,
Mes yeux sans se fermer ont attendu le jour.
Mais je m'en fais peut-être une trop belle image,
Elle m'est apparue avec trop d'avantage :
Narcisse, qu'en dis-tu ?

NARCISSE.

Quoi, seigneur ! croira-t-on
Qu'elle ait pu si long-temps se cacher à Néron ?

NÉRON.

Tu le sais bien, Narcisse. Et soit que sa colère
M'imputât le malheur qui lui ravit son frère ;
Soit que son cœur, jaloux d'une austère fierté
Enviât à nos yeux sa naissante beauté ;
Fidèle à sa douleur, et dans l'ombre enfermée,
Elle se dérobait même à sa renommée.
Et c'est cette vertu, si nouvelle à la cour,
Dont la persévérance irrite mon amour.
Quoi, Narcisse, tandis qu'il n'est point de Romaine
Que mon amour n'honore et ne rende plus vaine,
Qui dès qu'à ses regards elle ose se fier,
Sur le cœur de César ne les vienne essayer,
Seule dans son palais la modeste Junie.
Regarde leurs honneurs comme une ignominie,
Fuit, et ne daigne pas peut-être s'informer
Si César est aimable, ou bien s'il sait aimer ?
Dis-moi, Britannicus l'aime-t-il ?

NARCISSE.

Quoi ! s'il l'aime,
Seigneur ?

NÉRON.

Si jeune encore se connaît-il lui-même ?
D'un regard enchanteur connaît-il le poison ?

ACTE II.

NARCISSE.

Seigneur, l'amour toujours n'attend pas la raison.
N'en doutez point, il l'aime. Instruits par tant de char-
Ses yeux sont déjà faits à l'usage des larmes; [mes,
A ses moindres désirs il sait s'accommoder;
Et peut-être déjà sait-il persuader.

NÉRON.

Que dis-tu? sur son cœur aurait-il quelque empire?

NARCISSE.

Je ne sais. Mais, seigneur, ce que je puis vous dire,
Je l'ai vu quelquefois s'arracher de ces lieux,
Le cœur plein d'un courroux qu'il cachait à vos yeux.
D'une cour qui le fuit pleurant l'ingratitude,
Las de votre grandeur et de sa servitude,
Entre l'impatience et la crainte flottant,
Il allait voir Junie, et revenait content.

NÉRON.

D'autant plus malheureux qu'il aura su lui plaire.
Narcisse, il doit plutôt souhaiter sa colère :
Néron impunément ne sera pas jaloux.

NARCISSE.

Vous? Et de quoi, seigneur, vous inquiétez-vous?
Junie a pu le plaindre et partager ses peines;
Elle n'a vu couler de larmes que les siennes :
Mais aujourd'hui, seigneur, que ses yeux dessillés,
Regardant de plus près l'éclat dont vous brillez,
Verront autour de vous les rois sans diadème,
Innconnus dans la foule, et son amant lui-même,
Attachés sur vos yeux, s'honorer d'un regard
Que vous aurez sur eux fait tomber au hasard;
Quand elle vous verra, de ce degré de gloire,
Venir en soupirant avouer sa victoire;

Maître, n'en doutez point, d'un cœur déjà charmé,
Commandez qu'on vous aime, et vous serez aimé.

NÉRON.

A combien de chagrins il faut que je m'apprête !
Que d'importunités !

NARCISSE.

Quoi donc ! qui vous arrête,
Seigneur ?

NÉRON.

Tout : Octavie, Agrippine, Burrhus,
Sénèque, Rome entière, et trois ans de vertus ;
Non que pour Octavie un reste de tendresse
M'attache à son hymen et plaigne sa jeunesse :
Mes yeux, depuis long-temps fatigués de ses soins,
Rarement de ses pleurs daignent être témoins,
Trop heureux si bientôt la faveur d'un divorce
Me soulageait d'un joug qu'on m'imposa par force !
Le ciel même en secret semble la comdamner :
Ses vœux depuis quatre ans ont beau l'importuner,
Les Dieux ne montrent point que sa vertu les touche :
D'aucun gage, Narcisse, ils n'honorent sa couche ;
L'empire vainement demande un héritier.

NARCISSE.

Que tardez-vous, seigneur, à la répudier ?
L'empire, votre cœur tout condamne Octavie.
Auguste, votre aïeul, soupirait pour Livie :
Par un double divorce ils s'unirent tous deux ;
Et vous devez l'empire à ce divorce heureux.
Tibère, que l'hymen plaça dans sa famille,
Osa bien à ses yeux répudier sa fille ;
Vous seul, jusques ici contraire à vos désirs,
N'osez par un divorce assurer vos plaisirs !

NÉRON.

Et ne connais-tu pas l'implacable Agrippine ?
Mon amour inquiet déjà se l'imagine
Qui m'amène Octavie, et d'un œil enflammé
Atteste les saints droits d'un nœud qu'elle a formé,
Et, portant à mon cœur des atteintes plus rudes,
Me fait un long récit de mes ingratitudes.
De quel front soutenir ce fâcheux entretien ?

NARCISSE.

N'êtes-vous pas, seigneur, votre maître et le sien ?
Vous verrons-nous toujours trembler sous sa tutelle ?
Vivez, régnez pour vous : c'est trop régner pour elle.
Craignez-vous ? Mais, seigneur, vous ne la craignez [pas :
Vous venez de bannir le superbe Pallas,
Pallas dont vous savez qu'elle soutient l'audace.

NÉRON.

Eloigné de ses yeux, j'ordonne, je menace,
J'écoute vos conseils, j'ose les approuver,
Je m'excite contre elle, et tâche à la braver.
Mais, je t'expose ici mon âme toute nue :
Sitôt que mon malheur me ramène à sa vue,
Soit que je n'ose encor démentir le pouvoir
De ces yeux où j'ai lu si long-temps mon devoir,
Soit qu'à tant de bienfaits ma mémoire fidèle
Lui soumette en secret tout ce que je tiens d'elle ;
Mais enfin mes efforts ne me servent de rien,
Mon génie étonné tremble devant le sien.
Et c'est pour m'affranchir de cette dépendance
Que je la fuis partout, que même je l'offense,
Et que de temps en temps j'irrite ses ennuis,
Afin qu'elle m'évite autant que je la fuis.
Mais je t'arrête trop ; retire-toi, Narcisse,
Britannicus pourrait t'accuser d'artifice.

NARCISSE.

Non, non, Britannicus s'abandonne à ma foi.
Par son ordre, seigneur, il croit que je vous voi,
Que je m'informe ici de tout ce qui le touche,
Il veut de vos secrets être instruit par ma bouche.
Impatient surtout de revoir ses amours,
Il attend de mes soins ce fidèle secours.

NÉRON.

J'y consens; porte-lui cette douce nouvelle :
Il la verrra.

NARCISSE.

Seigneur, bannissez-le loin d'elle.

NÉRON.

J'ai mes raisons, Narcisse, et tu peux concevoir
Que je lui vendrai cher le plaisir de la voir.
Cependant vante-lui ton heureux stratagème;
Dis-lui qu'en sa faveur on me trompe moi-même,
Qu'il la voit sans mon ordre. On ouvre; la voici.
Va retrouver ton maître et l'amener ici.

Scène III.

NERON. — JUNIE.

NÉRON.

Vous vous troublez, madame, et changez de visage;
Lisez-vous dans mes yeux quelque triste présage?

JUNIE.

Seigneur, je ne vous puis déguiser mon erreur;
J'allais voir Octavie et non pas l'empereur.

NÉRON.

Je le sais bien, madame, et n'ai pu sans envie
Apprendre vos bontés pour l'heureuse Octavie.

ACTE II.

JUNIE.

Vous, seigneur ?

NÉRON.

Pensez-vous, madame, qu'en ces lieux
Seule pour vous connaître Octavie ait des yeux ?

JUNIE.

Et quel autre, seigneur, voulez-vous que j'implore ?
A qui demanderai-je un crime que j'ignore ?
Vous qui le punissez, vous ne l'ignorez pas ;
De grâce, apprenez-moi, seigneur, mes attentats.

NÉRON.

Quoi, madame, est-ce donc une légère offense
De m'avoir si long-temps caché votre présence ?
Ces trésors dont le ciel voulut vous embellir,
Les avez-vous reçus pour les ensevelir ?
L'heureux Britannicus verra-t-il sans alarmes
Croître, loin de nos yeux, son amour et vos charmes ?
Pourquoi, de cette gloire exclus jusqu'à ce jour,
M'avez-vous, sans pitié, relégué dans ma cour !
On dit plus : vous souffrez, sans en être offensée,
Qu'il vous ose, madame, expliquer sa pensée ;
Car je ne croirai point que sans me consulter,
La sévère Junie ait voulu le flatter ;
Ni qu'elle ait consenti d'aimer et d'être aimée,
Sans que j'en sois instruit que par la renommée.

JUNIE.

Je ne vous nierai point, seigneur, que ses soupirs
M'ont daigné quelquefois expliquer ses désirs.
Il n'a point détourné ses regards d'une fille
Seul reste du débris d'une illustre famille :
Peut-être il se souvient qu'en un temps plus heureux
Son père me nomma pour l'objet de ses vœux.

Il m'aime; il obéit à l'empereur son père,
Et j'ose dire encore, à vous, à votre mère :
Vos désirs sont toujours si conformes aux siens...

NÉRON.

Ma mère a ses desseins, madame, et j'ai les miens.
Ne parlons plus ici de Claude et d'Agrippine ;
Ce n'est point par leurs choix que je me détermine.
C'est à moi seul, madame, à répondre de vous :
Et je veux de ma main vous choisir un époux.

JUNIE.

Ah, seigneur! songez-vous que toute autre alliance
Fera honte aux Césars, auteurs de ma naissance ?

NÉRON.

Non, madame, l'époux dont je vous entretiens
Peut sans honte assembler vos aïeux et les siens ;
Vous pouvez sans rougir consentir à sa flamme.

JUNIE.

Et quel est donc, seigneur, cet époux!

NÉRON.

       Moi, madame,

JUNIE.

Vous !

NÉRON.

 Je vous nommerais, madame, un autre nom,
Si j'en savais quelque autre au-dessus de Néron,
Oui, pour vous faire un choix où vous puissiez souscrire,
J'ai parcouru des yeux la cour, Rome et l'empire.
Plus j'ai cherché, madame, et plus je cherche encor
En quelles mains je dois confier ce trésor ;
Plus je vois que César, digne seul de vous plaire,
En doit être lui seul l'heureux dépositaire,
Et ne peut dignement vous confier qu'aux mains

A qui Rome a commis l'empire des humains.
Vous-même, consultez vos premières années :
Claudius à son fils les avait destinées,
Mais c'était en un temps où de l'empire entier
Il croyait quelque jour le nommer l'héritier.
Les Dieux ont prononcé. Loin de leur contredire,
C'est à vous de passer du côté de l'empire :
En vain de ce présent il m'aurait honoré,
Si votre cœur devait en être séparé ;
Si tant de soins ne sont adoucis par vos charmes :
Si, tandis que je donne aux veilles, aux alarmes,
Des jours toujours à plaindre et toujours enviés,
Je ne vais quelquefois respirer à vos pieds.
Qu'Octavie à vos yeux ne fasse point d'ombrage;
Rome, aussi bien que moi, vous donne son suffrage :
Répudie Octavie, et me fait dénouer
Un hymen que le ciel ne veut point avouer.
Songez-y donc, madame, et pesez en vous-même
Ce choix digne des soins d'un prince qui vous aime,
Digne de vos beaux yeux trop long-temps captivés,
Digne de l'univers, à qui vous vous devez.

JUNIE.

Seigneur, avec raison je demeure étonnée.
Je me vois, dans le cours d'une même journée,
Comme une criminelle amenée en ces lieux;
Et lorsqu'avec frayeur je parais à vos yeux,
Que sur mon innocence à peine je me fie,
Vous m'offrez tout d'un coup la place d'Octavie.
J'ose dire pourtant que je n'ai mérité
Ni cet excès d'honneur, ni cette indignité.
Et pouvez-vous, seigneur, souhaiter qu'une fille,
Qui vit presque en naissant éteindre sa famille,
Qui, dans l'obscurité nourrissant sa douleur,

S'est fait une vertu conforme à son malheur,
Passe subitement de cette nuit profonde
Dans un rang qui l'expose aux yeux de tout le monde,
Dont je n'ai pu de loin soutenir la clarté,
Et dont une autre enfin remplit la majesté?

NÉRON.

Je vous ai déjà dit que je la répudie ;
Ayez moins de frayeur, ou moins de modestie.
N'accusez point ici mon choix d'aveuglement :
Je vous réponds de vous, consentez seulement.
Du sang dont vous sortez rappelez la mémoire ;
Et ne préférez point à la solide gloire
Des honneurs dont César prétend vous revêtir
La gloire d'un refus sujet au repentir.

JUNIE.

Le ciel connaît, seigneur, le fond de ma pensée.
Je ne me flatte point d'une gloire insensée :
Je sais de vos présents mesurer la grandeur,
Mais plus ce rang sur moi répandrait de splendeur,
Plus il me ferait honte, et mettrait en lumière
Le crime d'en avoir dépouillé l'héritière.

NÉRON.

C'est de ses intérêts prendre beaucoup de soin,
Madame ; et l'amitié ne peut aller plus loin.
Mais ne nous flattons point, et laissons le mystère.
La sœur vous touche ici beaucoup moins que le frère ;
Et pour Britannicus...

JUNIE.

    Il a su me toucher,
Seigneur ; et je n'ai point prétendu m'en cacher.
Cette sincérité sans doute est peu discrète ;
Mais toujours de mon cœur ma bouche est l'interprète :

Absente de la cour, je n'ai pas dû penser,
Seigneur, qu'en l'art de feindre il fallût m'exercer.
J'aime Britannicus. Je lui fus déstinée
Quand l'empire devait suivre son hyménée :
Mais ces mêmes malheurs qui l'en ont écarté,
Ses honneurs abolis, son palais déserté,
La fuite d'une cour que sa chute a bannie,
Sont autant de liens qui retiennent Junie.
Tout ce que vous voyez conspire à vos désirs ;
Vos jours toujours sereins coulent dans les plaisirs;
L'empire en est pour vous l'inépuisable source :
Ou, si quelque chagrin en interrompt la course,
Tout l'univers, soigneux de les entretenir,
S'empresse à l'effacer de votre souvenir.
Britannicus est seul : quelque ennui qui le presse,
Il ne voit dans son sort que moi qui s'intéresse,
Et n'a pour tous plaisirs, seigneur, que quelques
Qui lui font quelquefois oublier ses malheurs. [pleurs

NÉRON.

Et ce sont ces plaisirs et ces pleurs que j'envie,
Que tout autre que lui me paierait de sa vie.
Mais je garde à ce prince un traitement plus doux :
Madame, il va bientôt paraître devant vous.

JUNIE.

Ah! seigneur! vos vertus m'ont toujours rassurée.

NÉRON.

Je pouvais de ces lieux lui défendre l'entrée;
Mais, madame, je veux prévenir le danger
Où son ressentiment le pourrait engager;   [même
Je ne veux point le perdre; il vaut mieux que lui-
Entende son arrêt de la bouche qu'il aime.
Si ses jours vous sont chers, éloignez-le de vous
Sans qu'il ait aucun lieu de me croire jaloux.

De son bannissement prenez sur vous l'offense ;
Et, soit par vos discours, soit par votre silence,
Du moins par vos froideurs, faites-lui concevoir
Qu'il doit porter ailleurs ses vœux et son espoir.

JUNIE.

Moi! que je lui prononce un arrêt si sévère!
Ma bouche mille fois lui jura le contraire.
Quand même jusque-là je pourrais me trahir,
Mes yeux lui défendront, seigneur, de m'obéir.

NÉRON.

Caché près de ces lieux, je vous verrai, madame.
Renfermez votre amour dans le fond de votre âme :
Vous n'aurez point pour moi de langages secrets;
J'entendrai des regards que vous croirez muets;
Et sa perte sera l'infaillible salaire
D'un geste ou d'un soupir échappé pour lui plaire.

JUNIE.

Hélas! si j'ose encor former quelques souhaits,
Seigneur, permettez-moi de ne le voir jamais.

Scène IV.

NERON. — JUNIE. — NARCISSE.

NARCISSE.

Britannicus, seigneur, demande la princesse ;
Il approche.

NÉRON.

Qu'il vienne.

JUNIE.

Ah! seigneur!

NÉRON.

Je vous laisse,

Sa fortune dépend de vous plus que de moi :
Madame, en le voyant, songez que je vous voi.

Scène V.
JUNIE. — NARCISSE.

JUNIE.

Ah! cher Narcisse! cours au-devant de ton maître;
Dis-lui... Je suis perdue! et je le vois paraître.

Scène VI.
JUNIE. — BRITANNICUS. — NARCISSE.

BRITANNICUS.

Madame, quel bonheur me rapproche de vous!
Quoi! je puis donc jouir d'un entretien si doux?
Mais parmi ce plaisir quel chagrin me dévore?
Hélas! puis-je espérer de vous revoir encore!
Faut-il que je dérobe, avec mille détours,   [jours?
Un bonheur que vos yeux m'accordaient tous les
Quelle nuit! quel réveil! Vos pleurs, votre présence,
N'ont point de ces cruels désarmé l'insolence?
Que faisait votre amant? Quel démon envieux
M'a refusé l'honneur de mourir à vos yeux?
Hélas! dans la frayeur dont vous étiez atteinte,
M'avez-vous en secret adressé quelque plainte?
Ma princesse, avez-vous daigné me souhaiter?
Songiez-vous aux douleurs que vous m'alliez coûter?
Vous ne me dites rien! quel accueil, quelle glace!
Est-ce ainsi que vos yeux consolent ma disgrâce?
Parlez : nous sommes seuls. Notre ennemi, trompé,
Tandis que je vous parle, est ailleurs occupé :
Ménageons les moments de cette heureuse absence.

JUNIE.

Vous êtes en des lieux tout pleins de sa puissance :

Ces murs même, seigneur, peuvent avoir des yeux :
Et jamais l'empereur n'est absent de ces lieux.

BRITANNICUS.

Et depuis quand, madame, êtes-vous si craintive ?
Quoi ! déjà votre amour souffre qu'on le captive ?
Qu'est devenu ce cœur qui me jurait toujours
De faire à Néron même envier nos amours ?
Mais bannissez, madame, une inutile crainte :
La foi dans tous les cœurs n'est pas encore éteinte ;
Chacun semble des yeux approuver mon courroux :
La mère de Néron se déclare pour nous.
Rome de sa conduite elle-même offensée...

JUNIE.

Ah ! seigneur ! vous parlez contre votre pensée.
Vous même, vous m'avez avoué mille fois
Que Rome le louait d'une commune voix :
Toujours à sa vertu vous rendiez quelque hommage.
Sans doute la douleur vous dicte ce langage.

BRITANNICUS.

Ce discours me surprend, il le faut avouer :
Je ne vous cherchais pas pour l'entendre louer.
Quoi ! pour vous confier la douleur qui m'accable,
A peine je dérobe un moment favorable,
Et ce moment si cher, madame, est consumé
A louer l'ennemi dont je suis opprimé !
Qui vous rend à vous-même en un jour si contraire ?
Quoi ! même vos regards ont appris à se taire ?
Que vois-je ! vous craignez de rencontrer mes yeux !
Néron vous plairait-il ? Vous serais-je odieux ?
Ah ! si je le croyais !... Au nom des Dieux, madame,
Eclaircissez le trouble où vous jetez mon âme.
Parlez, ne suis-je plus dans votre souvenir ?

JUNIE.

Retirez-vous, seigneur, l'empereur va venir.

BRITANNICUS.

Après ce coup, Narcisse, à quoi dois-je m'attendre?

Scène VII.

NERON. — JUNIE. — NARCISSE.

NÉRON.

Madame...

JUNIE.

Non, seigneur, je ne puis rien entendre,
Vous êtes obéi. Laissez couler du moins
Des larmes dont ses yeux ne seront pas témoins.

Scène VIII.

NERON. — NARCISSE.

NÉRON.

Hé bien! de leur amour tu vois la violence,
Narcisse; elle a paru jusque dans son silence.
Elle aime mon rival, je ne puis l'ignorer;
Mais je mettrai ma joie à le désespérer.
Je me fais de sa peine une image charmante :
Et je l'ai vu douter du cœur de son amante.
Je la suis. Mon rival t'attend pour éclater :
Par de nouveaux soupçons, va, cours le tourmenter,
Et tandis qu'à mes yeux on le pleure, on l'adore,
Fais-lui payer bien cher un bonheur qu'il ignore.

NARCISSE, seul.

La fortune t'appelle une seconde fois,
Narcisse voudrais-tu résister à sa voix?
Suivons jusqu'au bout ses ordres favorables, [rables.
Et, pour nous rendre heureux, perdons les misé-

FIN DU SECOND ACTE.

ACTE TROISIÈME.

Scène I.

NERON. — BURRHUS.

BURRHUS.

Pallas obéira, seigneur.

NÉRON.

     Et de quel œil
Ma mère a-t-elle vu confondre son orgueil?

BURRHUS.

Ne doutez point, seigneur, que ce coup ne la frappe,
Qu'en reproches bientôt sa douleur ne s'échappe.
Ses tranports dès long-temps commencent d'éclater :
A d'inutiles cris puissent-ils s'arrêter !

NÉRON.

Quoi ! de quelque dessein la croyez-vous coupable ?

BURRHUS.

Agrippine, seigneur, est toujours redoutable.
Rome et tous vos soldats révèrent ses aïeux;
Germanicus son père est présent à leurs yeux.
Elle sait son pouvoir; vous savez son courage :
Et ce qui me la fait redouter davantage,
C'est que vous appuyez vous-même son courroux,
Et que vous lui donnez des armes contre vous.

NÉRON.

Moi, Burrhus?

BURRHUS.

    Cet amour, seigneur, qui vous possède...

NÉRON.

Je vous entends, Burrhus. Le mal est sans remède :
Mon cœur s'en est plus dit que vous ne m'en direz ;
Il faut que j'aime enfin.

BURRHUS.

                            Vous vous le figurez,
Seigneur, et satisfait de quelque résistance,
Vous redoutez un mal faible dans sa naissance.
Mais si dans son devoir votre cœur affermi
Voulait ne point s'entendre avec son ennemi,
Si de vos premiers ans vous consultiez la gloire ;
Si vous daigniez, seigneur, rappeler la mémoire
Des vertus d'Octavie, indignes de ce prix,
Et de son chaste amour vainqueur de vos mépris,
Surtout si, de Junie évitant la présence,
Vous condamniez vos yeux à quelques jours d'absence :
Croyez-moi, quelque amour qui semble vous charmer,
On n'aime point, seigneur, si l'on ne veut aimer.

NÉRON.

Je vous croirai, Burrhus, lorsque dans les alarmes
Il faudra soutenir la gloire de nos armes,
Ou lorsque, plus tranquille assis dans le sénat,
Il faudra décider du destin de l'Etat :
Je m'en reposerai sur votre expérience.
Mais, croyez-moi, l'amour est une autre science,
Burrhus ; et je ferais quelque difficulté
D'abaisser jusque-là votre sévérité.
Adieu. Je souffre trop, éloigné de Junie.

Scène II.

BURRHUS.

Enfin, Burrhus, Néron découvre son génie :

Cette férocité que tu croyais fléchir
De tes faibles liens est prête à s'affranchir.
En quels excès peut-être elle va se répandre !
O Dieux ! en ce malheur quel conseil dois-je prendre ?
Sénèque, dont les soins me devraient soulager,
Occupé loin de Rome, ignore ce danger.
Mais, quoi ! si d'Agrippine excitant la tendresse
Je pouvais... La voici : mon bonheur me l'adresse.

Scène III.

AGRIPPINE. — BURRHUS. — ALBINE.

AGRIPPINE.

Hé bien ! je me trompais, Burrhus, dans mes soup-
Et vous vous signalez par d'illustres leçons ! [çons,
On exile Pallas, dont le crime, peut-être,
Est d'avoir à l'empire élevé votre maître.
Vous le savez trop bien, jamais, sans ses avis,
Claude qu'il gouvernait n'eût adopté mon fils.
Que dis-je ! à son épouse on donne une rivale :
On affranchit Néron de la foi conjugale :
Digne emploi d'un ministre ennemi des flatteurs,
Choisi pour mettre un frein à ses jeunes ardeurs,
De les flatter lui-même et nourrir dans son âme
Le mépris de sa mère et l'oubli de sa femme !

BURRHUS.

Madame, jusqu'ici c'est trop tôt m'accuser.
L'empereur n'a rien fait qu'on ne puisse excuser.
N'imputez qu'à Pallas un exil nécessaire ;
Son orgueil dès long-temps exigeait ce salaire,
Et l'empereur ne fait qu'accomplir à regret
Ce que toute la cour demandait en secret.
Le reste est un malheur qui n'est point sans ressource :
Des larmes d'Octavie on peut tarir la source.

Mais calmez vos transports. Par un chemin plus doux
Vous lui pourrez plutôt ramener son époux :
Les menaces, les cris, le rendront plus farouche.

AGRIPPINE.

Ah! l'on s'efforce en vain de me fermer la bouche.
Je vois que mon silence irrite vos dédains ;
Et c'est trop respecter l'ouvrage de mes mains.
Pallas n'emporte pas tout l'appui d'Agrippine ;
Le ciel m'en laisse assez pour venger ma ruine.
Le fils de Claudius commence à ressentir
Des crimes dont je n'ai que le seul repentir.
J'irai, n'en doutez point, le montrer à l'armée,
Plaindre aux yeux des soldats son enfance opprimée,
Leur faire, à mon exemple, expier leur erreur.
On verra d'un côté le fils d'un empereur
Redemandant la foi jurée à sa famille,
Et de Germanicus on entendra la fille :
De l'autre, l'on verra le fils d'Enobarbus,
Appuyé de Sénèque et du tribun Burrhus.
Qui, tous deux de l'exil rappelés par moi-même,
Partagent à mes yeux l'autorité suprême :
De nos crimes communs je veux qu'on soit instruit ;
On saura les chemins par où je l'ai conduit.
Pour rendre sa puissance et la vôtre odieuses,
J'avouerai les rumeurs les plus injurieuses ;
Je confesserai tout, exils, assassinats,
Poison même...

BURRHUS.

Madame, ils ne vous croiront pas :
Ils sauront récuser l'injuste stratagème
D'un témoin irrité qui s'accuse lui même.
Pour moi, qui le premier secondai vos desseins,
Qui fis même jurer l'armée entre ses mains,

Je ne me repens point de ce zèle sincère.
Madame, c'est un fils qui succède à son père.
En adoptant Néron, Claudius par son choix
De son fils et du vôtre a confondu les droits.
Rome l'a pu choisir. Ainsi, sans être injuste,
Elle choisit Tibère adopté par Auguste ;
Et le jeune Agrippa, de son sang decendu,
Se vit exclu du rang vainement prétendu.
Sur tant de fondements sa puissance établie
Par vous-même aujourd'hui ne peut-être affaiblie,
Et, s'il m'écoute encor, madame, sa bonté
Vous en fera bientôt perdre la volonté.
J'ai commencé, je vais poursuivre mon ouvrage.

Scène IV.

AGRIPPINE. — ALBINE.

ALBINE.

Dans quel emportement la douleur vous engage.
Madame! l'empereur puisse-t-il l'ignorer!

AGRIPPINE.

Ah! lui-même à mes yeux puisse-t-il se montrer!

ALBINE.

Madame, au nom des Dieux, cachez votre colère.
Quoi! pour les intérêts de la sœur ou du frère,
Faut-il sacrifier le repos de vos jours ?
Contraindrez-vous César jusque dans ses amours ?

AGRIPPINE.

Quoi! tu ne vois donc pas jusqu'où l'on me ravale,
Albine? c'est à moi qu'on donne une rivale.
Bientôt, si je ne romps ce funeste lien,
Ma place est occupée, et je ne suis plus rien.
Jusqu'ici d'un vain titre Octavie honorée,

Inutile à la cour, en était ignorée :
Les grâces, les honneurs par moi seule versés,
M'attiraient des mortels les vœux intéressés.
Une autre de César a surpris la tendresse :
Elle aura le pouvoir d'épouse et de maîtresse;
Le fruit de tant de soins, la pompe des Césars,
Tout deviendra le prix d'un seul de ses regards.
Que dis-je! l'on m'évite, et déjà délaissée...
Ah! je ne puis, Albine, en souffrir la pensée.
Quand je devrais du ciel hâter l'arrêt fatal,
Néron, l'ingrat Néron... Mais voici son rival.

Scène V.

BRITANNICUS. — AGRIPPINE. — NARCISSE. — ALBINE.

BRITANNICUS.

Nos ennemis communs ne sont pas invincibles,
Madame; nos malheurs trouvent des cœurs sensibles :
Vos amis et les miens, jusqu'alors si secrets,
Tandis que nous perdions le temps en vains regrets,
Animés d'un courroux qu'allume l'injustice,
Viennent de confier leur douleur à Narcisse.
Néron n'est pas encor tranquille possesseur
De l'ingrate qu'il aime au mépris de ma sœur.
Si vous êtes toujours sensible à son injure,
On peut dans son devoir ramener le parjure.
La moitié du sénat s'intéresse pour nous;
Sylla, Pison, Plautus...

AGRIPPINE.

     Prince, que dites-vous ?
Sylla, Pison, Plautus, les chefs de la noblesse!

BRITANNICUS.

Madame, je vois bien que ce discours vous blesse,

Et que votre courroux, tremblant, irrésolu,
Craint déjà d'obtenir tout ce qu'il a voulu.
Non, vous avez trop bien établi ma disgrâce :
D'aucun ami pour moi ne redoutez l'audace ;
Il ne m'en reste plus, et vos soins trop prudents
Les ont tous écartés ou séduits dès long-temps.

AGRIPPINE.

Seigneur, à vos soupçons donnez moins de créance ;
Notre salut dépend de notre intelligence.
J'ai promis, il suffit : malgré vos ennemis,
Je ne révoque rien de ce que j'ai promis.
Le coupable Néron fuit en vain ma colère,
Tôt ou tard il faudra qu'il entende sa mère.
J'essaierai tour à tour la force et la douceur ;
Ou moi-même, avec moi conduisant votre sœur,
J'irai semer partout ma crainte et ses alarmes ;
Et ranger tous les cœurs du parti de ses larmes.
Adieu. J'assiégerai Néron de toutes parts.
Vous, si vous m'en croyez, évitez ses regards.

Scène VI.

BRITANNICUS. — NARCISSE.

BRITANNICUS.

Ne m'as-tu point flatté d'une fausse espérance ?
Puis-je sur ton récit fonder quelque assurance,
Narcisse ?

NARCISSE.

Oui. Mais, seigneur, ce n'est pas en ces lieux
Qu'il faut développer ce mystère à vos yeux.
Sortons. Qu'attendez-vous ?

BRITANNICUS.

Ce que j'attends, Narcisse.
Hélas !

ACTE III.

NARCISSE.

Expliquez-vous.

BRITANNICUS.

Si par ton artifice
Je pouvais revoir....

NARCISSE.

Qui?

BRITANNICUS.

J'en rougis. Mais enfin
D'un cœur moins agité j'attendrais mon destin.

NARCISSE.

Après tous mes discours vous la croyez fidèle ?

BRITANNICUS.

Non, je la crois, Narcisse, ingrate, criminelle,
Digne de mon courroux : mais je sens, malgré moi,
Que je ne le crois pas autant que je le doi.
Dans ses égarements mon cœur opiniâtre
Lui prête des raisons, l'excuse, l'idolâtre.
Je voudrais vaincre enfin mon incrédulité :
Je la voudrais haïr avec tranquillité.
Et qui croira qu'un cœur si grand en apparence,
D'une infidèle cour ennemi dès l'enfance,
Renonce à tant de gloire, et dès le premier jour,
Trame une perfidie inouïe à la cour ?

NARCISSE.

Et qui sait si l'ingrate, en sa longue retraite ?
N'a point de l'empereur médité la défaite !
Trop sûre que ses yeux ne pouvaient se cacher,
Peut-être elle fuyait pour se faire chercher,
Pour exciter Néron par la gloire pénible
De vaincre une fierté jusqu'alors invincible.

BRITANNICUS.

Je ne la puis donc voir ?

NARCISSE.

Seigneur, en ce moment
Elle reçoit les vœux de son nouvel amant.

BRITANNICUS.

Hé bien, Narcisse, allons. Mais que vois-je ! C'est elle.

NARCISSE *à part.*

Ah ! Dieux ! à l'empereur portons cette nouvelle.

Scène VII.

JUNIE. — BRITANNICUS.

JUNIE.

Retirez-vous, seigneur, et fuyez un courroux
Que ma persévérance allume contre vous.
Néron est irrité. Je me suis échappée,
Tandis qu'à l'arrêter sa mère est occupée.
Adieu ; réservez-vous, sans blesser mon amour,
Au plaisir de me voir justifier un jour.
Votre image sans cesse est présente à mon âme :
Rien ne l'en peut bannir.

BRITANNICUS.

Je vous entends, madame ;
Vous voulez que ma fuite assure vos désirs,
Que je laisse un champ libre à vos nouveaux soupirs.
Sans doute, en me voyant, une pudeur secrète
Ne vous laisse goûter qu'une joie inquiète.
Hé bien, il faut partir !

JUNIE.

Seigneur, sans m'imputer...

ACTE III.

BRITANNICUS.

Ah! vous deviez du moins plus long-temps disputer.
Je ne murmure point qu'une amitié commune
Se range du parti que flatte la fortune,
Que l'éclat d'un empire ait pu vous éblouir;
Qu'aux dépens de ma sœur vous en vouliez jouir;
Mais que, de ces grandeurs comme une autre occupée,
Vous m'en ayez paru si long-temps détrompée,
Non, je l'avoue encor, mon cœur désespéré
Contre ce seul malheur n'était point préparé.
J'ai vu sur ma ruine élever l'injustice :
De mes persécuteurs j'ai vu le ciel complice :
Tant d'horreurs n'avaient point épuisé son courroux,
Madame, il me restait d'être oublié de vous.

JUNIE.

Dans un temps plus heureux, ma juste impatience
Vous ferait repentir de votre défiance :
Mais Néron vous menace; en ce pressant danger,
Seigneur, j'ai d'autres soins que de vous affliger.
Allez, rassurez-vous, et cessez de vous plaindre;
Néron nous écoutait et m'ordonnait de feindre.

BRITANNICUS.

Quoi! le cruel....

JUNIE.

Témoin de tout notre entretien,
D'un visage sévère examinait le mien :
Prêt à faire sur vous éclater la vengeance
D'un geste confident de notre intelligence.

BRITANNICUS.

Néron nous écoutait, madame! Mais hélas!
Vos yeux auraient pu feindre et ne m'abuser pas :
Ils pouvaient me nommer l'auteur de cet outrage.

L'amour est-il muet, ou n'a-t-il qu'un langage ?
De quel trouble un regard pouvait me préserver !
Il fallait..

JUNIE.

Il fallait me taire et vous sauver.
Combien de fois, hélas ! puisqu'il faut vous le dire,
Mon cœur de son désordre allait-il vous instruire !
De combien de soupirs interrompant le cours,
Ai-je évité vos yeux que je cherchais toujours !
Quel tourment de se taire en voyant ce qu'on aime,
De l'entendre gémir, de l'affliger soi-même,
Lorsque par un regard on peut le consoler !
Mais quels pleurs ce regard aurait-il fait couler !
Ah ! dans ce souvenir, inquiète troublée,
Je ne me sentais pas assez dissimulée :
De mon front effrayé je craignais la pâleur ;
Je trouvais mes regards trop pleins de ma douleur :
Sans cesse il me semblait que Néron en colère
Me venait reprocher trop de soin de vous plaire ;
Je craignais mon amour vainement renfermé ;
Enfin, j'aurais voulu n'avoir jamais aimé.
Hélas ! pour son bonheur, seigneur, et pour le nôtre,
Il n'est que trop instruit de mon cœur et du vôtre !
Allez, encore un coup, cachez-vous à ses yeux :
Mon cœur plus à loisir vous éclaircira mieux.
De mille autres secrets j'aurais compte à vous rendre.

BRITANNICUS.

Ah ! n'en voilà que trop ; c'est trop me faire entendre,
Madame, mon bonheur, mon crime, vos bontés.
Et savez-vous pour moi tout ce que vous quittez ?

(se jetant aux pieds de Junie).

Quand pourais-je à vos pieds expier ce reproche ?

ACTE III.

JUNIE.

Que faites-vous ? hélas ! votre rival s'approche.

Scène VIII.

NERON. — BRITANNICUS. — JUNIE.

NÉRON.

Prince, continuez des transports si charmants.
Je conçois vos bontés par ses remercîments,
Madame ; à vos genoux je viens de le surprendre,
Mais il aurait aussi quelque grâce à me rendre;
Ce lieu le favorise, et je vous y retiens
Pour lui faciliter de si doux entretiens.

BRITANNICUS.

Je puis mettre à ses pieds ma douleur ou ma joie
Partout où sa bonté consent que je la voie ;
Et l'aspect de ces lieux où vous la retenez
N'a rien dont mes regards doivent être étonnés.

NÉRON.

Et que vous montrent-ils qui ne vous avertisse
Qu'il faut qu'on me respecte et que l'on m'obéisse ?

BRITANNICUS.

Ils ne nous ont pas vus l'un et l'autre élever,
Moi pour vous obéir, et vous pour me braver ;
Et ne s'attendaient pas, lorsqu'ils nous virent naître,
Qu'un jour Domitius me dût parler en maître.

NÉRON.

Ainsi par le destin nos vœux sont traversés,
J'obéissais alors, et vous obéissez.
Si vous n'avez appris à vous laisser conduire,
Vous êtes jeune encore, et l'on peut vous instruire.

BRITANNICUS.

Et qui m'en instruira ?

NÉRON.

Tout l'empire à la fois.

Rome.
BRITANNICUS.

Rome met-elle au nombre de vos droits
Tout ce qu'a de cruel l'injustice et la force,
Les emprisonnements, le rapt et le divorce ?

NÉRON.

Rome ne porte point ses regards curieux
Jusque dans des secrets que je cache à ses yeux.
Imitez son respect.

BRITANNICUS.

On sait ce qu'elle en pense.

NÉRON.

Elle se tait du moins : imitez son silence.

BRITANNICUS.

Ainsi Néron commence à ne se plus forcer.

NÉRON.

Néron de vos discours commence à se lasser.

BRITANNICUS.

Chacun devait bénir le bonheur de son règne.

NÉRON.

Heureux ou malheureux, il suffit qu'on me craigne.

BRITANNICUS.

Je connais mal Junie, ou de tels sentiments
Ne mériteront pas ses applaudissements.

NÉRON.

Du moins, si je ne sais le secret de lui plaire,
Je sais l'art de punir un rival téméraire.

ACTE III.

BRITANNICUS.

Pour moi, quelque péril qui me puisse accabler,
Sa seule inimitié peut me faire trembler.

NÉRON.

Souhaitez-la; c'est tout ce que je puis vous dire.

BRITANNICUS.

Le bonheur de lui plaire est le seul où j'aspire.

NÉRON.

Elle vous l'a promis, vous lui plairez toujours.

BRITANNICUS.

Je ne sais pas du moins épier ses discours :
Je la laisse expliquer sur tout ce qui me touche;
Et ne me cache point pour lui fermer la bouche.

NÉRON.

Je vous entends. Hé bien, gardes!

JUNIE.

       Que faites-vous?
C'est votre frère. Hélas! c'est un amant jaloux!
Seigneur, mille malheurs persécutent sa vie :
Ah! son bonheur peut-il exciter votre envie?
Souffrez que, de vos cœurs rapprochant les liens,
Je me cache à vos yeux et me dérobe aux siens.
Ma fuite arrêtera vos discordes fatales;
Seigneur, j'irai remplir le nombre des vestales.
Ne lui disputez plus mes vœux infortunés;
Souffrez que les Dieux seuls en soient importunés.

NÉRON.

L'entreprise, madame, est étrange et soudaine.
Dans son appartement, gardes, qu'on la remène.
Gardez Britannicus dans celui de sa sœur.

BRITANNICUS.

C'est ainsi que Néron sait disputer un cœur.

JUNIE.

Prince, sans l'irriter, cédons à cet orage.

NÉRON.

Gardes, obéissez sans tarder davantage.

Scène IX.

NERON. — BURRHUS.

BURRHUS.

Que vois-je! oh, ciel!

NÉRON, *sans voir Burrhus.*

          Ainsi leurs feux sont redoublés :
Je reconnais la main qui les a rassemblés.
Agrippine ne s'est présentée à ma vue,
Ne s'est dans ses discours si long-temps étendue,
Que pour faire jouer ce ressort odieux.
    (Apercevant Burrhus.)
Qu'on sache si ma mère est encore en ces lieux.
Burrhus, dans ce palais, je veux qu'on la retienne,
Et qu'au lieu de sa garde on lui donne la mienne.

BURRHUS.

Quoi, seigneur! sans l'ouïr? une mère?

NÉRON.

                                 Arrêtez.
J'ignore quel projet, Burrhus, vous méditez;
Mais, depuis quelques jours, tout ce que je désire
Trouve en vous un censeur prêt à me contredire.
Répondez-m'en, vous dis-je : ou, sur votre refus,
D'autres me répondront et d'elle et de Burrhus.

FIN DU TROISIÈME ACTE.

ACTE QUATRIEME.

Scène I.

AGRIPPINE. — BURRHUS.

BURRHUS.

Oui, madame, à loisir vous pouvez vous défendre,
César lui-même ici consent de vous entendre;
Si son ordre au palais vous a fait retenir,
C'est peut-être à dessein de vous entretenir.
Quoi qu'il en soit, si j'ose expliquer ma pensée,
Ne vous souvenez plus qu'il vous ait offensée;
Préparez-vous plutôt à lui tendre les bras :
Défendez-vous, madame, et ne l'accusez pas.
Vous voyez, c'est lui seul que la cour envisage ;
Quoiqu'il soit votre fils et même votre ouvrage,
Il est votre empereur : vous êtes, comme nous,
Sujette à ce pouvoir qu'il a reçu de vous.
Selon qu'il vous menace ou bien qu'il vous caresse,
La cour autour de vous ou s'écarte ou s'empresse.
C'est son appui qu'on cherche en cherchant votre appui.
Mais voici l'empereur.

AGRIPPINE.

Qu'on me laisse avec lui.

Scène II.

NERON. — AGRIPPINE.

AGRIPPINE, s'asseyant.

Approchez-vous, Néron, et prenez votre place.
On veut sur vos soupçons que je vous satisfasse.

J'ignore de quel crime on a pu me noircir :
De tous ceux que j'ai faits je vais vous éclaircir.

Vous régnez : vous savez combien votre naissance
Entre l'empire et vous avait mis de distance.
Les droits de mes aïeux, que Rome a consacrés,
Etaient même sans moi d'inutiles degrés.
Quand de Britannicus la mère condamnée
Laissa de Claudius disputer l'hyménée,
Parmi tant de beautés qui briguèrent son choix,
Qui de ses affranchis mendièrent les voix,
Je souhaitai son lit, dans la seule pensée
De vous laisser au trône où je serais placée.
Je fléchis mon orgueil, j'allai prier Pallas.
Son maître, chaque jour, caressé dans mes bras,
Prit insensiblement dans les yeux de sa nièce
L'amour où je voulais amener sa tendresse.
Mais ce lien du sang qui nous joignait tous deux
Ecartait Claudius d'un lit incestueux.
Il n'osait épouser la fille de son frère.
Le sénat fut séduit : une loi moins sévère
Mit Claude dans mon lit et Rome à mes genoux.
C'était beaucoup pour moi : ce n'était rien pour vous.
Je vous fis sur mes pas entrer dans sa famille ;
Je vous nommai son gendre et vous donnai sa fille :
Silanus, qui l'aimait, s'en vit abandonné,
Et marqua de son sang ce jour infortuné.
Ce n'était rien encore. Eussiez-vous pu prétendre
Qu'un jour Claude à son fils dût préférer son gendre ?
De ce même Pallas j'implorai le secours :
Claude vous adopta, vaincu par ses discours,
Vous appela Néron, et du pouvoir suprême
Voulut avant le temps vous faire part lui-même.
C'est alors que chacun, rappelant le passé,
Découvrit mon dessein déjà trop avancé ;

Que de Britannicus la disgrâce future
Des amis de son père excita le murmure.
Mes promesses aux uns éblouirent les yeux ;
L'exil me délivra des plus séditieux ;
Claude même, lassé de ma plainte éternelle,
Eloigna de son fils tous ceux de qui le zèle,
Engagé dès long-temps à suivre son destin,
Pouvait du trône encor lui rouvrir le chemin.
Je fis plus : je choisis moi-même dans ma suite
Ceux à qui je voulais qu'on livrât sa conduite.
J'eus soin de vous nommer, par un contraire choix,
Des gouverneurs que Rome honorait de sa voix :
Je fus sourde à la brigue, et crus la renommée ;
J'appelai de l'exil, je tirai de l'armée,
Et ce même Sénèque, et ce même Burrhus,
Qui depuis.... Rome alors estimait leurs vertus.
De Claude en même temps épuisant les richesses,
Ma main sous votre nom répandait ses largesses.
Les spectacles, les dons, invincibles appas,
Vous attiraient les cœurs du peuple et des soldats,
Qui d'ailleurs, réveillant leur tendresse première,
Favorisaient en vous Germanicus mon père.
    Cependant Claudius penchait vers son déclin.
Ses yeux, long-temps fermés, s'ouvrirent à la fin.
Il connut son erreur. Occupé de sa crainte,
Il laissa pour son fils échapper quelque plainte,
Et voulut, mais trop tard, assembler ses amis :
Ses gardes, son palais, son lit, m'étaient soumis.
Je lui laissai sans fruit consumer sa tendresse :
De ses derniers soupirs je me rendis maîtresse :
Mes soins, en apparence épargnant ses douleurs,
De son fils, en mourant, lui cachèrent les pleurs.
Il mourut. Mille bruits en courent à ma honte.
J'arrêtai de sa mort la nouvelle trop prompte ;

Et tandis que Burrhus allait secrètement
De l'armée en vos mains exiger le serment,
Que vous marchiez au camp, conduit sous mes auspices,
Dans Rome les autels fumaient de sacrifices :
Par mes ordres trompeurs tout le peuple excité,
Du prince déjà mort demandait la santé.
Enfin, des légions l'entière obéissance
Ayant de votre empire affermi la puissance,
On vit Claude; et le peuple, étonné de son sort,
Apprit en même temps votre règne et sa mort.
C'est le sincère aveu que je voulais vous faire :
Voilà tous mes forfaits. En voici le salaire :
Du fruit de tant de soins à peine jouissant
En avez-vous six mois paru reconnaissant,
Que, lassé d'un respect qui vous gênait peut-être,
Vous avez affecté de ne me plus connaître.
J'ai vu Burrhus, Sénèque, aigrissant vos soupçons,
De l'infidélité vous tracer des leçons.
Ravis d'être vaincus dans leur propre science.
J'ai vu favorisés de votre confiance
Othon, Sénécion, jeunes voluptueux,
Et de tous vos plaisirs flatteurs respectueux;
Et lorsque, vos mépris excitant mes murmures,
Je vous ai demandé raison de tant d'injures,
(Seul recours d'un ingrat qui se voit confondu),
Par de nouveaux affronts vous m'avez répondu.
Aujourd'hui je promets Junie à votre frère;
Ils se flattent tous deux du choix de votre mère;
Que faites-vous? Junie enlevée à la cour
Devient en une nuit l'objet de votre amour.
Je vois de votre cœur Octavie effacée
Prête à sortir du lit où je l'avais placée :
Je vois Pallas banni, votre frère arrêté;
Vous attentez enfin jusqu'à ma liberté;

ACTE IV.

Burrhus ose sur moi porter ses mains hardies.
Et lorsque, convaincu de tant de perfidies,
Vous deviez ne me voir que pour les expier,
C'est vous qui m'ordonnez de me justifier.

NÉRON.

Je me souviens toujours que je vous dois l'empire;
Et sans vous fatiguer du soin de le redire,
Votre bonté, madame, avec tranquillité
Pouvait se reposer sur ma fidélité.
Aussi bien ces soupçons, ces plaintes assidues,
Ont fait croire à tous ceux qui les ont entendues
Que jadis, j'ose ici vous le dire entre nous,
Vous n'aviez sous mon nom travaillé que pour vous.
« Tant d'honneurs, disaient-ils, et tant de déférences,
» Sont-ce de ses bienfaits de faibles récompenses?
» Quel crime a donc commis ce fils tant condamné?
» Est-ce pour obéir qu'elle l'a couronné?
» N'est-il de son pouvoir que de le dépositaire? »
Non que, si jusque-là j'avais pu vous complaire,
Je n'eusse pris plaisir, madame, à vous céder
Ce pouvoir que vos cris semblaient redemander :
Mais Rome veut un maître et non une maîtresse.
Vous entendiez les bruits qu'excitait ma faiblesse :
Le sénat chaque jour et le peuple irrités
De s'ouïr par ma voix dicter vos volontés,
Publiaient qu'en mourant Claude avec sa puissance,
M'avait encor laissé sa simple obéissance.
Vous avez vu cent fois nos soldats en courroux
Porter en murmurant leurs aigles devant vous;
Honteux de rabaisser par cette indigne usage
Les héros dont encore elles portent l'image.
Toute autre se serait rendue à leur discours:
Mais, si vous ne régnez, vous vous plaignez toujours.
Avec Britannicus contre moi réunie,

Vous le fortifiez du parti de Junie;
Et la main de Pallas trame tous ces complots,
Et lorsque malgré moi j'assure mon repos,
On vous voit de colère et de haine animée.
Vous voulez présenter mon rival à l'armée;
Déjà jusques au camp le bruit en a couru.

AGRIPPINE.

Moi! le faire empereur? Ingrat! l'avez-vous cru?
Quel serait mon dessein, qu'aurais-je pu prétendre?
Quels honneurs dans sa cour, quel rang pourrais-je
[attendre?
Ah! si sous votre empire on ne m'épargne pas,
Si mes accusateurs observent tous mes pas,
Si de leur empereur ils poursuivent la mère;
Que ferai-je au milieu d'une cour étrangère?
Ils me reprocheraient, non des cris impuissants,
Des desseins étouffés aussitôt que naissants;
Mais des crimes pour vous commis à votre vue,
Et dont je ne serais que trop tôt convaincue,
Vous ne me trompez point, je vois tous vos détours,
Vous êtes un ingrat, vous le fûtes toujours :
Dès vos plus jeunes ans mes soins et mes tendresses
N'ont arraché de vous que de feintes caresses.
Rien ne vous a pu vaincre; et votre dureté
Aurait dû dans son cours arrêter ma bonté.
Que je suis malheureuse! et par quelle infortune
Faut-il que tous mes soins me rendent importune?
Je n'ai qu'un fils : ô ciel, qui m'entends aujourd'hui,
T'ai-je fait quelques vœux qui ne fussent pour lui?
Remords, crainte, périls, rien ne m'a retenue.
J'ai vaincu ses mépris; j'ai détourné ma vue
Des malheurs qui dès-lors me furent annoncés;
J'ai fait ce que j'ai pu : vous régnez, c'est assez.
Avec ma liberté, que vous m'avez ravie,

Si vous le souhaitez, prenez encor ma vie,
Pourvu que par ma mort tout le peuple irrité
Ne vous ravisse pas ce qui m'a tant coûté.

NÉRON.

Hé bien donc, prononcez...Que voulez-vous qu'on fasse?

AGRIPPINE.

De mes accusateurs qu'on punisse l'audace.
Que de Britannicus on calme le courroux ;
Que Junie à son choix puisse prendre un époux :
Qu'ils soient libres tous deux, et que Pallas demeure,
Que vous me permettiez de vous voir à toute heure;
       (apercevant Burrhus dans le fond du théâtre.)
Que ce même Burrhus, qui nous vient écouter,
A votre porte enfin n'ose plus m'arrêter.

NÉRON.

Oui, madame, je veux que ma reconnaissance
Désormais dans les cœurs grave votre puissance :
Et je bénis déjà cette heureuse froideur
Qui de notre amitié va rallumer l'ardeur.
Quoi que Pallas ait fait, il suffit, je l'oublie :
Avec Britannicus je me réconcilie ;
Et, quant à cet amour qui nous a séparé,
Je vous fais notre arbitre, et vous nous jugerez.
Allez donc, et portez cette joie à mon frère.
Gardes, qu'on obéisse aux ordres de ma mère.

Scène III.

NERON. — BURRHUS.

BURRHUS.

Que cette paix, seigneur, et ces embrassements
Vont offrir à mes yeux de spectacles charmants !
Vous savez si jamais ma voix lui fut contraire,

Si de son amitié j'ai voulu vous distraire,
Et si j'ai mérité cet injuste courroux.

NÉRON.

Je ne vous flatte point, je me plaignais de vous,
Burrhus, je vous ai crus tous deux d'intelligence :
Mais son inimitié vous rend ma confiance.
Elle se hâte trop, Burrhus, de triompher :
J'embrasse mon rival, mais c'est pour l'étouffer.

BURRHUS.

Quoi, seigneur !

NÉRON.

C'en est trop, il faut que sa ruine
Me délivre à jamais des fureurs d'Agrippine :
Tant qu'il respirera, je ne vis qu'à demi.
Elle m'a fatigué de ce nom ennemi;
Et je ne prétends pas que sa coupable audace
Une seconde fois lui promette ma place.

BURRHUS.

Elle va donc bientôt pleurer Britannicus.

NÉRON.

Avant la fin du jour je ne le craindrai plus.

BURRHUS.

Et qui de ce dessein vous inspire l'envie ?

NÉRON.

Ma gloire, mon amour, ma sûreté, ma vie.

BURRHUS.

Non, quoi que vous disiez, cet horrible dessein
Ne fut jamais, seigneur, conçu dans votre sein.

NÉRON.

Burrhus !

BURRHUS.

De votre bouche, ô ciel! puis-je l'apprendre?
Vous-même sans frémir avez-vous pu l'entendre?
Songez-vous dans quel sang vous allez vous baigner?
Néron dans tous les cœurs est-il las de régner?
Que dira-t-on de vous? Quelle est votre pensée?

NÉRON.

Quoi! toujours enchaîné de ma gloire passée,
J'aurai devant les yeux je ne sais quel amour
Que le hasard nous donne et nous ôte en un jour?
Soumis à tous leurs vœux, à mes désirs contraire,
Suis-je leur empereur seulement pour leur plaire?

BURRHUS.

Et ne suffit-t-il pas, seigneur, à vos souhaits
Que le bonheur public soit un de vos bienfaits?
C'est à vous à choisir, vous êtes encor maître.
Vertueux jusqu'ici, vous pouvez toujours l'être :
Le chemin est tracé, rien ne vous retient plus;
Vous n'avez qu'à marcher de vertus en vertus.
Mais si de vos flatteurs vous suivez la maxime,
Il vous faudra, seigneur, courir de crime en crime,
Soutenir vos rigueurs par d'autres cruautés,
Et laver dans le sang vos bras ensanglantés.
Britannicus mourant excitera le zèle
De ses amis tous prêts à prendre sa querelle.
Ces vengeurs trouveront de nouveaux défenseurs,
Qui, même après leur mort, auront des successeurs :
Vous allumez un feu qui ne pourra s'éteindre.
Craint de tout l'univers, il vous faudra tout craindre,
Toujours punir, toujours trembler dans vos projets,
Et pour vos ennemis compter tous vos sujets.
Ah! de vos premiers ans l'heureuse expérience
Vous fait-elle, seigneur, haïr votre innocence?

Songez-vous au bonheur qui les a signalés ?
Dans quel repos, ô ciel! les avez-vous coulés ?
Quel plaisir de penser, et de dire en vous-même :
« Partout en ce moment on me bénit, on m'aime,
» On ne voit point le peuple à mon nom s'alarmer :
» Le ciel dans tous leurs pleurs ne m'entend point nom-
» Leur sombre inimitié ne fuit point mon visage; [mer;
» Je vois voler partout les cœurs à mon passage. »
Tels étaient vos plaisirs. Quel changement, ô Dieux !
Le sang le plus abject vous était précieux.
Un jour, il m'en souvient, le sénat équitable
Vous pressait de souscrire à la mort d'un coupable;
Vous résistiez, seigneur, à leur sévérité,
Votre cœur s'accusait de trop de cruauté,
Et, plaignant les malheurs attachés à l'empire,
Je voudrais, disiez-vous, ne savoir pas écrire.
Non, ou vous me croirez, ou bien de ce malheur
Ma mort m'épargnera la vue et la douleur :
On ne me verra point survivre à votre gloire,
Si vous allez commettre une action si noire.

(Se jetant aux pieds de Néron.)

Me voilà prêt, seigneur; avant que de partir,
Faites percer ce cœur qui n'y peut consentir;
Appelez les cruels qui vous l'ont inspirée :
Qu'ils viennent essayer leur main mal assurée....
Mais je vois que mes pleurs touchent mon empereur,
Je vois que sa vertu frémit de leur fureur.
Ne perdez point de temps, nommez-moi les perfides
Qui vous osent donner ces conseils parricides;
Appelez votre frère : oubliez dans ses bras....

NÉRON.

Ah! que demandez-vous ?

ACTE IV.

BURRHUS.

                Non, il ne vous hait pas,
Ssigneur, on le trahit, je sais son innocence;
Je vous réponds pour lui de son obéissance.
J'y cours. Je vais presser un entretien si doux.

NÉRON.

Dans mon appartement qu'il m'attende avec vous.

Scène IV.

NERON. — NARCISSE.

NARCISSE.

Seigneur, j'ai tout prévu pour une mort si juste,
Le poison est tout prêt. La fameuse Locuste
A redoublé pour moi ses soins officieux :
Elle a fait expirer un esclave à mes yeux,
Et le fer est moins prompt pour trancher une vie
Que le nouveau poison que sa main me confie.

NÉRON.

Narcisse, c'est assez; je reconnais ce soin,
Et ne souhaite pas que vous alliez plus loin.

NARCISSE.

Quoi! pour Britannicus votre haine affaiblie
Me défend....

NÉRON.

          Oui, Narcisse, on nous réconcilie.

NARCISSE.

Je me garderai bien de vous en détourner,
Seigneur. Mais il s'est vu tantôt emprisonner :
Cette offense en son cœur sera long-temps nouvelle.
Il n'est point de secrets que le temps ne révèle :
Il saura que ma main lui devait présenter

Un poison que votre ordre avait fait apprêter.
Les Dieux de ce dessein puissent-ils le distraire!
Mais peut-être il fera ce que vous n'osez faire.

NÉRON.

On répond de son cœur ; et je vaincrai le mien.

NARCISSE.

Et l'hymen de Junie en est-il le lien ?
Seigneur, lui faites-vous encor ce sacrifice ?

NÉRON.

C'est prendre trop de soins. Quoi qu'il en soit, Narcisse,
Je ne le compte plus parmi mes ennemis.

NARCISSE.

Agrippine, seigneur, se l'était bien promis :
Elle a repris sur vous son souverain empire.

NÉRON.

Quoi donc! Qu'a-t-elle dit? Et que voulez-vous dire?

NARCISSE.

Elle s'en est vantée assez publiquement.

NÉRON.

De quoi ?

NARCISSE.

Qu'elle n'avait qu'à vous voir un moment;
Qu'à tout ce grand éclat, à ce courroux funeste,
On verrait succéder un silence modeste;
Que vous-même à la paix souscririez le premier :
Heureux que sa bonté daignât tout oublier.

NÉRON.

Mais, Narcisse, dis-moi, que veux-tu que je fasse?
Je n'ai que trop de pente à punir son audace;
Et, si je m'en croyais, ce triomphe indiscret
Serait bientôt suivi d'un éternel regret.

ACTE IV.

Mais de tout l'univers quel sera le langage.
Sur les pas des tyrans veux-tu que je m'engage,
Et que Rome, effaçant tant de titres d'honneur,
Me laisse pour tout nom celui d'empoisonneur?
Ils mettront ma vengeance au rang des parricides.

NARCISSE.

Et prenez-vous, seigneur, leurs caprices pour guides?
Avez-vous prétendu qu'ils se tairaient toujours?
Est-ce à vous de prêter l'oreille à leurs discours?
De vos propres désirs perdrez-vous la mémoire?
Et serez-vous le seul que vous n'oserez croire?
Mais, seigneur, les Romains ne vous sont pas connus;
Non, non : dans leurs discours ils sont plus retenus,
Tant de précaution affaiblit votre règne :
Ils croiront en effet mériter qu'on les craigne.
Au joug, depuis long-temps, ils se sont façonnés;
Ils adorent la main qui les tient enchaînés.
Vous les verrez toujours ardents à vous complaire :
Leur prompte servitude a fatigué Tibère.
Moi-même, revêtu d'un pouvoir emprunté,
Que je reçus de Claude avec la liberté,
J'ai cent fois, dans le cours de ma gloire passée,
Tenté leur patience, et ne l'ai point lassée.
D'un empoisonnement vous craignez la noirceur?
Faites périr le frère, abandonnez la sœur :
Rome sur ses autels prodiguant les victimes,
Fussent-ils innocents, leur trouvera des crimes;
Vous verrez mettre au rang des jours infortunés
Ceux où jadis la sœur et le frère sont nés.

NÉRON.

Narcisse, encore un coup, je ne puis l'entreprendre,
J'ai promis à Burrhus, il a fallu me rendre.
Je ne veux point encore, en lui manquant de foi,

Donner à sa vertu des armes contre moi.
J'oppose à ses raisons un courage inutile;
Je ne l'écoute point avec un cœur tranquille.

NARCISSE.

Burrhus ne pense pas, seigneur, tout ce qu'il dit :
Son adroite vertu ménage son crédit.
Ou plutôt ils n'ont tous qu'une même pensée :
Ils verraient par ce coup leur puissance abaissée.
Vous seriez libre alors, seigneur, et, devant vous,
Ces maîtres orgueilleux fléchiraient comme nous.
Quoi donc, ignorez-vous tout ce qu'ils osent dire ?
« Néron, s'ils en sont crus, n'est point né pour l'empire.
» Il ne dit, il ne fait, que ce qu'on lui prescrit :
» Burrhus conduit son cœur, Sénèque son esprit.
» Pour toute ambition, pour vertu singulière,
» Il excèle à conduire un char dans la carrière ;
» A disputer des prix indignes de ses mains ;
» A se donner lui-même en spectacle aux Romains ;
» A venir prodiguer sa voix sur un théâtre ;
» A réciter des chants qu'il veut qu'on idolâtre ;
» Tandis que des soldats, de moments en moments,
» Vont arracher pour lui les applaudissements. »
Ah ! ne voulez-vous pas les forcer à se taire ?

NÉRON.

Viens, Narcisse : allons voir ce que nous devons faire.

FIN DU QUATRIÈME ACTE.

ACTE CINQUIÈME.

Scène I.
BRITANNICUS. — JUNIE.

BRITANNICUS.

Oui, madame, Néron, qui l'aurait pu penser !
Dans son appartement m'attend pour m'embrasser.
Il y fait de sa cour inviter la jeunesse :
Il veut que d'un festin la pompe et l'allégresse
Confirment à leurs yeux la foi de nos serments,
Et réchauffent l'ardeur de nos embrassements.
Il éteint cet amour, source de tant de haine ;
Il vous fait de mon sort arbitre souveraine.
Pour moi, quoique banni du rang de mes aïeux,
Quoique de leur dépouille il se pare à mes yeux,
Depuis qu'à mon amour cessant d'être contraire
Il semble me céder la gloire de vous plaire,
Mon cœur, je l'avoûrai, lui pardonne en secret,
Et lui laisse le reste avec moins de regret.
Quoi ! je ne serai plus séparé de vos charmes !
Quoi ! même en ce moment, je puis voir sans alarmes
Ces yeux que n'ont émus ni soupirs, ni terreur,
Qui m'ont sacrifié l'empire et l'empereur !
Ah, madame !... Mais quoi, quelle nouvelle crainte
Tient parmi mes transports votre joie en contrainte ?
D'où vient qu'en m'écoutant vos yeux, vos tristes yeux,
Avec de longs regards se tournent vers les cieux ?
Qu'est-ce que vous craignez ?
    JUNIE.
      Je l'ignore moi-même,

Mais je crains.

BRITANNICUS.

Vous m'aimez !

JUNIE.

Hélas ! si je vous aime !

BRITANNICUS.

Néron ne trouble plus notre félicité.

JUNIE.

Mais me répondez-vous de sa sincérité ?

BRITANNICUS.

Quoi ! vous le soupçonnez d'une haine couverte ?

JUNIE.

Néron m'aimait tantôt, il jurait votre perte :
Il me fuit, il vous cherche : un si grand changement
Peut-il être, seigneur, l'ouvrage d'un moment ?

BRITANNICUS.

Cet ouvrage, madame, est un coup d'Agrippine :
Elle a cru que ma perte entraînait sa ruine.
Grâce aux préventions de son esprit jaloux,
Nos plus grands ennemis ont combattu pour nous.
Je m'en fie aux transports qu'elle m'a fait paraître :
Je m'en fie à Burrhus : j'en crois même son maître :
Je crois qu'à mon exemple, impuissant à trahir,
Il hait à cœur ouvert, ou cesse de haïr.

JUNIE.

Seigneur, ne jugez pas de son cœur par le vôtre.
Sur des pas différents vous marchez l'un et l'autre.
Je ne connais Néron et la cour que d'un jour :
Mais si je l'ose dire, hélas ! dans cette cour
Combien tout ce qu'on dit est loin de ce qu'on pense !
Que la bouche et le cœur sont peu d'intelligence !

Avec combien de joie on y trahit sa foi !
Quel séjour étranger et pour vous et pour moi !

BRITANNICUS.

Mais que son amitié soit véritable ou feinte,
Si vous craignez Néron, lui-même est-il sans crainte ?
Non, non, il n'ira point, par un lâche attentat,
Soulever contre lui le peuple et le sénat.
Que dis-je ! il reconnait sa dernière injustice :
Ses remords ont paru même aux yeux de Narcisse.
Ah ! s'il vous avait dit, ma princesse, à quel point...

JUNIE.

Mais Narcisse, seigneur, ne vous trahit-il point ?

BRITANNICUS.

Et pourquoi voulez-vous que mon cœur s'en défie ?

JUNIE.

Et que sais-je ? il y va seigneur, de votre vie :
Tout m'est suspect : je crains que tout ne soit séduit ;
Je crains Néron ; je crains le malheur qui me suit.
D'un noir pressentiment malgré moi prévenue,
Je vous laisse à regret éloigner de ma vue.
Hélas ! si cette paix dont vous vous repaissez
Couvrait contre vos jours quelques pièges dressés ;
Si Néron, irrité de notre intelligence,
Avait choisit la nuit pour cacher sa vengeance ;
S'il préparait ses coups tandis que je vous vois ;
Et si je vous parlais pour la dernière fois !
Ah ! prince !

BRITANNICUS.

Vous pleurez ! ah, ma chère princesse !
Et pour moi jusque-là votre cœur s'intéresse !
Quoi, madame ! en un jour où plein de sa grandeur
Néron croit éblouir vos yeux de sa splendeur,

Dans des lieux où chacun me fuit et le révère,
Aux pompes de sa cour préférer ma misère!
Quoi! dans ce même jour et dans ces mêmes lieux,
Refuser un empire et pleurer à mes yeux!
Mais, madame, arrêtez ces précieuses larmes;
Mon retour va bientôt dissiper vos alarmes.
Je me rendrais suspect par un plus long séjour :
Adieu. Je vais, le cœur tout plein de mon amour,
Au milieu des transports d'une aveugle jeunesse,
Ne voir, n'entretenir que ma belle princesse,
Adieu.

JUNIE.

Prince...

BRITANNICUS.

On m'attend, madame, il faut partir.

JUNIE.

Mais du moins attendez qu'on vous vienne avertir.

Scène II.

AGRIPPINE. — BRITANNICUS. — JUNIE.

AGRIPPINE.

Prince, que tardez-vous? Partez en diligence,
Néron impatient se plaint de votre absence.
La joie et le plaisir de tous les conviés
Attend, pour éclater, que vous vous embrassiez.
Ne faites point languir une si juste envie;
Allez. Et nous, madame, allons chez Octavie.

BRITANNICUS.

Allez, belle Junie, et d'un esprit content
Hâtez-vous d'embrasser ma sœur qui vous attend,
Dès que je le pourrai je reviens sur vos traces,
Madame, et de vos soins j'irai vous rendre grâces.

Scène III.

AGRIPPINE. — JUNIE.

AGRIPPINE.

Madame, ou je me trompe, ou durant vos adieux
Quelques pleurs répandus ont obscurci vos yeux.
Puis-je savoir quel trouble a formé ce nuage ?
Doutez-vous d'une paix dont je fais mon ouvrage ?

JUNIE.

Après tous les ennuis que ce jour m'a coûtés,
Ai-je pu rassurer mes esprits agités ?
Hélas ! à peine encor je conçois ce miracle.
Quand même à vos bontés je craindrais quelque obstacle,
Le changement, madame, est commun à la cour,
Et toujours quelque crainte accompagne l'amour.

AGRIPPINE.

Il suffit, j'ai parlé, tout a changé de face :
Mes soins à vos soupçons ne laissent point de place.
Je réponds d'une paix jurée entre mes mains;
Néron m'en a donné des gages trop certains.
Ah ! si vous aviez vu par combien de caresses
Il m'a renouvelé la foi de ses promesses!
Par quels embrassements il vient de m'arrêter !
Ses bras dans nos adieux ne pouvaient me quitter.
Sa facile bonté, sur son front répandue,
Jusqu'aux moindres secrets est d'abord descendue.
Il s'épanchait en fils qui vient en liberté
Dans le sein de sa mère oublier sa fierté.
Mais bientôt reprenant un visage sévère,
Tel que d'un empereur qui consulte sa mère,
Sa confidence auguste a mis entre mes mains,
Des secrets d'où dépend le destin des humains.
Non, il le faut ici confesser à sa gloire,

Son cœur n'enferme point une malice noire :
Et nos seuls ennemis, altérant sa bonté,
Abusaient contre nous de sa facilité.
Mais enfin à son tour leur puissance décline :
Rome encore une fois va connaître Agrippine :
Déjà de ma faveur on adore le bruit,
Cependant en ces lieux n'attendons pas la nuit :
Passons chez Octavie, et donnons-lui le reste
D'un jour autant heureux que je l'ai cru funeste.
Mais qu'est-ce que j'entends ? quel tumulte confus !
Que peut-on faire ?

JUNIE.

O ciel, sauvez Britannicus.

Scène IV.

AGRIPPINE. — JUNIE. — BURRHUS.

AGRIPPINE.

Burrhus, où courez-vous ? arrêtez. Que veut dire...

BURRHUS.

Madame, c'en est fait, Britannicus expire.

JUNIE.

Ah ! mon prince !

AGRIPPINE.

Il expire !

BURRHUS.

Ou plutôt il est mort,
Madame.

JUNIE.

Pardonnez, madame, à ce transport.
Je vais le secourir, si je puis, ou le suivre.

Scène V.

AGRIPPINE. — BURRHUS.

AGRIPPINE.

Quel attentat Burrhus!

BURRHUS.

Je n'y pourrai survivre,
Madame, il faut quitter la cour et l'empereur.

AGRIPPINE.

Quoi! du sang de son frère il n'a point eu d'horreur!

BURRHUS.

Ce dessein s'est conduit avec plus de mystère.
A peine l'empereur a vu venir son frère,
Il se lève, il l'embrasse, on se tait; et soudain
César prend le premier une coupe à la main :
« Pour achever ce jour sous de meilleurs auspices,
» Ma main de cette coupe épanche les prémices,
» Dit-il : Dieux, que j'appelle à cette effusion,
» Venez favoriser notre réunion. »
Par les mêmes serments Britannicus se lie.
La coupe dans ses mains par Narcisse est remplie :
Mais ses lèvres à peine en ont touché les bords,
Le fer ne produit point de si puissants efforts,
Madame, la lumière à ses yeux est ravie,
Il tombe sur son lit sans chaleur et sans vie.
Jugez combien ce coup frappe tous les esprits :
La moitié s'épouvante et sort avec des cris;
Mais ceux qui de la cour ont un plus long usage
Sur les yeux de César composent leur visage:
Cependant sur son lit il demeure penché,
D'aucun étonnement il ne paraît touché :
« Ce mal dont vous craignez, dit-il, la violence,

» A souvent sans péril attaqué son enfance. »
Narcisse veut en vain affecter quelque ennui,
Et sa perfide joie éclate malgré lui.
Pour moi, dût l'empereur punir ma hardiesse,
D'une odieuse cour j'ai traversé la presse ;
Et j'allais, accablé de cet assassinat,
Pleurer Britannicus, César et tout l'Etat.

AGRIPPINE.

Le voici. Vous verrez si c'est moi qui l'inspire.

Scène VI.

AGRIPPINE. — NERON. — BURRHUS. — NARCISSE.

NÉRON, *voyant Agrippine.*

Dieux !

AGRIPPINE.

   Arrêtez, Néron ; j'ai deux mots à vous dire.
Britannicus est mort : je reconnais les coups ;
Je connais l'assassin.

NÉRON.

      Et qui, madame ?

AGRIPPINE.

          Vous.

NÉRON.

Moi ! voilà les soupçons dont vous êtes capable,
Il n'est point de malheur dont je ne sois coupable ;
Et si l'on veut, madame, écouter vos discours,
Ma main de Claude même aura tranché les jours.
Son fils vous était cher, sa mort peut vous confondre.
Mais des coups du destin je ne puis pas répondre.

AGRIPPINE.

Non, non ; Britannicus est mort empoisonné :

ACTE V.

Narcisse a fait le coup; vous l'avez ordonné.

NÉRON.

Madame! Mais qui peut vous tenir ce langage!

NARCISSE.

Hé, seigneur! ce soupçon vous fait-il tant d'outrage?
Britannicus, madame, eut des desseins secrets
Qui vous auraient coûté de plus justes regrets :
Il aspirait plus loin qu'à l'hymen de Junie;
De vos propres bontés il vous aurait punie.
Il vous trompait vous-même, et son cœur offensé
Prétendait tôt ou tard rappeler le passé.
Soit donc que malgré vous le sort vous ait servie,
Soit qu'instruit des complots qui menaçaient sa vie,
Sur ma fidélité César s'en soit remis :
Laissez les pleurs, madame, à vos seuls ennemis;
Qu'ils mettent ce malheur au rang des plus sinistres :
Mais vous...

AGRIPPINE.

   Poursuis, Néron; avec de tels ministres,
Par des faits glorieux tu te vas signaler,
Poursuis. Tu n'as pas fait ce pas pour reculer :
Ta main a commencé par le sang de ton frère;
Je prévois que tes coups viendront jusqu'à ta mère :
Dans le fond de ton cœur je sais que tu me hais:
Tu voudras t'affranchir du joug de mes bienfaits,
Mais je veux que ma mort te soit même inutile :
Ne crois pas qu'en mourant je te laisse tranquille :
Rome, ce ciel, ce jour que tu reçus de moi,
Partout, à tout moment, m'offriront devant toi.
Tes remords te suivront comme autant de furies :
Tu croiras les calmer par d'autres barbaries,
Ta fureur s'irritant soi-même dans son cours,
D'un sang toujours nouveau marquera tous tes jours.

Mais j'espère qu'enfin le ciel, las de tes crimes,
Ajoutera ta perte à tant d'autres victimes,
Qu'après t'être couvert de leur sang et du mien,
Tu te verras forcé de répandre le tien,
Et ton nom paraîtra, dans la race future,
Aux plus cruels tyrans une cruelle injure.
Voilà ce que mon cœur se présage de toi.
Adieu : tu peux sortir.

NÉRON.

Narcisse, suivez-moi.

Scène VII.

AGRIPPINE. — BURRHUS.

AGRIPPINE.

Ah! ciel! de mes soupçons quelle était l'injustice?
Je condamnais Burrhus pour écouter Narcisse!
Burrhus, avez-vous vu quels regards furieux
Néron en me quittant m'a laissés pour adieux!
C'en est fait, le cruel n'a plus rien qui l'arrête:
Le coup qu'on m'a prédit va tomber sur ma tête.
Il vous accablera vous-même à votre tour.

BURRHUS.

Ah! madame, pour moi j'ai vécu trop d'un jour.
Plût au ciel que sa main, heureusement cruelle,
Eût fait sur moi l'essai de sa fureur nouvelle?
Qu'il ne m'eût pas donné, par ce triste attentat,
Un gage trop certain des malheurs de l'État!
Son seul crime n'est pas ce qui me désespère;
Sa jalousie a pu l'armer contre son frère :
Mais, s'il vous faut, madame, expliquer ma douleur,
Néron l'a vu mourir sans changer de couleur.
Ses yeux indifférents ont déjà la constance
D'un tyran dans le crime endurci dès l'enfance.

Qu'il achève, madame, et qu'il fasse périr
Un ministre importun qui ne le peut souffrir.
Hélas! loin de vouloir éviter sa colère,
La plus soudaine mort me sera la plus chère.

Scène VIII.

AGRIPPINE. — BURRHUS. — ALBINE.

ALBINE.

Ah! madame! ah! seigneur! courez vers l'empereur,
Venez sauver César de sa propre fureur;
Il se voit pour jamais séparé de Junie.

AGRIPPINE.

Quoi! Junie elle-même a terminé sa vie?

ALBINE.

Pour accabler César d'un éternel ennui,
Madame, sans mourir elle est morte pour lui.
Vous savez de ces lieux comme elle s'est ravie;
Elle a feint de passer chez la triste Octavie;
Mais bientôt elle a pris des chemins écartés,
Où mes yeux ont suivi ses pas précipités.
Des portes du palais elle sort éperdue.
D'abord elle a d'Auguste aperçu la statue;
Et mouillant de ses pleurs le marbre de ses pieds,
Que de ses bras pressants elle tenait liés :
« Prince, par ces genoux, dit-elle que j'embrasse,
» Protège en ce moment le reste de ta race :
» Rome dans ton palais vient de voir immoler
» Le seul de tes neveux qui te pût ressembler.
» On veut après sa mort que je lui sois parjure.
» Mais pour lui conserver une foi toujours pure,
» Prince, je me dévoue à ces Dieux immortels
» Dont ta vertu t'a fait partager les autels. »
Le peuple cependant, que ce spectacle étonne,

Vole de toutes parts, se presse, l'environne,
S'attendrit à ses pleurs, et, plaignant son ennui,
D'une commune voix la prend sous son appui.
Ils la mènent au temple, où depuis tant d'années
Au culte des autels nos vierges destinées
Gardent fidèlement le dépôt précieux
Du feu toujours ardent qui brûle pour nos Dieux.
César les voit partir sans oser les distraire.
Narcisse, plus hardi, s'empresse pour lui plaire;
Il vole vers Junie, et, sans s'épouvanter,
D'une profane main commence à l'arrêter.
De mille coups mortels son audace est punie !
Son infidèle sang rejaillit sur Junie.
César, de tant d'objets en même temps frappé,
Le laisse entre les mains qui l'ont enveloppé.
Il rentre, chacun fuit son silence farouche :
Le seul nom de Junie échappe de sa bouche.
Il marche sans desseins : ses yeux mal assurés
N'osent lever au ciel leurs regards égarés :
Et l'on craint, si la nuit jointe à la solitude
Vient de son désespoir aigrir l'inquiétude,
Si vous l'abandonnez plus long-temps sans secours,
Que sa douleur bientôt n'attente sur ses jours.
Le temps presse : courez, il ne faut qu'un caprice,
Il se perdrait, madame.

AGRIPPINE.

Il se ferait justice.
Mais, Burrhus, allons voir jusqu'où vont ces transports;
Voyons quels changements produiront ses remords,
S'il voudra désormais suivre d'autres maximes.

BURRHUS.

Plût aux Dieux que ce fût le dernier de ses crimes.

FIN DE BRITANNICUS.

ESTHER,

TRAGÉDIE EN TROIS ACTES.

PERSONNAGES.

PROLOGUE. — LA PIÉTÉ.

Assuérus, roi de Perse.
Esther, reine de Perse.
Mardochée, oncle d'Esther.
Aman, favori d'Assuérus.
Zarès, femme d'Aman.
Hidaspe, officier du palais intérieur d'Assuérus.
Asaph, autre officier d'Assuérus.
Elise, confidente d'Esther.
Thamar, Israélite de la suite d'Esther.
Gardes du roi Assuérus.
Chœur de jeunes Israélites.

La scène est à Suse, dans le palais d'Assuérus.

PROLOGUE.

LA PIÉTÉ.

Du séjour bienheureux de la Divinité,
Je descends dans ce lieu (1) par la Grâce habité.
L'Innocence s'y plaît, ma compagne éternelle,
Et n'a point sous les cieux d'asile plus fidèle.
Ici, loin du tumulte, aux devoirs les plus saints
Tout un peuple naissant est formé par mes mains.
Je nourris dans son cœur la semence féconde
Des vertus dont il doit sanctifier le monde.
Un roi qui me protège, un roi victorieux,
A commis à mes soins ce dépôt précieux.
C'est lui qui rassembla ces colombes timides,
Eparses en cent lieux, sans secours et sans guides.
Pour elles, à sa porte, élevant ce palais,
Il leur y fit trouver l'abondance et la paix.
Grand Dieu, que cet ouvrage ait place en ta mémoire !
Que tous les soins qu'il prend pour soutenir ta gloire
Soient gravés de ta main au livre où sont écrits
Les noms prédestinés des rois que tu chéris !
Tu m'écoutes. Ma voix ne t'est point étrangère.
Je suis la Piété, cette fille si chère,
Qui t'offre de ce roi les plus tendres soupirs :
Du feu de ton amour j'allume ses désirs.
Du zèle qui pour toi l'enflamme et le dévore,
La chaleur se répand du couchant à l'aurore.
Tu le vois tout le jour devant toi prosterné,
Humilier ce front de splendeur couronné ;
Et confondant l'orgueil par d'augustes exemples,
Baiser avec respect le pavé de tes temples.
De ta gloire animé, lui seul de tant de rois,
S'arme pour ta querelle et combat pour tes droits.
Le perfide intérêt, l'aveugle jalousie
S'unissent contre toi pour l'affreuse Hérésie ;
La discorde en fureur frémit de toutes parts,

(1) La maison de Saint-Cyr.

Tout semble abandonner tes sacrés étendards;
Et l'Enfer couvrant tout de ses vapeurs funèbres,
Sur les yeux les plus saints a jeté ses ténèbres;
Lui seul invariable, et fondé sur la foi?
Ne cherche, ne regarde, et n'écoute que toi,
Et, bravant du démon l'impuissant artifice,
De la religion soutient tout l'édifice.
Grand Dieu, juge ta cause, et déploie aujourd'hui
Ce bras, ce même bras qui combattait pour lui,
Lorsque des nations à sa perte animée
Le Rhin vit tant de fois disperser les armées.
Des mêmes ennemis je reconnais l'orgueil;
Ils viennent se briser contre le même écueil.
Déjà rompant partout leurs plus fermes barrières,
Du débris de leurs forts il couvre ses frontières.
  Tu lui donnes un fils prompt à le seconder,
Qui sait combattre, plaire, obéir, commander;
Un fils, qui comme lui, suivi de la victoire,
Semble à gagner son cœur borner toute sa gloire;
Un fils à tous ses vœux avec amour soumis,
L'éternel désespoir de tous ses ennemis.
Pareil à ces esprits que ta justice envoie,
Quand son roi lui dit : Pars; il s'élance avec joie,
Du tonnerre vengeur s'en va tout embraser,
Et tranquille, à ses pieds, revient le déposer.
Mais tandis qu'un grand roi venge ainsi mes injures,
Vous qui goûtez ici des délices si pures,
S'il permet à son cœur un moment de repos,
A vos jeux innocents appelez ce héros.
Retracez-lui d'Esther l'histoire glorieuse,
Et sur l'impiété la foi victorieuse.
  Et vous, qui vous plaisez aux folles passions
Qu'allument dans vos cœurs les vaines fictions,
Profanes amateurs de spectacles frivoles,
Dont l'oreille s'ennuie au son de mes paroles,
Fuyez de mes plaisirs la sainte austérité :
Tout respire ici Dieu, la paix, la vérité.

FIN DU PROLOGUE.

ESTHER,

ACTE PREMIER.

Le théâtre représente l'appartement d'Esther.

Scène I.

ESTHER. — ELISE.

ESTHER.

Est-ce toi, chére Elise ? O jour trois fois heureux !
Que béni soit le ciel qui te rend à mes vœux !
Toi qui, de Benjamin comme moi descendue,
Fus de mes premier ans la compagne assidue,
Et qui, d'un même joug souffrant l'oppression,
M'aidais à soupirer les malheurs de Sion.
Combien ce temps encore est cher à ma mémoire !
Mais toi, de ton Esther ignorais-tu la gloire ?
Depuis plus de six mois que je te fais chercher,
Quel climat, quel désert a donc pu te cacher ?

ÉLISE.

Au bruit de votre mort justement éplorée,
Du reste des humains je vivais séparée,
Et de mes tristes jours n'attendais que la fin,
Quand tout-à-coup, Madame, un prophète divin :
« C'est pleurer trop long-temps une mort qui t'abuse;
» Lève-toi, m'a-t-il dit, prends ton chemin vers Suse
» Là, tu verras d'Esther la pompe et les honneurs
» Et sur le trône assis le sujet de tes pleurs.
» Rassure, ajouta-t-il, tes tribus alarmées :
» Sion, le jour approche où le Dieu des armées

» Va de son bras puissant faire éclater l'appui,
» Et le cri de son peuple est monté jusqu'à lui. »
Il dit. Et moi, de joie et d'honneur pénétrée,
Je cours. De ce palais j'ai su trouver l'entrée.
O spectacle! ô triomphe admirable à mes yeux,
Digne en effet du bras qui sauva nos aïeux!
Le fier Assuérus couronne sa captive,
Et le Persan superbe est aux pieds d'une Juive.
Par quels secrets ressorts, par quel enchaînement
Le ciel a-t-il conduit ce grand événement?

ESTHER.

Peut-être on t'a conté la fameuse disgrâce
De l'altière Vasthi dont j'occupe la place,
Lorsque le roi contre elle enflammé de dépit,
La chassa de son trône ainsi que de son lit;
Mais il ne put sitôt en bannir la pensée.
Vasthi régna long-temps dans son âme offensée.
Dans ses nombreux États il fallut donc chercher
Quelque nouvel objet qui l'en pût détacher.
De l'Inde à l'Hellespont ses esclaves coururent;
Les filles de l'Egypte à Suse comparurent.
Celles même du Parthe et du Scythe indompté
Y briguèrent le sceptre offert à la beauté.
On m'élevait alors solitaire et cachée,
Sous les yeux vigilants du sage Mardochée.
Tu sais combien je dois à ses heureux secours.
La mort m'avait ravi les auteurs de mes jours;
Mais lui voyant en moi la fille de son frère,
Me tint lieu, chère Elise, et de père et de mère.
Du triste état des Juifs jour et nuit agité,
Il me tira du sein de mon obscurité,
Et sur mes faibles mains fondant leur délivrance,
Il me fit d'un empire accepter l'espérance.

A ses desseins secrets, tremblante, j'obéis.
Je vins; mais je cachai ma race et mon pays.
Qui pourrait cependant t'exprimer les cabales
Que formait en ces lieux ce peuple de rivales,
Qui toutes, disputant un si grand intérêt,
Des yeux d'Assuérus attendaient leur arrêt ?
Chacune avait sa brigue et de puissants suffrages :
L'une d'un sang fameux vantait les avantages :
L'autre, pour se parer de superbes atours,
Des plus adroites mains empruntait le secours ;
Et moi, pour toute brigue et pour tout artifice,
De mes larmes au ciel j'offrais le sacrifice.
  Enfin, on m'annonça l'ordre d'Assuérus.
Devant ce fier monarque, Elise, je parus.
Dieu tient le cœur des rois entre ses mains puissantes ;
Il fait que tout prospère aux âmes innocentes,
Tandis qu'en ses projets l'orgueilleux est trompé.
De mes faibles attraits le roi parut frappé :
Il m'observa long-temps dans un sombre silence ;
Et le ciel, qui pour moi fit pencher la balance,
Dans ce temps-là sans doute agissait sur son cœur.
Enfin avec des yeux où régnait la douceur :
Soyez reine, dit-il, et dès ce moment même
De sa main sur mon front posa son diadême.
Pour mieux faire éclater sa joie et son amour,
Il combla de présents tous les grands de sa cour,
Et même ses bienfaits, dans toutes ses provinces,
Invitèrent le peuple aux noces de leurs princes.
  Hélas! durant ces jours de joie et de festin,
Quel était en secret ma honte et mes chagrins!
Esther, disais-je, Esther dans la poupre est assise,
La moitié de la terre à son sceptre est soumise.
Et de Jérusalem l'herbe cache les murs!
Sion, repaire affreux de reptiles impurs,

Voit de son temple saint les pierres dispersées,
Et du Dieu d'Israël les fêtes sont cessées !

ÉLISE.

N'avez-vous point au roi confié vos ennuis ?

ESTHER.

Le roi, jusqu'à ce jour ignore qui je suis.
Celui par qui le ciel règle ma destinée,
Sur ce secret encor tient ma langue enchaînée.

ÉLISE.

Mardochée ? Eh peut-il approcher de ces lieux ?

ESTHER.

Son amitié pour moi le rend ingénieux.
Absent, je le consulte, et ses réponses sages
Pour venir jusqu'à moi trouvent mille passages.
Un père a moins de soin du salut de son fils.
Déjà même, déjà, par ses secrets avis,
J'ai découvert au roi les sanglantes pratiques
Que formaient contre lui deux ingrats domestiques
Cependant mon amour pour notre nation
A rempli ce palais des filles de Sion,
Jeunes et tendres fleurs, par le sort agitées.
Sous un ciel étranger comme moi transplantées.
Dans un lieu séparé de profanes témoins,
Je mets, à les former, mon étude et mes soins;
Et c'est là que, fuyant l'orgueil du diadême,
Lasse des vains honneurs, et me cherchant moi-même
Aux pieds de l'Eternel je viens m'humilier,
Et goûter le plaisir de me faire oublier.
Mais à tous les Persans je cache leurs familles
Il faut les appeler. Venez, venez, mes filles,
Compagnes autrefois de ma captivité,
De l'antique Jacob jeune postérité.

ACTE I.

Scène II.

ESTHER. — ELISE. — LE CHOEUR.

Une des Israélites chantant derrière le théâtre.
Ma sœur, quelle voix nous appelle ?

Une autre.
J'en reconnais les agréables sons :
C'est la reine.

Toutes deux.
Courons, mes sœurs, obéissons.
La reine nous appelle.
Allons, rangeons-nous auprès d'elle.

*Tout le chœur entrant sur la scène par plusieurs
endroits différents.*
La reine nous appelle,
Allons, rangeons-nous auprès d'elle.

ÉLISE.

Ciel ! quel nombreux essaim d'innocentes beautés
S'offre à mes yeux en foule, et sort de tous côtés !
Quelle aimable pudeur sur leur visage est peinte !
Prospérez, cher espoir d'une nation sainte.
Puissent jusques au ciel vos soupirs innocents
Monter comme l'odeur d'un agréable encens !
Que Dieu jette sur vous des regards pacifiques.

ESTHER.

Mes filles, chantez-nous quelqu'un de ces cantiques
Où vos voix, si souvent se mêlant à mes pleurs,
De la triste Sion célèbrent les malheurs.

Une Israélite chante seule.

Déplorable Sion, qu'as-tu fait de ta gloire ?
Tout l'univers admirait ta splendeur.

Tu n'es plus que poussière, et de cette grandeur
Il ne nous reste plus que la triste mémoire.
Sion, jusques au ciel élevée autrefois,
　　Jusqu'aux enfers maintenant abaissée,
　　　Puissé-je demeurer sans voix,
　　Si dans mes chants ta douleur retracée
Jusqu'au dernier soupir n'occupe ma pensée!

Tout le chœur.

O rives du Jourdain! ô champs aimés des cieux!
　　Sacrés monts, fertiles vallées
　　Par cent miracles signalées!
　　Du doux pays de nos aïeux
　　Serons-nous toujours exilées?

Une Israélite seule.

Quand verrai-je, ô Sion, relever tes remparts,
　　Et de tes tours les magnifiques faîtes!
　　　Quand verrai-je, de toutes parts,
Tes peuples, en chantant, accourir à tes fêtes!

Tout le chœur.

O rives du Jourdain! ô champs aimés des cieux!
　　Sacrés monts, fertiles vallées
　　Par cent miracles signalées!
　　Du doux pays de nos aïeux
　　Serons-nous toujours exilées?

Scène III.

ESTHER. — MARDOCHEE. — ELISE. — LE CHOEUR.

ESTHER.

Quel profane en ce lieu s'ose avancer vers nous?
Que vois je? Mardochée! O mon père est-ce vous?
Un ange du Seigneur sous son aile sacrée
A donc conduit vos pas et caché votre entrée?

Mais d'où vient cet air sombre et ce cilice affreux,
Et cette cendre enfin qui couvre vos cheveux ?
Que nous annoncez-vous ?

MARDOCHÉE.

O reine infortunée !
O d'un peuple innocent barbare destinée !
Lisez, lisez l'arrêt détestable, cruel.
Nous sommes tous perdus, et c'est fait d'Israël.

ESTHER.

Juste ciel tout mon sang dans mes veines se glace.

MARDOCHÉE.

On doit de tous les Juifs exterminer la race ;
Au sanguinaire Aman nous sommes tous livrés.
Les glaives, les couteaux sont déjà préparés.
Toute la nation à la fois est proscrite.
Aman, l'impie Aman, race d'Amalécite,
A pour ce coup funeste armé tout son crédit,
Et le roi trop crédule a signé cet édit.
Prévenu contre nous par cette bouche impure,
Il nous croit en horreur à toute la nature.
Ses ordres sont donnés, et dans tous ses Etats
Le jour fatal est pris pour tant d'assassinats.
Cieux ! éclairerez-vous cet horrible carnage !
Le fer ne connaîtra ni le sexe, ni l'âge ;
Tout doit servir de proie aux tigres, aux vautours.
Et ce jour effroyable arrive dans dix jours.

ESTHER.

O Dieu qui vois former des desseins si funestes,
As-tu donc de Jacob abandonné les restes ?

Une des plus jeunes Israélites.

Ciel ! qui nous défendra, si tu ne nous défends ?

MARDOCHÉE.

Laissez les pleurs, Esther, à ces jeunes enfants.
En vous est tout l'espoir de vos malheureux frères:
Il faut les secourir. Mais les heures sont chères;
Le temps vole, et bientôt amènera le jour
Où le nom des Hébreux doit périr sans retour.
Toute pleine du feu de tant de saints prophètes,
Allez, osez au roi déclarer qui vous êtes.

ESTHER.

Hélas! ignorez-vous quelles sévères lois
Aux timides mortels cachent ici les rois ?
Au fond de leur palais leur majesté terrible
Affecte à leurs sujets de se rendre invisible;
Et la mort est le prix de tout audacieux
Qui sans être appelé se présente à leurs yeux,
Si le roi dans l'instant pour sauver le coupable,
Ne lui donne à baiser son sceptre redoutable.
Rien ne met à l'abri de cet ordre fatal,
Ni le rang, ni le sexe; et le crime est égal.
Moi-même, sur son trône à ses côtés assise,
Je suis à cette loi comme une autre soumise;
Et, sans le prévenir, il faut pour lui parler
Qu'il me cherche, ou du moins qu'il me fasse appeler.

MARDOCHÉE.

Quoi! lorsque vous voyez périr votre patrie,
Pour quelque chose, Esther, vous comptez votre vie!
Dieu parle, et d'un mortel vous craignez le courroux!
Que dis-je ? votre vie, Esther, est-elle à vous?
N'est-elle pas au sang dont vous êtes issue ?
N'est-elle pas à Dieu dont vous l'avez reçue ?
Et qui sait, lorsqu'au trône il conduisit vos pas,
Si pour sauver son peuple il ne vous gardait pas?
  Songez-y bien : ce Dieu ne vous a point choisie

Pour être un vain spectacle aux peuples de l'Asie,
Ni pour charmer les yeux des profanes humains;
Pour un plus noble usage il réserve ses saints.
S'immoler pour son nom et pour son héritage,
D'un enfant d'Israël voilà le vrai partage.
Trop heureuse pour lui de hasarder vos jours!
Et quel besoin son bras a-t-il de nos secours?
Que peuvent contre lui tous les rois de la terre?
En vain ils s'uniraient pour lui faire la guerre :
Pour dissiper leur ligue il n'a qu'à se montrer,
Il parle, et dans la poudre il les fait tous rentrer.
Au seul son de sa voix la mer fuit, le ciel tremble :
Il voit comme un néant tout l'univers ensemble;
Et les faibles mortels, vains jouets du trépas,
Sont tous devant ses yeux comme s'ils n'étaient pas.
S'il a permis d'Aman l'audace criminelle,
Sans doute qu'il voulait éprouver votre zèle.
C'est lui qui m'excitant à vous oser chercher,
Devant moi, chère Esther, a bien voulu marcher;
Et, s'il faut que sa voix frappe en vain vos oreilles,
Nous n'en verrons pas moins éclater ses merveilles.
Il peut confondre Aman, il peut briser nos fers
Par la plus faible main qui soit dans l'univers :
Et vous qui n'aurez point accepté cette grâce,
Vous périrez peut-être, et toute votre race.

ESTHER.

Allez. Que tous les Juifs dans Suse répandus,
A prier avec vous jour et nuit assidus,
Me prêtent de leurs vœux le secours salutaire,
Et pendant ces trois jours gardent un jeûne austère.
Déjà la sombre nuit a commencé son tour :
Demain, quand le soleil rallumera le jour,
Contente de périr, s'il faut que je périsse,

J'irai pour mon pays m'offrir en sacrifice.
Qu'on s'éloigne un moment.

(Le chœur se retire au fond du théâtre.)

Scène IV.

ESTHER. — ELISE. — LE CHOEUR.

ESTHER.

       O mon souverain roi !
Me voici donc tremblante et seule devant toi !
Mon père mille fois m'a dit dans mon enfance
Qu'avec nous tu juras une sainte alliance,
Quand, pour te faire un peuple agréable à tes yeux,
Il plut à ton amour de choisir nos aïeux.
Même tu leur promis de ta bouche sacrée
Une postérité d'éternelle durée.
Hélas ! ce peuple ingrat a méprisé ta loi.
La nation chérie a violé sa foi.
Elle a répudié son époux et son père,
Pour rendre à d'autres dieux un honneur adultère.
Maintenant elle sert sous un maître étranger ;
Mais c'est peu d'être esclave, on la veut égorger.
Nos superbes vainqueurs, insultant à nos larmes,
Imputent à leurs dieux le bonheur de leurs armes,
Et veulent aujourd'hui qu'un même coup mortel
Abolisse ton nom, ton peuple et ton autel.
Ainsi donc un perfide, après tant de miracles,
Pourrait anéantir la foi de tes oracles ;
Ravirait aux mortels le plus cher de tes dons,
Le saint que tu promets, et que nous attendons !
Non, non, ne souffre pas que ces peuples farouches,
Ivres de notre sang, ferment les seules bouches
Qui dans tout l'univers célèbrent tes bienfaits,
Et confonds tous ces dieux qui ne furent jamais.

Pour moi, que tu retiens parmi ces infidèles,
Tu sais combien je hais leurs fêtes criminelles,
Et que je mets au rang des profanations
Leur table, leurs festins et leurs libations;
Que même cette pompe où je suis condamnée,
Ce bandeau dont il faut que je paraisse ornée
Dans ces jours solennels à l'orgueil dédiés,
Seule, et dans le secret, je le foule à mes pieds;
Qu'à ces vains ornements je préfère la cendre,
Et n'ai de goût qu'aux pleurs que tu me vois répandre.
J'attendais le moment marqué dans ton arrêt,
Pour oser de ton peuple embrasser l'intérêt.
Ce moment est venu. Ma prompte obéissance
Va d'un roi redoutable affronter la présence.
C'est pour toi que je marche. Accompagne mes pas
Devant ce fier lion qui ne te connaît pas.
Commande, en me voyant que son courroux s'apaise,
Et prête à mes discours un charme qui lui plaise.
Les orages, les vents, les cieux te sont soumis.
Tourne enfin sa fureur contre nos ennemis.

Scène V.

LE CHOEUR.

(Toute cette scène est chantée.)

Une Israélite seule.

Pleurons et gémissons, mes fidèles compagnes,
    A nos sanglots donnons un libre cours.
    Levons les yeux vers les saintes montagnes
    D'où l'innocent attend tout son secours.
        O mortelles alarmes!
Tout Israël périt. Pleurez, mes tristes yeux,
    Il ne fut jamais sous les cieux
    Un si juste sujet de larmes.

Tout le chœur.

O mortelles alarmes !

Une autre Israélite.

N'était-ce pas assez qu'un vainqueur odieux
De l'auguste Sion eût détruit tous les charmes,
Et traîné ses enfants captifs en mille lieux !

Tout le chœur.

O mortelles alarmes !

La même Israélite.

Faibles agneaux, livrés à des loups furieux,
Nos soupirs sont nos seules armes !

Tout le chœur.

O mortelles alarmes !

Une Israélite.

Arrachons, déchirons tous ces vains ornements
Qui parent notre tête.

Une autre.

Revêtons-nous d'habillements
Conformes à l'horrible fête
Que l'impie Aman nous apprête.

Tout le chœur.

Arrachons, déchirons tous ces vains ornements
Qui parent notre tête.

Une Israélite seule.

Quel carnage de toutes parts !
On égorge à la fois les enfants, les vieillards,
Et la sœur et le frère,
Et la fille et la mère,
Le fils dans les bras de son père.
Que de corps entassés ! que de membres épars

ACTE I.

    Privés de sépulture !
Grand Dieu ! tes saints sont la pâture
  Des tigres et des léopards.

Une des plus jeunes Israélites.

    Hélas ! si jeune encore !
Par quel crime ai-je pu mériter mon malheur ?
  Ma vie à peine a commencé d'éclore.
   Je tomberai comme une fleur
    Qui n'a vu qu'une aurore.
    Hélas ! si jeune encore,
Par quel crime ai-je pu mériter mon malheur ?

Une autre.

Des offenses d'autrui malheureuses victimes,
Que nous servent, hélas ! ces regrets superflus !
Nos pères ont péché, nos pères ne sont plus,
  Et nous portons la peine de leurs crimes.

Tout le chœur.

Le Dieu que nous servons est le Dieu des combats.
   Non, non, il ne souffrira pas
   Qu'on égorge ainsi l'innocence.

Une Israélite seule.

  Eh quoi ! dirait l'impiété,
Où donc est-il ce Dieu si redouté
Dont Israël nous vantait la puissance ?

Une autre.

Ce Dieu jaloux, ce Dieu victorieux,
  Frémissez, peuples de la terre ;
Ce Dieu jaloux, ce Dieu victorieux
  Est le seul qui commande aux cieux.
  Ni les éclairs, ni le tonnerre,
  N'obéissent point à vos dieux.

Une autre.

  Il renverse l'audacieux.

Une autre.

Il prend l'humble sous sa défense.

Tout le chœur.

Le Dieu que nous servons est le Dieu des combats.
Non, non, il ne souffrira pas
Qu'on égorge ainsi l'innocence.

Deux Israélites.

O Dieu que la gloire couronne,
Dieu, que la lumière environne,
Qui voles sur l'aile des vents,
Et dont le trône est porté par les anges !

Deux autres des plus jeunes.

Dieu, qui veux bien que de simples enfants
Avec eux chantent tes louanges !

Tout le chœur.

Tu vois nos pressants dangers :
Donne à ton nom la victoire.
Ne souffre point que ta gloire
Passe à des dieux étrangers.

Une Israélite seule.

Arme-toi, viens nous défendre.
Descends tel qu'autrefois la mer te vit descendre.
Que les méchants apprennent aujourd'hui
A craindre ta colère.
Qu'ils soient comme la poudre et la paille légère
Que le vent chasse devant lui.

Tout le chœur.

Tu vois nos pressants dangers :
Donne à ton nom la victoire.
Ne souffre point que ta gloire
Passe à des dieux étrangers.

FIN DU PREMIER ACTE.

ACTE DEUXIÈME.

Le théâtre représente la chambre où est le trône d'Assuérus.

Scène I.
AMAN. — HIDASPE.

AMAN.

Eh quoi! lorsque le jour ne commence qu'à luire,
Dans ce lieu redoutable oses-tu m'introduire ?

HIDASPE.

Vous savez qu'on s'en peut reposer sur ma foi;
Que ces portes, seigneur, n'obéissent qu'à moi.
Venez. Partout ailleurs on pourrait nous entendre.

AMAN.

Quel est donc le secret que tu me veux apprendre ?

HIDASPE.

Seigneur, de vos bienfaits mille fois honoré,
Je me souviens toujours que je vous ai juré
D'exposer à vos yeux, par des avis sincères,
Tout ce que ce palais renferme de mystères.
Le roi d'un noir chagrin paraît enveloppé.
Quelque songe effrayant cette nuit l'a frappé.
Pendant que tout gardait un silence paisible,
Sa voix s'est fait entendre avec un cri terrible.
J'ai couru. Le désordre était dans ses discours :
Il s'est plaint d'un péril qui menaçait ses jours :
Il parlait d'ennemi, de ravisseur farouche;

Même le nom d'Esther est sorti de sa bouche.
Il a dans ces horreurs passé toute la nuit.
Enfin, las d'appeler un sommeil qui le fuit,
Pour écarter de lui ces images funèbres,
Il s'est fait apporter ces annales célèbres
Où les faits de son règne, avec soin amassés,
Par de fidèles mains chaque jour sont tracés;
On y conserve écrit le service et l'offense :
Monuments éternels d'amour et de vengeance.
Le roi, que j'ai laissé plus calme dans son lit,
D'une oreille attentive écoute ce récit.

AMAN.

De quel temps de sa vie a-t-il choisi l'histoire?

HIDASPE.

Il revoit tous ces temps si remplis de sa gloire,
Depuis le fameux jour qu'au trône de Cyrus
Le choix du sort plaça l'heureux Assuérus.

AMAN.

Ce songe, Hidaspe, est donc sorti de son idée?

HIDASPE.

Entre tous les devins fameux dans la Chaldée,
Il a fait assembler ceux qui savent le mieux
Lire en un songe obscur les volontés des cieux...
Mais quel trouble vous-même aujourd'hui vous agite?
Votre âme, en m'écoutant, paraît tout interdite;
L'heureux Aman a-t-il quelques secrets ennuis?

AMAN.

Peux-tu le demander? Dans la place où je suis,
Haï, craint, envié, souvent plus misérable
Que tous les malheureux que mon pouvoir accable!

HIDASPE.

Eh! qui jamais du ciel eut des regards plus doux?

ACTE II.

Vous voyez l'univers prosterné devant vous.

AMAN.

L'univers ! Tous les jours un homme..... un vil esclave
D'un front audacieux me dédaigne et me brave.

HIDASPE.

Quel est cet ennemi de l'Etat et du roi ?

AMAN.

Le nom de Mardochée est-il connu de toi ?

HIDASPE.

Qui ? ce chef d'une race abominable, impie ?

AMAN.

Oui, lui-même.

HIDASPE.

Eh ! seigneur, d'une si belle vie
D'un si faible ennemi peut-il troubler la paix ?

AMAN.

L'insolent devant moi ne se courba jamais.
En vain de la faveur du plus grand des monarques
Tout révère à genoux les glorieuses marques ;
Lorsque d'un respect saint tous les Persans touchés,
N'osent lever leurs fronts à la terre attachés,
Lui, fièrement assis, à la tête immobile,
Traite tous ces honneurs d'impiété servile,
Présente à mes regards un front séditieux,
Et ne daignerait pas au moins baisser les yeux.
Du palais cependant il assiège la porte,
A quelque heure que j'entre, Hidaspe, ou que je sorte,
Son visage odieux m'afflige et me poursuit ;
Et mon esprit troublé le voit encor la nuit.
Ce matin j'ai voulu devancer la lumière,
Je l'ai trouvé couvert d'une affreuse poussière,

Revêtu de lambeaux, tout pâle; mais son œil
Conservait sous la cendre encor le même orgueil.
D'où lui vient, cher ami, cette impudente audace ?
Toi, qui dans ce palais vois tout ce qui se passe,
Crois-tu que quelque voix ose parler pour lui ?
Sur quel roseau fragile a-t-il mis son appui ?

HIDASPE.

Seigneur, vous le savez, son avis salutaire
Découvrit de Tharès le projet sanguinaire.
Le roi promit alors de le récompenser ;
Le roi, depuis ce temps paraît n'y plus penser.

AMAN.

Non, il faut à tes yeux dépouiller l'artifice.
J'ai su de mon destin corriger l'injustice.
Dans les mains des Persans jeune enfant apporté,
Je gouverne l'empire où je fus acheté.
Mes richesses des rois égalent l'opulence.
Environné d'enfants, soutiens de ma puissance,
Il ne manque à mon front que le bandeau royal :
Cependant (des mortels aveuglement fatal !)
De cet amas d'honneurs la douceur passagère
Fait sur mon cœur à peine une atteinte légère.
Mais Mardochée, assis aux portes du palais,
Dans ce cœur malheureux enfonce mille traits ;
Et toute ma grandeur me devient insipide ;
Tandis que le soleil éclaire ce perfide.

HIDASPE.

Vous serez de sa vue affranchi dans dix jours,
La nation entière est promise aux vautours.

AMAN.

Ah! que ce temps est long à mon impatience !
c'est lui; je te veux bien confier ma vengeance,

C'est lui qui, devant moi refusant de ployer,
Les a livrés au bras qui les va foudroyer.
C'était trop peu pour moi d'une telle victime :
La vengeance trop faible attire un second crime;
Un homme tel qu'Aman, lorsqu'on l'ose irriter,
Dans sa juste fureur ne peut trop éclater.
Il faut des châtiments dont l'univers frémisse ;
Qu'on tremble en comparant l'offense et le supplice :
Que les peuples entiers dans le sang soient noyés.
Je veux qu'on dise un jour aux siècles effrayés :
Il fut des Juifs, il fut une insolente race;
Repandus sur ta terre, ils en couvraient la face :
Un seul osa d'Aman attirer le courroux ;
Aussitôt de la terre ils disparurent tous.

HIDASPE.

Ce n'est donc pas, seigneur, le sang amalécite
Dont la voix à les perdre en secret vous excite ?

AMAN.

Je sais que, descendu de ce sang malheureux,
Une éternelle haine a dû m'armer contre eux;
Qu'ils firent d'Amalec un indigne carnage;
Que, jusqu'aux vils troupeaux tout éprouva leur rage,
Qu'un déplorable reste à peine fut sauvé :
Mais, crois-moi, dans le rang où je suis élevé,
Mon âme, à ma grandeur tout entière attachée,
Des intérêts du sang est faiblement touchée.
Mardochée est coupable, et que faut-il de plus ?
Je préviens donc contre eux l'esprit d'Assuérus :
J'inventai des couleurs ; j'armai la calomnie ;
J'intéressai sa gloire ; il trembla pour sa vie ;
Je les peignis puissants, riches, séditieux,
Leur Dieu même ennemi de tous les autres dieux.
Jusqu'à quand souffre-t-on que ce peuple respire,

Et d'un culte profane infecte votre empire?
Etrangers dans la Perse, à nos lois opposés,
Du reste des humains ils semblent divisés,
N'aspirent qu'à troubler le repos où nous sommes,
Et, détestés partout, détestent tous les hommes.
Prévenez, punissez leurs insolents efforts;
De leur dépouille, enfin, grossissez vos trésors.
Je dis; et l'on me crut. Le roi, dès l'heure même,
Mit dans ma main le sceau de son pouvoir suprême.
Assure, me dit-il, le repos de ton roi;
Va, perds ces malheureux, leur dépouille est à toi.
Toute la nation fut ainsi condamnée.
Du carnage avec lui je réglai la journée.
Mais de ce traître enfin le trépas différé
Fait trop souffrir mon cœur de son sang altéré.
Un je ne sais quel trouble empoisonne ma joie.
Pourquoi dix jours encor faut-il que je le voie!

HIDASPE.

Et ne pouvez-vous pas d'un mot l'exterminer?
Dites au roi, seigneur, de vous l'abandonner.

AMAN.

Je viens pour épier le moment favorable.
Tu connais, comme moi, ce prince inexorable;
Tu sais combien terrible en ces soudains transports,
De nos desseins souvent il rompt tous les ressorts.
Mais à me tourmenter ma crainte est trop subtile:
Mardochée à ses yeux est une âme trop vile.

HIDASPE.

Que tardez-vous? Allez, et faites promptement
Elever de sa mort le honteux instrument.

AMAN.

J'entends du bruit, je sors. Toi, si le roi m'appelle....

HIDASPE.

Il suffit.

Scène II.

ASSUERUS. — HIDASPE. — ASAPH. —
Suite d'Assuérus.

ASSUÉRUS.

Ainsi donc sans cet avis fidèle,
Deux traîtres dans son lit assassinaient leur roi :
Qu'on me laisse, et qu'Asaph seul demeure avec moi.

Scène III.

ASSUERUS. — ASAPH.

ASSUÉRUS, *assis sur son trône.*

Je veux bien l'avouer, de ce couple perfide
J'avais presque oublié l'attentat parricide ;
Et j'ai pâli deux fois au terrible récit
Qui vient d'en retracer l'image à mon esprit.
Je vois de quel succès leur fureur fut suivie,
Et que dans les tourments ils laissèrent la vie.
Mais ce sujet zélé, qui d'un œil si subtil
Sut de leur noir complot développer le fil,
Qui me montra sur moi leur main déjà levée,
Enfin par qui la Perse avec moi fut sauvée,
Quel honneur pour sa foi, quel prix a-t-il reçu ?

ASAPH.

On lui promit beaucoup, c'est tout ce que j'ai su.

ASSUÉRUS.

O d'un si grand service oubli trop condamnable!
Des embarras du trône effet inévitable!
De soins tumultueux un prince environné,
Vers de nouveaux objets est sans cesse entraîné :

L'avenir l'inquiète et le présent le frappe.
Mais plus prompt que l'éclair le passé nous échappe :
Et de tant de mortels à toute heure empressés
A nous faire valoir leurs soins intéressés,
Il ne s'en trouve point qui, touchés d'un vrai zèle,
Prennent à notre gloire un intérêt fidèle,
Du mérite oublié nous fassent souvenir,
Trop prompts à nous parler de ce qu'il faut punir.
Ah! que plutôt l'injure échappe à ma vengeance,
Qu'un si rare bienfait à ma reconnaisrance!
Et qui voudrait jamais s'exposer pour son roi ?
Ce mortel qui montra tant de zèle pour moi
Vit-il encore ?

ASAPH.

Il voit l'astre qui vous éclaire.

ASSUÉRUS.

Et que n'a-t-il plus tôt demandé son salaire ?
Quel pays reculé le cache à mes bienfaits ?

ASAPH.

Assis le plus souvent aux portes du palais,
Sans se plaindre de vous ni de sa destinée,
Il y traîne, seigneur, sa vie infortunée.

ASSUÉRUS.

Et je dois d'autant moins oublier la vertu,
Qu'elle-même s'oublie. Il se nomme, dis-tu ?....

ASAPH.

Mardochée est le nom que je viens de vous lire.

ASSUÉRUS.

Et son pays ?

ASAPH.

Seigneur, puisqu'il faut vous le dire,

C'est un de ces captifs à périr destinés,
Des rives du Jourdain sur l'Euphrate amenés.

ASSUÉRUS.

Il est donc Juif? O ciel, sur le point que la vie
Par mes propres sujets m'allait être ravie,
Un Juif rend par ses soins leurs efforts impuissants!
Un Juif m'a préservé du glaive des Persans!
Mais, puisqu'il m'a sauvé, quel qu'il soit, il n'importe.
Holà quelqu'un.

Scène IV.

ASSUERUS. — HIDASPE. — ASAPH.

HIDASPE.

Seigneur ?

ASSUÉRUS.

Regarde à cette porte ;
Vois s'il s'offre à tes yeux quelque grand de ma cour.

HIDASPE.

Aman à votre porte a devancé le jour.

ASSUÉRUS.

Qu'il entre, ses avis m'éclaireront peut-être.

Scène V.

ASSUERUS. — AMAN. — HIDASPE.

ASSUÉRUS.

Approche, heureux appui du trône de ton maître,
Ame de mes conseils, et qui seul, tant de fois,
Du sceptre dans ma main as soulagé le poids.
Un reproche secret embarasse mon âme.
Je sais combien est pur le zèle qui t'enflamme.
Le mensonge jamais n'entra dans tes dicours,
Et mon intérêt seul est le but où tu cours.

Dis-moi donc : que doit faire un prince magnanime
Qui veut combler d'honneurs un sujet qu'il estime ?
Par quel gage éclatant, et digne d'un grand roi,
Puis-je récompenser le mérite et la foi ?
Ne donne point de borne à ma reconnaissance ;
Mesure tes conseils sur ma vaste puissance.

AMAN, *tout bas*.

C'est pour toi-même, Aman, que tu vas prononcer :
Et quel autre que toi peut-on récompenser ?

ASSUÉRUS.

Que penses-tu ?

AMAN.

Seigneur, je cherche : j'envisage
Des monarques persans la conduite et l'usage :
Mais à mes yeux en vain je les rappelle tous ;
Pour vous régler sur eux, que sont-ils près de vous ?
Votre règne aux neveux doit servir de modèle.
Vous voulez d'un sujet reconnaître le zèle :
L'honneur seul peut flatter un esprit généreux :
Je voudrais donc, seigneur, que ce mortel heureux,
De la pourpre aujourd'hui paré comme vous-même,
Et portant sur le front le sacré diadême,
Sur un de vos coursiers pompeusement orné,
Aux yeux de vos sujets dans Suse fût mené,
Que, pour comble de gloire et de magnificence,
Un seigneur éminent en richesse, en puissance,
Enfin de votre empire après vous le premier,
Par la bride guidât son superbe coursier ;
Et lui-même marchant en habits magnifiques,
Criât à haute voix dans les places publiques :
Mortels, prosternez-vous : c'est ainsi que le roi
Honore le mérite et couronne la foi.

ASSUÉRUS.

Je vois que la sagesse elle-même t'inspire.

Avec mes volontés ton sentiment conspire.
Va, ne perds point de temps, ce que tu m'as dicté,
Je veux de point en point qu'il soit exécuté:
La vertu dans l'oubli ne sera plus cachée.
Aux portes du palais prends le Juif Mardochée;
C'est lui que je prétends honorer aujourd'hui.
Ordonne son triomphe, et marche devant lui;
Que Suse par ta voix de son nom retentisse,
Et fais à son aspect que tout genou fléchisse.
Sortez tous.

AMAN.

Dieux!

Scène VI.

ASSUERUS, *seul*.

Le prix est sans doute inouï :
Jamais d'un tel honneur un sujet n'a joui.
Mais plus la récompense est grande et glorieuse,
Plus même de ce Juif la race est odieuse,
Plus j'assure ma vie, et montre avec éclat
Combien Assuérus redoute d'être ingrat.
On verra l'innocent discerné du coupable.
Je n'en perdrai pas moins ce peuple abominable.
Leurs crimes.....

Scène VII.

ASSUERUS. — ESTHER. — ELISE. — THAMAR.

PARTIE DU CHOEUR.

(Esther entre s'appuyant sur Elise; quatre Israélites soutiennent sa robe.)

ASSUÉRUS.

Sans mon ordre on porte ici ses pas !
Quel mortel insolent vient chercher le trépas ?
Gardes..... C'est vous, Esther ? Quoi ! sans être attendue ?

ESTHER.

Mes filles, soutenez votre reine éperdue.
Je me meurs.   *(Elle tombe évanouie.)*

ASSUÉRUS.

Dieux puissants! qu'elle étrange pâleur
De son teint tout-à-coup efface la couleur!
Esther, que craignez-vous? suis je pas votre frère?
Est-ce pour vous qu'est fait un ordre si sévère?
Vivez : le sceptre d'or que vous tend cette main,
Pour vous de ma clémence est un gage certain.

ESTHER.

Quelle voix salutaire ordonne que je vive,
Et rappelle en mon sein mon âme fugitive?

ASSUÉRUS.

Ne connaissez-vous pas la voix de votre époux?
Encore un coup vivez, et revenez à vous.

ESTHER.

Seigneur, je n'ai jamais contemplé qu'avec crainte
L'auguste majesté sur votre front empreinte.
Jugez combien ce front irrité contre moi,
Dans mon âme troublée a dû jeter d'effroi :
Sur ce trône sacré qu'environne la foudre,
J'ai cru vous voir tout prêt à me réduire en poudre.
Hélas! sans frissonner quel cœur audacieux
Soutiendrait les éclairs qui partaient de vos yeux?
Ainsi du Dieu vivant la colère étincelle.....

ASSUÉRUS.

O soleil! ô flambeau de lumière immortelle!
Je me trouve moi-même; et sans frémissement
Je ne puis voir sa peine et son saisissement,
Calmez, reine, calmez la frayeur qui vous presse;
Du cœur d'Assuérus souveraine maîtresse,

Eprouvez seulement son ardente amitié.
Faut-il de mes Etats vous donner la moitié ?

ESTHER.

Eh! se peut-il qu'un roi craint de la terre entière,
Devant qui tout fléchit et baise la poussière,
Jette sur son esclave un regard si serein,
Et m'offre sur son cœur un pouvoir souverain ?

ASSUÉRUS.

Croyez-moi, chère Esther, ce sceptre, cet empire,
Et ces profonds respects que la terreur inspire,
A leur pompeux éclat mêlent peu de douceur,
Et fatiguent souvent leur triste possesseur.
Je ne trouve qu'en vous je ne sais quelle grâce
Qui me charme toujours et jamais ne me lasse.
De l'aimable vertu doux et puissants attraits !
Tout respire en Esther l'innocence et la paix.
Du chagrin le plus noir elle écarte les ombres,
Et fait des jours sereins de mes jours les plus sombres.
Qus dis-je ? sur ce trône assis auprès de vous,
Des astres ennemis je crains moins le courroux,
Et crois que votre front prête à mon diadème
Un éclat qui le rend respectable aux dieux même.
Osez donc me répondre, et ne me cachez pas
Quel sujet important conduit ici vos pas.
Quel intérêt, quels soins vous agitent, vous pressent?
Je vois qu'en m'écoutant vos yeux au ciel s'adressent.
Parlez : de vos désirs le succès est certain,
Si ce succès dépend d'une mortelle main.

ESTHER.

O bonté qui m'assure autant qu'elle m'honore!
Un intérêt pressant veut que je vous implore.
J'attends ou mon malheur ou ma félicité,
Et tout dépend, seigneur, de votre volonté.

Un mot de votre bouche, en terminant mes peines,
Peut rendre Esther heureuse entre toutes les reines.

ASSUÉRUS.

Ah! que vous enflammez mon désir curieux!

ESTHER.

Seigneur, si j'ai trouvé grâce devant vos yeux,
Si jamais à mes vœux vous fûtes favorable,
Permettez, avant tout, qu'Esther puisse à sa table
Recevoir aujourd'hui son souverain seigneur,
Et qu'Aman soit admis à cet excès d'honneur.
J'oserai devant lui rompre ce grand silence,
Et j'ai pour m'expliquer besoin de sa présence.

ASSUÉRUS.

Dans quelle inquiétude, Esther, vous me jetez!
Toutefois qu'il soit fait comme vous souhaitez.

(A ceux de sa suite.)

Vous, que l'on cherche Aman, et qu'on lui fasse entendre
Qu'invité chez la reine il ait soin de s'y rendre.

Scène VIII.

LES MÊMES. — HIDASPE. — PARTIE DU CHOEUR.

HIDASPE.

Les savants Chaldéens, par votre ordre appelés,
Dans cet appartement, seigneur, sont assemblés.

ASSUÉRUS.

Princesse, un songe étrange occupe ma pensée :
Vous-même en leur réponse êtes intéressée.
Venez, derrière un voile écoutant leurs discours.
De vos propres clartés me prêter le secours.
Je crains pour vous, pour moi, quelque ennemi perfide.

ESTHER.

Suis-moi, Thamar. Et vous, troupe jeune et timide,

Sans craindre ici les yeux d'une profane cour,
A l'abri de ce trône attendez mon retour.

Scène IX.

ELISE. — PARTIE DU CHOEUR.

(Cette scène est partie déclamée sans chant, et partie chantée.)

ÉLISE.

Que vous semble, mes sœurs, de l'état où nous sommes?
D'Esther, d'Aman, qui le doit emporter?
Est-ce Dieu, sont-ce les hommes
Dont les œuvres vont éclater?
Vous avez vu quelle ardente colère
Allumait de ce roi le visage sévère.

Une des Israélites.

Des éclairs de ses yeux l'œil était ébloui.

Une autre.

Et sa voix m'a paru comme un tonnerre horrible.

ÉLISE.

Comment ce courroux si terrrible
En un moment s'est-il évanoui?

Une des Israélites chante.

Un moment a changé ce courage inflexible.
Le lion rugissant est un agneau paisible.
Dieu, notre Dieu sans doute a versé dans son cœur
Cet esprit de douceur.

Tout le chœur.

Dieu, notre Dieu sans doute a versé dans son cœur
Cet esprit de douceur.

La même Israélite chante.

Tel qu'un ruisseau docile

Obéit à la main qui détourne son cours,
Et, laissant de ses eaux partager le secours,
Va rendre tout un champ fertile ;
Dieu, de nos volontés arbitre souverain,
Le cœur des rois est ainsi dans ta main.

ÉLISE.

Ah! que je crains mes sœurs les funestes nuages
Qui de ce prince obscurcissent les yeux!
Comme il est aveuglé du culte de ses dieux!

Une des Israélites.

Il n'atteste jamais que leurs noms odieux.

Une autre.

Aux feux inanimés dont se parent les cieux,
Il rend de profanes hommages.

Une autre.

Tout son palais est plein de leurs images.

Le chœur chante.

Malheureux! vous quittez le maître des humains,
Pour adorer l'ouvrage de vos mains.

Une Israélite chante.

Dieu d'Israël, dissipe enfin cette ombre.
Des larmes de tes saints quand seras-tu touché?
Quand sera le voile arraché
Qui sur tout l'univers jette une nuit si sombre?
Dieu d'Israël, dissipe enfin cette ombre.
Jusqu'à quand seras-tu caché?

Une des plus jeunes Israélites.

Parlons plus bas, mes sœurs. Ciel! si quelque infidèle
Ecoutant nos discours allait nous déceler!

ÉLISE.

Quoi, fille d'Abraham, une crainte mortelle

Semble déjà vous faire chanceler !
Eh! si l'impie Aman dans sa main homicide,
Faisant luire à vos yeux un glaive menaçant,
A blasphémer le nom du Tout-Puissant
Voulait forcer votre bouche timide ?

Une autre Israélite.

Peut-être Assuérus frémissant de courroux
Si nous ne courbons les genoux
Devant une muette idole,
Commandera qu'on nous immole.
Chère sœur, que choisirez-vous ?

La jeune Israélite.

Moi! je pourrais trahir le Dieu que j'aime!
J'adorerais un Dieu sans force et sans vertu,
Reste d'un tronc par les vents abattu,
Qui ne peut se sauver lui-même !

Le chœur chante.

Dieux impuissants, dieux sourds, tous ceux qui vous im-
Ne seront jamais entendus.   [plorent
Que les démons et ceux qui les adorent
Soient à jamais détruits et confondus !

Une Israélite chante.

Que ma bouche et mon cœur et tout ce que je suis
Rendent honneur au Dieu qui m'a donné la vie!
Dans les craintes, dans les ennuis,
En ses bontés mon âme se confie.
Veut-il par mon trépas que je le glorifie ?
Que ma bouche et mon cœur et tout ce que je suis
Rendent honneur au Dieu qui m'a donné la vie!

ÉLISE.

Je n'admirai jamais la gloire de l'impie.

Une autre Israélite.

Au bonheur du méchant qu'une autre porte envie.

ÉLISE.

Tous ces jours paraissent charmants,
L'or éclate en ses vêtements.
Son orgneil est sans borne, ainsi que sa richesse;
Jamais l'air n'est troublé de ses gémissements;
Il s'endort, il s'éveille au son des instruments,
Son cœur nage dans la mollesse.

Une autre Israélite.

Pour comble de prospérité,
Il espère revivre en sa postérité;
Et d'enfants à sa table une riante troupe
Semble boire avec lui la joie à pleine coupe.

Le chœur. (Tout le reste est chanté.)

Heureux, dit-on, le peuple florissant
Sur qui ces biens coulent en abondance!
Plus heureux le peuple innocent
Qui dans le Dieu du ciel a mis sa confiance!

Une Israélite, seule.

Pour contenter ces frivoles désirs
L'homme insensé vainement se consume;
Il trouve l'amertume
Au milieu des plaisirs.

Une autre, seule.

Le bonheur de l'impie est toujours agité;
Il erre à la merci de sa propre inconstance.
Ne cherchons la félicité
Que dans la paix et l'innocence.

La même avec une autre.

O douce paix!

O lumière éternelle!
Beauté toujours nouvelle!
Heureux le cœur épris de tes attraits!
O douce paix!
O lumière éternelle!
Heureux le cœur qui ne te perd jamais!

Le chœur.

O douce paix!
O lumière éternelle!
Beauté toujours nouvelle!
O douce paix!
Heureux le cœur qui ne te perd jamais!

La même, seule.

Nulle paix pour l'impie. Il la cherche, elle fuit;
Et le calme en son cœur ne trouve point de place.
Le glaive au dehors le poursuit,
Le remords au-dedans le glace.

Une autre.

La gloire des méchants en un moment s'éteint;
L'affreux tombeau pour jamais les dévore.
Il n'en est pas ainsi de celui qui te craint,
Il renaîtra, mon Dieu, plus brillant que l'aurore.

Le chœur.

O douce paix!
Heureux le cœur qui ne te perd jamais

ÉLISE, *sans chanter.* [chaine.

Mes sœurs j'entends du bruit dans la chambre pro-
On nous appelle, allons rejoindre notre reine.

FIN DU SECOND ACTE.

ACTE TROISIÈME.

Le théâtre représente les jardins d'Esther, et un des côtés du salon où se fait le festin.

Scène I.

AMAN. — ZARES.

ZARÈS.

C'est donc ici d'Esther le superbe jardin,
Et ce salon pompeux est le lieu du festin ;
Mais, tandis que la porte en est encor fermée,
Ecoutez les conseils d'une épouse alarmée.
Au nom du nœud sacré qui me lie avec vous,
Dissimulez, seigneur, cet aveugle courroux ;
Eclaircissez ce front où la tristesse est peinte.
Les rois craignent surtout le reproche et la plainte.
Seul entre tous les grands par la reine invité,
Ressentez donc aussi cette félicité.
Si le mal vous aigrit, que le bienfait vous touche.
Je l'ai cent fois appris de votre propre bouche.
Quiconque ne sait pas dévorer un affront,
Ni de fausses couleurs se déguiser le front,
Loin de l'aspect des rois qu'il s'écarte, qu'il fuie.
Il est des contre-temps qu'il faut qu'un sage essuie :
Souvent avec prudence un outrage enduré,
Aux honneurs les plus hauts a servi de degré.

AMAN.

O douleur ! ô supplice affreux à la pensée !
O honte, qui jamais ne peut être effacée !
Un exécrable Juif, l'opprobre des humains,

ACTE III. 283

S'est donc vu de la pourpre habillé par mes mains !
C'est peu qu'il ait sur moi remporté la victoire :
Malheureux ! j'ai servi de héraut à sa gloire !
Le traître ! il insultait à ma confusion ;
Et tout le peuple même, avec dérision,
Observant la rougeur qui couvrait mon visage,
De ma chute certaine en tirait le présage.
Roi cruel ! ce sont là les jeux où tu te plais ;
Tu ne m'as prodigué tes perfides bienfaits
Que pour me faire mieux sentir ta tyrannie,
Et m'accabler enfin de plus d'ignominie.

ZARÈS.

Pourquoi juger si mal de son intention ?
Il croit récompenser une bonne action.
Ne faut-il pas, seigneur, s'étonner, au contraire,
Qu'il en ait si long-temps différé le salaire ?
Du reste, il n'a rien fait que par votre conseil ;
Vous-même avez dicté tout ce triste appareil :
Vous êtes après lui le premier de l'empire.
Sait-il toute l'horreur que ce Juif vous inspire ?

AMAN.

Il sait qu'il me doit tout, et que pour sa grandeur
J'ai foulé sous les pieds remords, crainte, pudeur ;
Qu'avec un cœur d'airain exerçant sa puissance,
J'ai fait taire les lois et gémir l'innocence,
Que pour lui des Persans bravant l'aversion,
J'ai chéri, j'ai cherché la malédiction.
Et pour prix de ma vie à leur haine exposée,
Le barbare aujourd'hui m'expose à leur risée.

ZARÈS.

Seigneur, nous sommes seuls. Que sert de se flatter ?
Ce zèle que pour lui vous fîtes éclater,

Ce soin d'immoler tout à son pouvoir suprême,
Entre nous, avaient-ils d'autre objet que vous-même ?
Et, sans chercher plus loin, tous ces Juifs désolés,
N'est-ce pas à vous seul que vous les immolez?
Et ne craignez-vous point que quelque avis funeste.....
Enfin, la cour nous hait, le peuple nous déteste
Ce Juif même, il le faut confesser malgré moi,
Ce Juif, comblé d'honneur, me cause quelque effroi.
Les malheurs sont souvent enchaînés l'un à l'autre,
Et sa race toujours fut fatale à la vôtre.
De ce léger affront songez à profiter :
Peut-être la fortune est prête à vous quitter.
Aux plus affreux excès son inconstance passe :
Prévenez son caprice avant qu'elle se lasse.
Où tendez-vous plus haut ? Je frémis quand je voi
Les abîmes profonds qui s'ouvrent devant moi.
La chute désormais ne peut être qu'horrible;
Osez chercher ailleurs un destin plus paisible.
Regagnez l'Hellespont, et ces bords écartés,
Où vos aïeux errants jadis furent jetés,
Lorsque les Juifs contre eux la vengeance allumée
Chassa tout Amalec de la triste Idumée.
Aux malices du sort enfin dérobez-vous;
Nos plus riches trésors marcheront devant nous.
Vous pouvez du départ me laisser la conduite;
Surtout de vos enfants j'assurerai la fuite.
N'ayez soin cependant que de dissimuler :
Contente, sur vos pas vous me verrez voler.
La mer la plus terrible et la plus orageuse
Est plus sûre pour nous que cette cour trompeuse.
Mais à grands pas vers vous je vois quelqu'un marcher;
C'est Hidaspe.

ACTE III.
Scène II.
AMAN. — ZARES. — HIDASPE.

HIDASPE, *à Aman.*

Seigneur, je courais vous chercher :
Votre absence en ces lieux suspend toute la joie;
Et pour vous y conduire Assuérus m'envoie.

AMAN.

Et Mardochée est-il aussi de ce festin ?

HIDASPE.

A la table d'Esther portez vous ce chagrin ?
Quoi! toujours de ce Juif l'image vous désole ?
Laissez-le s'applaudir d'un triomphe frivole.
Croit-il d'Assuérus éviter la rigueur ?
Ne possédez-vous pas son oreille et son cœur ?
On a payé le zèle, on punira le crime;
Et l'on vous a, seigneur, orné votre victime.
Je me trompe, ou vos vœux par Esther secondés
Obtiendront plus encor que vous ne demandez.

AMAN.

Croirai-je le bonheur que ta bouche m'annonce ?

HIDASPE.

J'ai des savants devins entendu la réponse :
Ils disent que la main d'un perfide étranger
Dans le sang de la reine est prête à se plonger;
Et le roi qui ne sait où trouver le coupable,
N'impute qu'aux seuls Juifs ce projet détestable.

AMAN.

Oui, ce sont, cher ami, des monstres furieux :
Il faut craindre, surtout, leur chef audacieux.
La terre avec horreur dès long-temps les endure,

Et l'on n'en peut trop tôt délivrer la nature.
Ah! je respire enfin. Chère Zarès, adieu.

HIDASPE.

Les compagnes d'Esther s'avancent vers ce lieu.
Sans doute leur concert va commencer la fête.
Entrez, et recevez l'honneur qu'on vous apprête.

Scène III.

ELISE. — LE CHOEUR.

(Ceci se récite sans chant.)

Une des Israélites.

C'est Aman.

Une autre.

C'est lui-même, et j'en frémis, ma sœur.

La première.

Mon cœur de crainte et d'horreur se resserre.

L'autre.

C'est d'Israël le superbe oppresseur.

La première.

C'est celui qui trouble la terre.

ÉLISE.

Peut-on, en le voyant, ne le connaître pas?
L'orgueil et le dédain sont peints sur son visage.

Une Israélite.

On lit dans ses regards sa fureur et sa rage.

Une autre.

Je croyais voir marcher la mort devant ses pas.

Une des plus jeunes.

Je ne sais si ce tigre a reconnu sa proie;
Mais en nous regardant, mes sœurs, il m'a semblé

Qu'il avait dans les yeux une barbare joie,
Dont tout mon sang est encore troublé.

ÉLISE.

Que ce nouvel honneur va croître son audace!
Je le vois, mes sœurs, je le voi ;
A la table d'Esther, l'insolent près du roi
A déjà pris sa place.

Une des Israélites.

Ministre du festin, de grâce, dites-nous,
Quels mets à ce cruel, quel vin préparez-vous ?

Une autre.

Le sang de l'orphelin.

Une troisième.

Les pleurs des misérables.

La seconde.

Sont ses mets les plus agréables.

La troisième.

C'est son breuvage le plus doux.

ELISE.

Chères sœurs, suspendez la douleur qui vous presse,
Chantons, on nous l'ordonne, et que puissent nos chants
Du cœur d'Assuérus adoucir la rudesse,
Comme autrefois David, par ses accords touchants,
Calmait d'un roi jaloux la sauvage tristesse!

(Tout le reste de cette scène est chanté.)

Une Israélite.

Que le peuple est heureux,
Lorsqu'un roi généreux,
Craint dans tout l'univers, veut encore qu'on l'aime!
Heureux le peuple! heureux le roi lui-même!

Tout le chœur.

O repos! O tranquillité!
O d'un parfait bonheur assurance éternelle!
Quand la suprême autorité
Dans ses conseils a toujours auprès d'elle
La justice et la vérité.

(Les quatre stances suivantes sont chantées alternativement par une voix seule et par tout le chœur.)

Une Israélite.

Rois, chassez la calomnie :
Ses criminels attentats
Des plus paisibles Etats
Troublent l'heureuse harmonie.

Sa fureur, de sang avide,
Poursuit partout l'innocent.
Rois, prenez soin de l'absent
Contre sa langue homicide.

De ce monstre si farouche
Craignez la feinte douceur :
La vengeance est dans son cœur,
Et la pitié dans sa bouche.

La fraude adroite et subtile
Sème de fleurs son chemin :
Mais sur ses pas vient enfin
Le repentir inutile.

Une Israélite, seule.

D'un souffle l'aquillon écarte les nuages,
Et chasse au loin la foudre et les orages ;
Un roi sage, ennemi du langage menteur,
Ecarte d'un regard le perfide imposteur.

Une autre.

J'admire un roi victorieux,

Que sa valeur conduit triomphant en tous lieux.
Mais un roi sage et qui hait l'injustice,
Qui sous la loi du riche impérieux
Ne souffre point que le pauvre gémisse,
Est le plus beau présent des cieux.

Une autre.

La veuve en sa défense espère.

Une autre.

De l'orphelin il est le père.

Toutes ensemble.

Et les larmes du juste implorant son appui,
Sont précieuses devant lui.

Une Israélite, seule.

Détourne, roi puissant, détourne tes oreilles
De tout conseil barbare et mensonger.
Il est temps que tu t'éveilles.
Dans le sang innocent ta main va se plonger
Pendant que tu sommeilles.
Détourne, roi puissant, détourne tes oreilles
De tout conseil barbare et mensonger.

Une autre.

Ainsi puisse sous toi trembler la terre entière !
Ainsi puisse à jamais contre tes ennemis
Le bruit de ta valeur te servir de barrière !
S'ils t'attaquent, qu'ils soient en un moment soumis.
Que de ton bras la force les renverse,
Que de ton nom la terreur les disperse ;
Que tout leur camp nombreux soit devant tes soldats
Comme d'enfants une troupe inutile :
Et si par un chemin il entre en tes Etats,
Qu'il en sorte par plus de mille.

Scène IV.

ASSUERUS. — ESTHER. — AMAN. — ELISE. —
LE CHOEUR.

ASSUÉRUS, *à Esther.*

Oui, vos moindres discours ont des grâces secrètes :
Une noble pudeur à tout ce que vous faites
Donne un prix que n'ont point ni la pourpre ni l'or.
Quel climat renfermait un si rare trésor ?
Dans quel sein vertueux avez-vous pris naissance ?
Et quelle main si sage éleva votre enfance ?
Mais dites promptement ce que vous demandez;
Tous vos désirs, Esther, vous seront accordés,
Dussiez-vous, je l'ai dit, et veux bien le redire,
Demander la moitié de ce puissant empire.

ESTHER.

Je ne m'égare point dans ces vastes désirs;
Mais, puisqu'il faut enfin expliquer mes soupirs,
Puisque mon roi lui-même à parler me convie,
   (Elle se jette aux pieds du roi.)
J'ose vous implorer, et pour ma propre vie,
Et pour les tristes jours d'un peuple infortuné
Qu'à périr avec moi vous avez condamné.

ASSUÉRUS, *la relevant.*

A périr! vous? Quel peuple? Et quel est ce mystère?

AMAN, *tout bas.*

Je tremble.

ESTHER.

   Esther, seigneur, eut un Juif pour son père.
De vos ordres sanglants vous savez la rigueur.

AMAN, *à part.*

Ah! Dieux!

ACTE III.

ASSUÉRUS.

Ah! de quel coup me percez-vous le cœur!
Vous, la fille d'un Juif! Eh quoi! tout ce que j'aime,
Cette Esther, l'innocence et la sagesse même,
Que je croyais du ciel les plus chères amours,
Dans cette source impure aurait puisé ses jours?
Malheureux!

ESTHER.

Vous pourrez rejeter ma prière :
Mais je demande au moins que pour grâce dernière,
Jusqu'à la fin, seigneur, vous m'entendiez parler,
Et que surtout Aman n'ose point me troubler.

ASSUÉRUS.

Parlez.

ESTHER.

O Dieu! confonds l'audace et l'imposture.
Ces Juifs dont vous voulez délivrer la nature,
Que vous croyez, seigneur, le rebus des humains,
D'une riche contrée autrefois souverains,
Pendant qu'ils n'adoraient que le Dieu de leurs pères
Ont vu bénir le cours de leurs destins prospères.
Ce Dieu, maître absolu de la terre et des cieux,
N'est point tel que l'erreur le figure à vos yeux.
L'Eternel est son nom, le monde est son ouvrage.
Il entend les soupirs de l'humble qu'on outrage,
Juge tous les mortels avec d'égales lois,
Et du haut de son trône interroge les rois,
Des plus fermes Etats la chute épouvantable,
Quand il veut n'est qu'un jeu de sa main redoutable,
Les Juifs à d'autres dieux osèrent s'adresser :
Roi, peuples, en un jour tout se vit disperser;
Sous les Assyriens leur triste servitude
Devint le juste prix de leur ingratitude.

Mais pour punir enfin nos maîtres à leur tour,
Dieu fit choix de Cyrus avant qu'il vît le jour,
L'appela par son nom, le promit à la terre;
Le fit naître, et soudain l'arma de son tonnerre,
Brisa les fiers remparts et les portes d'airain,
Mit des superbes rois la dépouille en sa main,
De son temple détruit vengea sur eux l'injure.
Babylone paya nos pleurs avec usure.
Cyrus par lui vainqueur publia ses bienfaits,
Regarda notre peuple avec des yeux de paix,
Nous rendit et nos lois et nos fêtes divines,
Et le temple déjà sortait de ses ruines.
Mais, de ce roi si sage, héritier insensé,
Son fils interrompit l'ouvrage commencé,
Fut sourd à nos douleurs. Dieu rejeta sa race,
Le retrancha lui-même, et vous mit en sa place.
Que n'espérions-nous pas d'un roi si généreux!
Dieu regarde en pitié son peuple malheureux,
Disions-nous : un roi règne, ami de l'innocence :
Partout du nouveau prince on vantait la clémence.
Les Juifs partout de joie en poussèrent des cris.
Ciel! verra-t-on toujours par de cruels esprits
Des princes les plus doux l'oreille environnée,
Et du bonheur public la source empoisonnée!
Dans le fond de la Thrace un barbare enfanté
Est venu dans ces lieux souffler la cruauté;
Un ministre ennemi de votre propre gloire.....

AMAN.

De votre gloire! moi? Ciel! le pourriez-vous croire?
Moi qui n'ai d'autre objet ni d'autre Dieu.....

ASSUÉRUS.

Tais-toi.
Oses-tu donc parler sans l'ordre de ton roi?

ESTHER.

Notre ennemi cruel devant vous se déclare.
C'est lui, c'est ce ministre infidèle et barbare,
Qui d'un zèle trompeur à vos yeux revêtu,
Contre notre innocence arma votre vertu.
Et quel autre, grand Dieu! qu'un Scythe impitoyable,
Aurait de tant d'horreurs dicté l'ordre effroyable ?
Partout l'affreux signal en même temps donné,
De meurtres remplira l'univers étonné :
On verra, sous le nom du plus juste des princes,
Un perfide étranger désoler vos provinces,
Et dans ce palais même en proie à son courroux,
Le sang de vos sujets regorger jusqu'à vous.

Et que reproche aux Juifs sa haine envenimée ?
Quelle guerre intestine avons-nous allumée ?
Les a-t-on vus marcher parmi vos ennemis ?
Fut-il jamais au joug esclaves plus soumis ?
Adorant dans leurs fers le Dieu qui les châtie,
Pendant que votre main sur eux appesantie,
A leurs persécuteurs les livrait sans secours,
Ils conjuraient ce Dieu de veiller sur vos jours,
De rompre des méchants les trames criminelles,
De mettre votre trône à l'ombre de ses ailes.
N'en doutez point, seigneur, il fut votre soutien
Lui seul mit à vos pieds le Parthe et l'Indien :
Dissipa devant vous les innombrables Scythes,
Et renferma les mers dans vos vastes limites.
Lui seul aux yeux d'un Juif découvrit le dessein
De deux traîtres tout prêts à vous percer le sein.
Hélas! ce Juif jadis m'adopta pour sa fille.

ASSUÉRUS.

Mardochée ?

ESTHER.

Il restait seul de notre famille.

Mon père était son frère. Il descend, comme moi,
Du sang infortuné de notre premier roi.
Plein d'une juste horreur pour un Amalécite,
Race que notre Dieu de sa bouche a maudite,
Il n'a devant Aman pu fléchir les genoux,
Ni lui rendre un honneur qu'il ne croit dû qu'à vous :
De là contre les Juifs et contre Mardochée
Cette haine, seigneur, sous d'autres noms cachée.
En vain de vos bienfaits Mardochée est paré :
A la porte d'Aman est déjà préparé
D'un infâme trépas l'instrument exécrable :
Dans une heure au plus tard ce vieillard vénérable,
Des portes du palais par son ordre arraché,
Couvert de votre pourpre y doit être attaché.

ASSUÉRUS.

Quel jour mêlé d'horreurs vient effrayer mon âme !
Tout mon sang de colère et de honte s'enflamme.
J'étais donc le jouet..... Ciel daigne m'éclairer !
Un moment sans témoins cherchons à respirer.
Appelez Mardochée, il faut aussi l'entendre.

(Le roi s'éloigne.)

Une Israélite.

Vérité que j'implore, achève de descendre!

Scène V.

ESTHER. — AMAN. — ELISE. — LE CHOEUR.

AMAN, *à Esther*.

D'un juste étonnement je demeure frappé.
Les ennemis des Juifs m'ont trahi, m'ont trompé.
J'en atteste du ciel la puissance suprême,
En les perdant, j'ai cru vous assurer vous-même.
Princesse, en leur faveur employez mon crédit.

ACTE III.

Le roi, vous le voyez, flotte encore interdit.
Je sais par quels ressorts on le pousse, on l'arrête ;
Et fais, comme il me plaît, le calme et la tempête.
Les intérêts des Juifs déjà me sont sacrés.
Parlez : vos ennemis aussitôt massacrés,
Victimes de la foi que ma bouche vous jure,
De ma fatale erreur répareront l'injure.
Quel sang demandez-vous ?

ESTHER.

Va, traître, laisse-moi
Les Juifs n'attendent rien d'un méchant tel que toi.
Misérable ! le Dieu vengeur de l'innocence,
Tout prêt à te juger, tient déjà sa balance ;
Bientôt son juste arrêt te sera prononcé.
Tremble : son jour approche, et ton règne est passé.

AMAN.

Oui, ce Dieu, je l'avoue, est un Dieu redoutable,
Mais veut-il que l'on garde une haine implacable ?
C'en est fait ! mon orgueil est forcé de plier.
L'inexorable Aman est réduit à prier.

(Il se jette à ses pieds.)

Par le salut des Juifs, par ces pieds que j'embrasse ;
Par ce sage vieillard, l'honneur de votre race,
Daignez d'un roi terrible apaiser le courroux :
Sauvez Aman qui tremble à vos sacrés genoux.

Scène VI.

ASSUERUS. — ESTHER. — AMAN. — ELISE. —
GARDES. — LE CHOEUR.

ASSUÉRUS.

Quoi! le traître sur vous porte ses mains hardies !
Ah! dans ses yeux confus je lis ses perfidies ;

Et son trouble appuyant la foi de vos discours,
De tous ses attentats me rappelle le cours.
Qu'à ce monstre à l'instant l'âme soit arrachée,
Et que devant sa porte, au lieu de Mardochée,
Apaisant par sa mort et la terre et les cieux,
De mes peuples vengés il repaisse les yeux.

(Aman est emmené par les gardes.)

Scène VII.

ASSUERUS. — ESTHER. — MARDOCHEE. —

ELISE. — LE CHOEUR.

ASSUÉRUS *continue en s'adressant à Mardochée.*

Mortel chéri du ciel, mon salut et ma joie,
Aux conseils des méchants ton roi n'est plus en proie;
Mes yeux sont dessillés, le crime est confondu;
Viens briller près de moi dans le rang qui t'est dû;
Je te donne d'Aman les biens et la puissance :
Possède justement son injuste opulence.
Je romps le joug funeste où les Juifs sont soumis,
Je leur livre le sang de tous leurs ennemis :
A l'égal des Persans je veux qu'on les honore,
Et que tout tremble au nom du Dieu qu'Esther adore.
Rebâtissez son temple et peuplez vos cités :
Que vos heureux enfants, dans leurs solennités,
Consacrent de ce jour le triomphe et la gloire,
Et qu'à jamais mon nom vive dans leur mémoire.

Scène VIII.

LES PRÉCÉDENTS. — ASAPH.

ASSUÉRUS.

Que veut Asaph ?

ASAPH.

Seigneur, le traître est expiré,

ACTE III.

Par le peuple en fureur à moitié déchiré.
On traîne, on va donner en spectacle funeste
De son corps tout sanglant le misérable reste.

MARDOCHÉE.

Roi, qu'à jamais le ciel prenne soin de vos jours !
Le péril des Juifs presse et veut un prompt secours.

ASSUÉRUS.

Oui, je t'entends. Allons par des ordres contraires
Révoquer d'un méchant les ordres sanguinaires.

ESTHER.

O Dieu! par quelle route inconnue aux mortels
Ta sagesse conduit ses desseins éternels !

Scène IX et dernière.

LE CHOEUR.

Tout le chœur.

Dieu fait triompher l'innocence :
Chantons, célébrons sa puissance.

Une Israélite.

Il a vu contre nous les méchants s'assembler,
    Et notre sang prêt à couler.
Comme l'eau sur la terre ils allaient le répandre :
    Du haut du ciel sa voix s'est fait entendre :
        L'homme superbe est renversé,
        Ses propres flèches l'ont percé.

Une autre.

    J'ai vu l'impie adoré sur la terre ;
    Pareil au cèdre, il cachait dans les cieux
        Son front audacieux ;
Il semblait à son gré gouverner le tonnerre,
    Foulait aux pieds ses ennemis vaincus :
Je n'ai fait que passer il n'était déjà plus.

Une autre.

On peut des plus grands rois surprendre la justice;
   Incapables de tromper,
   Ils ont peine à s'échapper
   Des pièges de l'artifice.
Un cœur noble ne peut soupçonner en autrui
   La bassesse et la malice
   Qu'il ne sent point en lui.

Une autre.

Comment s'est calmé l'orage?

Une autre.

Quelle main salutaire a chassé le nuage?

Tout le chœur.

L'aimable Esther a fait ce grand ouvrage.

Une Israélite, seule.

De l'amour de son Dieu son chœur est embrasé.
   Au péril d'une mort funeste
   Son zèle ardent s'est exposé;
Elle a parlé, le ciel a fait le reste.

Deux Israélites.

Esther a triomphé des filles des Persans,
La nature et le ciel à l'envi l'ont ornée.

L'une des deux.

Tout ressent de ses yeux les charmes innocents.
Jamais tant de beauté fut-elle couronnée?

L'autre.

Les charmes de son cœur sont encore plus puissants;
Jamais tant de vertu fut-elle couronnée?

Toutes deux ensemble.

Esther a triomphé des filles des Persans,
La nature et le ciel à l'envi l'ont ornée.

ACTE III.

Une Israélite, seule.

Ton Dieu n'est plus irrité;
Réjouis-toi, Sion, et sors de la poussière;
Quitte les vêtements de ta captivité,
  Et reprends ta splendeur première :
Les chemins de Sion à la fin sont ouverts,
  Rompez vos fers,
  Tribus captives;
  Troupes fugitives,
Repassez les monts et les mers,
Rassemblez-vous des bouts de l'univers.

Tout le chœur.

  Rompez vos fers,
  Tribus captives;
  Troupes fugitives,
Repassez les monts et les mers,
Rassemblez-vous des bouts de l'univers.

Une Israélite, seule.

Je reverrai ces campagnes si chères.

Une autre.

J'irai pleurer au tombeau de mes pères.

Tout le chœur.

Repassez les monts et les mers;
Rassemblez-vous des bouts de l'univers.

Une Israélite, seule.

Relevez, relevez les superbes portiques
Du temple où notre Dieu se plaît d'être adoré :
Que de l'or le plus pur son autel soit paré,
Et que du sein des monts le marbre soit tiré.
Liban, dépouille-toi de tes cèdres antiques;
  Prêtres sacrés, préparez vos cantiques.

Une autre.

Dieu descend et revient habiter parmi nous :

Terre, frémis d'allégresse et de crainte;
  Et vous, sous sa majesté sainte,
    Cieux, abaissez-vous.

Une autre.

Que le Seigneur est bon! que son joug est aimable!
Heureux qui dès l'enfance en connaît la douceur!
Jeune peuple, courez à ce maître adorable:
Les biens les plus charmants n'ont rien de comparable
Aux torrents de plaisir qu'il répand dans un cœur!
Que le Seigneur est bon! que son joug est aimable!
Heureux qui dès l'enfance en connaît la douceur!

Une autre.

  Il s'apaise, il pardonne :
  Du cœur ingrat qui l'abandonne
    Il attend le retour.
  Il excuse notre faiblesse.
  A nous chercher même il s'empresse.
  Pour l'enfant qu'elle a mis au jour
  Une mère a moins de tendresse.
Ah! qui peut avec lui partager notre amour?

Trois Israélites.

Il nous fait remporter une illustre victoire.

L'une des trois.

Il nous a révélé sa gloire.

Toutes trois ensemble.

Ah! qui peut avec lui partager notre amour?

Tout le chœur.

Que son nom soit béni, que son nom soit chanté.
  Que l'on célèbre ses ouvrages
    Au-delà des temps et des âges,
    Au-delà des temps de l'éternité.

FIN D'ESTHER.

ATHALIE,

TRAGÉDIE EN CINQ ACTES.

ACTEURS.

Joas, roi de Juda, fils d'Okosias.
Athalie, veuve de Joram, aïeule de Joas.
Joad, autrement Joïada, grand-prêtre.
Josabeth, tante de Joas, femme du grand-prêtre.
Zacharie, fils de Joad et de Josabeth.
Salomith, sœur de Zacharie.
Abner, l'un des principaux officiers des rois de Juda.
Azarias,
Ismael,
Et les trois autres chefs des prêtres et des lévites.
Mathan, prêtre apostat, sacrificateur de Baal.
Nabal, confident de Mathan,
Agar, femme de la suite d'Athalie.
Troupe de prêtres et de lévites.
Suite d'Athalie.
La nourrice de Joas.
Chœur de jeunes filles de la tribu de Lévi.

La scène est dans le temple de Jérusalem, dans un vestibule de l'appartement du grand-prêtre.

ATHALIE.

ACTE PREMIER.
Scène I.
JOAB. — ABNER.

ABNER.

Oui, je viens dans son temple adorer l'Eternel;
Je viens, selon l'usage antique et solennel,
Célébrer avec vous la fameuse journée
Où sur le mont Sina la loi nous fut donnée.
Que les temps sont changés! Sitôt que de ce jour
La trompette sacrée annonçait le retour!
Du temple orné partout de festons magnifiques,
Le peuple saint en foule inondait les portiques :
Et tous devant l'autel avec ordre introduits, [fruits,
De leur champ dans leurs mains portant les nouveaux
Au Dieu de l'univers consacraient ces prémices.
Les prêtres ne pouvaient suffire aux sacrifices ;
L'audace d'une femme, arrêtant ce concours,
En des jours ténébreux a changé ces beaux jours.
D'adorateurs zélés à peine un petit nombre
Ose des premiers temps nous retracer quelque ombre :
Le reste pour son Dieu montre un oubli fatal,
Ou même, s'empressant aux autels de Baal,
Se fait initier à ses honteux mystères,
Et blasphème le nom qu'ont invoqué leurs pères.
Je tremble qu'Athalie, à ne vous rien cacher,
Vous-même de l'autel vous faisant arracher,
N'achève enfin sur vous ses vengeances funestes,
Et d'un respect forcé ne dépouille les restes.

JOAD.

D'où vous vient aujourd'hui ce noir pressentiment ?

ABNER.

Pensez-vous être saint et juste impunément ?
Dès long-temps elle hait cette fermeté rare
Qui rehausse en Joad l'éclat de la tiare :
Dès long-temps votre amour pour la religion
Est traité de révolte et de sédition.
Du mérite éclatant cette reine jalouse
Hait surtout Josabet, votre fidèle épouse :
Si du grand-prêtre Aaron Joad est successeur,
De notre dernier roi Josabet est la sœur.
Mathan, d'ailleurs, Mathan, ce prêtre sacrilège,
Plus méchant qu'Athalie, à toute heure l'assiège ;
Mathan, de nos autels infâme déserteur,
Et de toute vertu zélé persécuteur.
C'est peu que, le front ceint d'une mitre étrangère,
Ce lévite à Baal prête son ministère ;
Ce temple l'importune et son impiété
Voudrait anéantir le Dieu qu'il a quitté.
Pour vous perdre il n'est point de ressorts qu'il n'invente,
Quelquefois il vous plaint, souvent même il vous vante ;
Il affecte pour vous une fausse douceur ;
Et par là de son fiel colorant la noirceur,
Tantôt à cette reine il vous peint redoutable ;
Tantôt, voyant pour l'or sa soif insatiable,
Il lui feint qu'en un lieu que vous seul connaissez,
Vous cachez des trésors par David amassés.
Enfin, depuis deux jours la superbe Athalie
Dans un sombre chagrin paraît ensevelie.
Je l'observais hier, et je voyais ses yeux
Lancer sur le lieu saint des regards furieux,
Comme si dans le fond de ce vaste édifice

Dieu cachait un vengeur armé pour son supplice.
Croyez-moi, plus j'y pense, et moins je puis douter
Que sur vous son courroux ne soit près d'éclater,
Et que de Jésabel la fille sanguinaire
Ne vienne attaquer Dieu jusqu'en son sanctuaire.

JOAD.

Celui qui met un frein à la fureur des flots
Sait aussi des méchants arrêter les complots.
Soumis avec respect à sa volonté sainte,
Je crains Dieu, cher Abner, et n'ai point d'autre crainte.
Cependant je rends grâce au zèle officieux
Qui sur tous mes périls vous fait ouvrir les yeux.
Je vois que l'injustice en secret vous irrite,
Que vous avez encor le cœur israélite.
Le ciel en soit béni ! mais ce secret courroux,
Cette oisive vertu, vous en contentez-vous ?
La foi qui n'agit point est-ce une foi sincère ?
Huit ans déjà passés, une impie étrangère
Du sceptre de David usurpe tous les droits,
Se baigne impunément dans le sang de nos rois;
Des enfants de son fils détestable homicide,
Et même contre Dieu lève son bras perfide;
Et vous, l'un des soutiens de ce tremblant Etat,
Vous, nourri dans les camps du saint roi Josaphat,
Qui sous son fils Joram commandiez nos armées,
Qui rassurâtes seul nos villes alarmées
Lorsque d'Okosias le trépas imprévu
Dispersa tout son camp à l'aspect de Jéhu;
Je crains Dieu, dites-vous, sa vérité me touche !
Voici comme ce Dieu vous répond par ma bouche :
« Du zèle de ma loi que sert de vous parer ?
» Par de stériles vœux pensez-vous m'honorer ?
» Quel fruit me revient-il de tous vos sacrifices ?

» Ai-je besoin du sang des boucs et des génisses ?
» Le sang de vos rois crie, et n'est point écouté.
» Rompez, rompez tout pacte avec l'impiété.
» Du milieu de mon peuple exterminez les crimes,
» Et vous viendrez alors m'immoler vos victimes. »

ABNER.

Eh ! que puis-je au milieu de ce peuple abattu ?
Benjamin est sans force et Juda sans vertu.
Le jour qui de leurs rois vit éteindre la race,
Eteignit tout le feu de leur antique audace.
Dieu même, disent-ils, s'est retiré de nous :
De l'honneur des Hébreux autrefois si jaloux,
Il voit sans intérêt leur grandeur terrassée,
Et sa miséricorde à la fin s'est lassée ;
On ne voit plus pour nous ses redoutables mains
De merveilles sans nombre effrayer les humains :
L'Arche sainte est muette et ne rend plus d'oracles.

JOAD.

Et quel temps fut jamais si fertile en miracles ?
Quand Dieu par plus d'effets montra-t-il son pouvoir ?
Auras-tu donc toujours des yeux pour ne point voir ?
Peuple ingrat ! quoi ! toujours les plus grandes merveilles
Sans ébranler ton cœur frapperont tes oreilles !
Faut-il Abner, faut-il vous rappeler le cours
Des prodiges fameux accomplis en nos jours,
Des tyrans d'Israël les célèbres disgrâces,
Et Dieu trouvé fidèle en toutes ses menaces,
L'impie Achab détruit, et de son sang trempé
Le champ que par le meurtre il avait usurpé ;
Près de ce champ fatal Jézabel immolée ;
Sous les pieds des chevaux cette reine foulée,
Dans son sang inhumain les chiens désaltérés ;
Et de son corps hideux les membres déchirés ;

Des prophètes menteurs la troupe confondue,
Et la flamme du ciel sur l'autel descendue ;
Elie aux éléments parlant en souverain,
Les cieux par lui fermés et devenus d'airain,
Et la terre trois ans sans pluie et sans rosée,
Les morts se ranimant à la voix d'Elisée ?
Reconnaissez, Abner, à ces traits éclatants,
Un Dieu tel aujourd'hui qu'il fut dans tous les temps.
Il sait, quand il lui plaît faire éclater sa gloire,
Et son peuple est toujours présent à sa mémoire.

ABNER.

Mais où sont ces honneurs à David tant promis,
Et prédits même encore à Salomon son fils ?
Hélas! nous espérions que de leur race heureuse
Devait sortir de rois une suite nombreuse ;
Que sur toute tribu, sur toute nation,
L'un deux établirait sa domination,
Ferait cesser partout la discorde et la guerre,
Et verrait à ses pieds tous les rois de la terre.

JOAD.

Aux promesses du ciel pourquoi renoncez-vous ?

ABNER.

Ce roi, fils de David, où le chercherons-nous ?
Le ciel même peut-il réparer les ruines
De cet arbre séché jusque dans ses racines ?
Athalie étouffa l'enfant même au berceau.
Les morts, après huit ans sortent-ils du tombeau ?
Ah! si dans sa fureur elle s'était trompée ;
Si du sang de nos rois quelque goutte échappée......

JOAD.

Eh bien ! que feriez-vous ?

ABNER.

O jour heureux pour moi!
De quel ardeur j'irais reconnaître mon roi!
Doutez-vous qu'à ses pieds nos tribus empressées......
Mais pourquoi me flatter de ces vaines pensées?
Déplorable héritier de ces rois triomphants,
Okosias restait seul avec ses enfants :
Par les traits de Jéhu j'ai vu percer le père;
Vous avez vu les fils massacrés par la mère.

JOAD.

Je ne m'explique point mais quand l'astre du jour
Aura sur l'horizon fait le tiers de son tour;
Lorsque la troisième heure aux prières rappelle,
Retrouvez-vous au temple avec ce même zèle.
Dieu pourra vous montrer, par d'importants bienfaits,
Que sa parole est stable et ne trompe jamais.
Allez : pour ce grand jour il faut que je m'apprête,
Et du temple déjà l'aube blanchit le faîte.

ABNER.

Quel sera ce bienfait que je ne comprends pas?
L'illustre Josabeth porte vers vous ses pas :
Je sors, et vais me joindre à la troupe fidèle
Qu'attire de ce jour la pompe solennelle.

Scène II.

JOAD. — JOSABETH.

JOAD.

Les temps sont accomplis, princesse, il faut parler,
Et votre heureux larcin ne se peut plus céler.
Des ennemis de Dieu la coupable insolence
Abusant contre lui de ce profond silence,
Accuse trop long-temps ses promesses d'erreur :

Que dis-je? le succès animant leur fureur,
Jusque sur notre autel votre injuste marâtre
Veut offrir à Baal un encens idolâtre.
Montrons ce jeune roi que vos mains ont sauvé,
Sous l'aile du Seigneur dans le temple élevé;
De nos princes hébreux il aura le courage,
Et déjà son esprit a devancé son âge.
Avant que son destin s'explique par ma voix,
Je vais l'offrir au Dieu par qui règnent les rois;
Aussitôt assemblant nos lévites, nos prêtres,
Je leur déclarerai l'héritier de leurs maîtres.

JOSABETH.

Sait-il déjà son nom et son noble destin?

JOAD.

Il ne répond encor qu'au nom d'Eliacin ;
Et se croit quelque enfant rejeté par sa mère,
A qui j'ai par pitié daigné servir de père.

JOSABETH.

Hélas! de quel péril je l'avais su tirer!
Dans quel péril encore il est près de rentrer!

JOAD.

Quoi! déjà votre foi s'affaiblit et s'étonne?

JOSABETH.

A vos sages conseils, seigneur, je m'abandonne.
Du jour que j'arrachai cet enfant à la mort,
Je remis en vos mains tout le soin de son sort:
Même de mon amour craignant la violence,
Autant que je le puis, j'évite sa présence,
De peur qu'en le voyant quelque trouble indiscret
Ne fasse avec mes pleurs échapper mon secret;
Surtout j'ai cru devoir aux larmes, aux prières,

Consacrer ces trois jours et ces trois nuits entières,
Cependant aujourd'hui puis-je vous demander
Quels amis vous avez prêts à vous seconder?
Abner, le brave Abner viendra-t-il nous défendre?
A-t-il près de son roi fait serment de se rendre?

JOAD.

Abner, quoiqu'on se pût assurer sur sa foi,
Ne sait pas même encor si nous avons un roi.

JOSABETH.

Mais à qui de Joas confiez-vous la garde?
Est-ce Obed, est-ce Amnon que cet honneur regarde?
De mon père sur eux les bienfaits répandus....

JOAD.

A l'injuste Athalie ils se sont tous vendus.

JOSABETH.

Qui donc opposez-vous contre ses satellites?

JOAD.

Ne vous l'ai-je pas dit? nos prêtres, nos lévites.

JOSABETH.

Je sais que, près de vous en secret assemblé,
Par vos soins prévoyants leur nombre est redoublé;
Que pleins d'amour pour vous, d'horreur pour Athalie,
Un serment solennel par avance les lie
A ce fils de David qu'on leur doit révéler.
Mais, quelque noble ardeur dont ils puissent brûler,
Peuvent-ils de leur roi venger seuls la querelle?
Pour un si grand ouvrage est-ce assez de leur zèle?
Doutez-vous qu'Athalie, au premier bruit semé
Qu'un fils d'Okosias est ici renfermé,
De ses fiers étrangers assemblant les cohortes,
N'environne le temple et n'en brise les portes?

Suffira-t-il contre eux de vos ministres saints,
Qui, levant au Seigneur leurs innocentes mains,
Ne savent que gémir et prier pour nos crimes,
Et n'ont jamais versé que le sang des victimes ?
Peut-être dans leurs bras Joas percé de coups.....

JOAD.

Et comptez-vous pour rien Dieu qui combat pour nous?
Dieu, qui de l'orphelin protège l'innocence,
Et fait dans la faiblesse éclater sa puissance :
Dieu, qui hait les tyrans, et qui dans Jezraël
Jura d'exterminer Achab et Jézabel,
Dieu qui, frappant Joram, le mari de leur fille,
A jusque sur son fils poursuivi la famille:
Dieu dont le bras vengeur, pour un temps suspendu,
Sur cette race impie est toujours étendu?

JOSABETH.

Et c'est sur tous ces rois sa justice sévère
Que je crains pour le fils de mon malheureux frère.
Qui sait si cet enfant par leur crime entraîné,
Avec eux, en naissant, ne fut pas condamné?
Si Dieu, le séparant d'une odieuse race,
En faveur de David voudra lui faire grâce?
Hélas ! l'état horrible où le ciel me l'offrit
Revient à tout moment effrayer mon esprit,
De princes égorgés la chambre était remplie :
Un poignard à la main l'implacable Athalie
Au carnage animait ses barbares soldats,
Et poursuivait le cours de ses assassinats.
Joas, laissé pour mort, frappa soudain ma vue :
Je me figure encore sa nourrice éperdue,
Qui devant les bourreaux s'était jetée en vain,
Et faible, le tenait renversé sur son sein.
Je le pris tout sanglant; en baignant son visage

Mes pleurs du sentiment lui rendirent l'usage;
Et, soit frayeur encore, ou pour me caresser,
De ses bras innocents je me sentis presser.
Grand Dieu, que mon amour ne lui soit point funeste!
Du fidèle David c'est le précieux reste :
Nourri dans ta maison, en l'amour de ta loi,
Il ne connaît encore d'autre père que toi.
Sur le point d'attaquer une reine homicide,
A l'aspect du péril si ma foi s'intimide,
Si la chair et le sang se troublant aujourd'hui,
Ont trop de part aux pleurs que je répands pour lui,
Conserve l'héritier de tes saintes promesses,
Et ne punis que moi de toutes mes faiblesses!

JOAD.

Vos larmes, Josabeth, n'ont rien de criminel;
Mais Dieu veut qu'on espère en son soin paternel.
Il ne recherche point, aveugle en sa colère,
Sur le fils qui le craint l'impiété du père.
Tout ce qui reste encor de fidèles Hébreux
Lui viendront aujourd'hui renouveler leurs vœux.
Autant que de David la race est respectée,
Autant de Jézabel la fille est détestée;
Joas les touchera par sa noble pudeur,
Où semble de son sang reluire la splendeur;
Et Dieu, par sa voix même, appuyant notre exemple,
De plus près à leur cœur parlera de son temple.
Deux infidèles rois tour-à-tour l'ont bravé;
Il faut que sur le trône un roi soit élevé,
Qui se souvienne un jour qu'au rang de ses ancêtres
Dieu l'a fait remonter par la main de ses prêtres,
L'a tiré par leurs mains de l'oubli du tombeau,
Et de David éteint rallumé le flambeau.
Grand Dieu! si tu prévois qu'indigne de sa race,

Il doive de David abandonner la trace,
Qu'il soit comme le fruit en naissant arraché,
Ou qu'un souffle ennemi dans sa fleur a séché.
Mais si ce même enfant à tes ordres docile,
Doit être à tes desseins un instrument utile,
Fais qu'au juste héritier le sceptre soit remis;
Livre en mes faibles mains tes puissants ennemis;
Confonds dans ses conseils une reine cruelle;
Daigne, daigne, mon Dieu, sur Mathan et sur elle,
Répandre cet esprit d'imprudence et d'erreur,
De la chute des rois funeste avant-coureur.
L'heure me presse : adieu. Des plus saintes familles
Votre fils et sa sœur vous amènent les filles.

Scène III.

JOSABETH. — ZACHARIE. — SALOMITH. —
LE CHOEUR.

JOSABETH.

Cher Zacharie, allez, ne vous arrêtez pas.
De votre auguste père accompagnez les pas.
O filles de Lévi, troupe jeune et fidèle,
Que déjà le Seigneur embrase de son zèle,
Qui venez si souvent partager mes soupirs,
Enfants, ma seule joie en mes longs déplaisirs,
Ces festons dans vos mains, et ces fleurs sur vos têtes,
Autrefois convenaient à nos pompeuses fêtes :
Mais hélas ! en ce temps d'opprobre et de douleurs,
Quelle offrande sied mieux que celle de nos pleurs !
J'entends déjà, j'entends la trompette sacrée,
Et du temple bientôt on permettra l'entrée.
Tandis que je me vais préparer à marcher,
Chantez, louez le Dieu que vous venez chercher.

Scène IV.

LE CHOEUR.

Tout le chœur chante.

Tout l'univers est plein de sa magnificence;
Qu'on l'adore ce Dieu, qu'on l'invoque à jamais;
Son empire a des temps précédé la naissance;
    Chantons, publions ses bienfaits.

Une voix seule.

    En vain l'injuste violence
Au peuple qui le loue imposerait silence :
    Son nom ne périra jamais.
Le jour annonce au jour sa gloire et sa puissance;
Tout l'univers est plein de sa magnificence.
    Chantons, publions ses bienfaits.

Tout le chœur répète.

Tout l'univers est plein de sa magnificence,
    Chantons, publions ses bienfaits.

Une voix seule.

Il donne aux fleurs leur aimable peinture;
    Il fait naître et mûrir les fruits,
    Il leur dispense avec mesure
Et la chaleur des jours et la fraîcheur des nuits.
Le champ qui les reçut, les rend avec usure.

Une autre.

Il commande au soleil d'animer la nature,
    Et la lumière est un don de ses mains.
    Mais sa loi sainte, sa loi pure,
Est le plus riche don qu'il ait fait aux humains.

Une autre.

O mont de Sinaï, conserve la mémoire.

De ce jour à jamais auguste et renommé ;
Quand, sur ton sommet enflammé,
Dans un nuage épais le Seigneur enfermé
Fit luire aux yeux mortels un rayon de sa gloire,
Dis-nous pourquoi ces feux et ces éclairs,
Ces torrents de fumée et ce bruit dans les airs,
Ces trompettes et ce tonnerre :
Venait-il renverser l'ordre des éléments ?
Sur ces antiques fondements
Venait-il ébranler la terre ?

Une autre.

Il venait révéler aux enfants des Hébreux
De ses préceptes saints la lumière immortelle,
Il venait à ce peuple heureux
Ordonner de l'aimer d'une amour éternelle.

Tout le chœur.

O divine, ô charmante loi !
O justice ! ô bonté suprême !
Que de raisons, quelle douceur extrême
D'engager à ce Dieu son amour et sa foi !

Une voix seule.

D'un joug cruel il sauva nos aïeux,
Les nourrit au désert d'un pain délicieux ;
Il nous donne ses lois, il se donne lui-même :
Pour tant de biens, il commande qu'on l'aime.

Le chœur.

O justice, ô bonté suprême !

La même voix.

Des mers pour eux il entr'ouvrit les eaux,
D'un aride rocher fit sortir des ruisseaux :
Il nous donne ses lois il se donne lui-même :
Pour tant de biens, il commande qu'on l'aime.

Le chœur.

O divine, ô charmante loi !
Que de raisons, quelle douceur extrême
D'engager à ce Dieu son amour et sa foi !

Une autre voix seule.

Vous qui ne connaissez qu'une crainte servile,
Ingrats, un Dieu si bon ne peut-il vous charmer ?
Est-il donc à vos cœurs, est-il si difficile
    Et si pénible de l'aimer ?
  L'esclave craint le tyran qui l'outrage ;
  Mais des enfants l'amour est le partage.
Vous voulez que ce Dieu vous comble de bienfaits,
    Et ne l'aimer jamais !

Tout le chœur.

O divine, ô charmante loi !
O justice ! ô bonté suprême !
Que de raisons, quelle douceur extrême,
D'engager à ce Dieu son amour et sa foi !

FIN DU PREMIER ACTE.

ACTE DEUXIÈME.

Scène I.

JOSABETH. — SALOMITH. — LE CHOEUR.

JOSABETH.

Mes filles, c'est assez ; suspendez vos cantiques,
Il est temps de nous joindre aux prières publiques.
Voici notre heure, allons célébrer ce grand jour,
Et devant le Seigneur paraître à notre tour.

Scène II.

ZACHARIE. — JOSABETH. — SALOMITH. — LE CHOEUR.

JOSABETH.

Mais que vois-je ! mon fils, quel sujet vous ramène ?
Où courez-vous ainsi, tout pâle et hors d'haleine ?

ZACHARIE.

O ma mère !

JOSABETH.

Hé bien ! quoi ?

ZACHARIE.

Le temple est profané.

JOSABETH.

Comment ?

ZACHARIE.

Et du Seigneur l'autel abandonné.

JOSABETH.

Je tremble. Hâtez-vous d'éclaircir votre mère.

ZACHARIE.

Déjà, selon la loi, le grand-prêtre mon père,
Après avoir au Dieu qui nourrit les humains,
De la moisson nouvelle offert les premiers pains,
Lui présentait encore, entre ses mains sanglantes,
Des victimes de paix les entrailles fumantes :
Debout à ses côtés le jeune Eliacin
Comme moi le servait en long habit de lin ;
Et cependant du sang de la chair immolée
Les prêtres arrosaient l'autel et l'assemblée :
Un bruit confus s'élève, et du peuple surpris
Détourne tout-à-coup les yeux et les esprits.
Une femme..... Peut-on la nommer sans blasphème !
Une femme..... C'était Athalie elle-même.

JOSABETH.

Ciel !

ZACHARIE.

Dans un des parvis aux hommes réservé,
Cette femme superbe entre le front levé,
Et se préparait même à passer les limites
De l'enceinte sacrée ouverte aux seuls lévites.
Le peuple s'épouvante et fuit de toutes parts.
Mon père.... Ah ! quel courroux animait ses regards !
Moïse à Pharaon parut moins formidable :
« Reine, sors, a-t-il dit, de ce lieu redoutable :
» D'où te bannit ton sexe et ton impiété.
» Viens-tu du Dieu vivant braver la majesté ? »
La reine alors sur lui jetant un œil farouche,
Pour blasphémer sans doute ouvrait déjà la bouche :
J'ignore si de Dieu l'ange se dévoilant,
Est venu lui montrer un glaive étincelant,

ACTE II. 319

Mais sa langue en sa bouche à l'instant s'est glacée.
Et toute son audace a paru terrassée ;
Ses yeux comme effrayés, n'osaient se détourner :
Surtout Eliacin paraissait l'étonner.

JOSABETH.

Quoi donc! Eliacin a paru devant elle ?

ZACHARIE.

Nous regardions tous deux cette reine cruelle,
Et d'une égale horreur nos cœurs étaient frappés :
Mais les prêtres bientôt nous ont enveloppés ;
On nous a fait sortir. J'ignore tout le reste,
Et venais vous conter ce désordre funeste.

JOSABETH.

Ah! de nos bras sans doute elle vient l'arracher,
Et c'est lui qu'à l'autel sa fureur vient chercher.
Peut-être en ce moment l'objet de tant de larmes.....
Souviens-toi de David, Dieu, qui vois mes alarmes !

SALOMITH.

Quel est-il, cet objet des pleurs que vous versez ?

ZACHARIE.

Les jours d'Eliacin seraient-ils menacés ?

SALOMITH.

Aurait-il de la reine attiré la colère ?

ZACHARIE.

Que craint-on d'un enfant sans support et sans père ?

JOSABETH.

Ah! la voici. Sortons : il la faut éviter.

Scène III.

ATHALIE. — ABNER. — AGAR. — SUITE D'ATHALIE.

AGAR.

Madame, dans ces lieux pourquoi vous arrêter ?
Ici tous les objets vous blessent, vous irritent.
Abandonnez ce temple aux prêtres qui l'habitent ;
Fuyez tout ce tumulte, et dans votre palais
A vos sens agités venez rendre la paix.

ATHALIE.

Non, je ne puis : tu vois mon trouble et ma faiblesse.
Va, fais dire à Mathan qu'il vienne, qu'il se presse.
Heureuse si je puis trouver par son secours
Cette paix que je cherche et qui me fuit toujours.
(Elle s'assied.)

Scène IV.

ATHALIE. — ABNER. — SUITE D'ATHALIE.

ABNER.

Madame, pardonnez si j'ose le défendre :
Le zèle de Joad n'a point dû vous surprendre.
Du Dieu que nous servons tel est l'ordre éternel :
Lui-même il nous traça son temple et son autel,
Aux seuls enfants d'Aaron commit ses sacrifices,
Aux lévites marqua leur place et leurs offices,
Et surtout défendit à leur postérité
Avec tout autre dieu toute société.
Hé quoi ! vous, de nos rois et la fille et la mère,
Etes-vous à ce point parmi nous étrangère ?
Ignorez-vous nos lois ? Et faut-il qu'aujourd'hui...
Voici votre Mathan ; je vous laisse avec lui.

ATHALIE.

Votre présence, Abner, est ici nécessaire.
Laissons là de Joad l'audace téméraire,
Et tout ce vain amas de superstitions
Qui ferme votre temple aux autres nations :
Un sujet plus pressent excite mes alarmes.
Je sais que dès l'enfance, élevé dans les armes,
Abner a le cœur noble, et qu'il rend à la fois
Ce qu'il doit à son Dieu, ce qu'il doit à ses rois :
Demeurez.

Scène V.

ATHALIE. — ABNER. — MATHAN. —
SUITE D'ATHALIE.

MATHAN.

Grande reine, est-ce ici votre place ?
Quel trouble vous agite, et quel effroi vous glace ?
Parmi vos ennemis que venez-vous chercher ?
De ce temple profane osez-vous approcher ?
Avez-vous dépouillé cette haine si vive ?....

ATHALIE.

Prêtez-moi l'un et l'autre une oreille attentive.
Je ne veux point ici rappeler le passé,
Ni vous rendre raison du sang que j'ai versé :
Ce que j'ai fait, Abner, j'ai cru le devoir faire,
Je ne prends point pour juge un peuple téméraire :
Quoi que son insolence ait osé publier,
Le ciel même a pris soin de me justifier.
Sur d'éclatants succès ma puissance établie
A fait jusqu'aux deux mers respecter Athalie ;
Par moi Jérusalem goûte un calme profond ;
Le Jourdain ne voit plus l'Arabe vagabond,

Ni l'altier Philistin, par d'éternels ravages,
Comme au temps de vos rois, désoler ses rivages ;
Le Syrien me traite et de reine et de sœur ;
Enfin, de ma maison le perfide oppresseur,
Qui devait jusqu'à moi pousser sa barbarie,
Jéhu, le fier Jéhu, tremble dans Samarie :
De toutes parts pressé par un puissant voisin,
Que j'ai su soulever contre cet assassin,
Il me laisse en ces lieux souveraine maîtresse.
Je jouissais en paix du fruit de ma sagesse ;
Mais un trouble importun vient depuis quelques jours
De mes prospérités interrompre le cours.
Un songe (me devrais-je inquiéter d'un songe!)
Entretient dans mon cœur un chagrin qui le ronge :
Je l'évite partout : partout il me poursuit.

C'était pendant l'horreur d'une profonde nuit ;
Ma mère Jézabel devant moi s'est montrée,
Comme au jour de sa mort pompeusement parée ;
Ses malheurs n'avaient point abattu sa fierté ;
Même elle avait encor cet éclat emprunté,
Dont elle eut soin de peindre et d'orner son visage,
Pour réparer des ans l'irréparable outrage :
« Tremble, m'a-t-elle dit, fille digne de moi,
» Le cruel Dieu des Juifs l'emporte aussi sur toi.
» Je te plains de tomber dans ses mains redoutables,
» Ma fille. » En achevant ces mots épouvantables,
Son ombre vers mon lit a paru se baisser,
Et moi je lui tendais les mains pour l'embrasser ;
Mais je n'ai plus trouvé qu'un horrible mélange
D'os et de chair meurtris et traînés dans la fange,
Des lambeaux pleins de sang, et des membres affreux
Que des chiens dévorants se disputaient entre eux.

ABNER.

Grand Dieu !

ACTE II.

ATHALIE.

       Dans ce désordre à mes yeux se présente
Un jeune enfant couvert d'une robe éclatante,
Tel qu'on voit des Hébreux les prêtres revêtus.
Sa vue a ranimé mes esprits abattus;
Mais lorsque, revenant de mon trouble funeste,
J'admirais sa douceur, son air noble et modeste,
J'ai senti tout-à-coup un homicide acier,
Que le traître en mon sein a plongé tout entier.
De tant d'objets divers le bizarre assemblage
Peut-être du hasard vous paraît un ouvrage;
Moi-même quelque temps honteuse de ma peur,
Je l'ai pris pour l'effet d'une sombre vapeur;
Mais de ce souvenir mon âme possédée
A deux fois en dormant revu la même idée;
Deux fois mes tristes yeux se sont vu retracer
Ce même enfant toujours tout prêt à me percer.
Lasse enfin des horreurs dont j'étais poursuivie,
J'allais prier Baal de veiller sur ma vie;
Et chercher du repos aux pieds de ses autels.
Que ne peut la frayeur sur l'esprit des mortels!
Dans le temple des Juifs un instinct m'a poussée,
Et d'apaiser leur Dieu j'ai conçu la pensée;
J'ai cru que des présents calmeraient son courroux,
Que ce Dieu, quel qu'il soit, en deviendrait plus doux.
Pontife de Baal, excusez ma faiblesse.
J'entre : le peuple fuit; le sacrifice cesse.
Le grand-prêtre vers moi s'avance avec fureur;
Pendant qu'il me parlait, ô surprise! ô terreur!
J'ai vu ce même enfant dont je suis menacée
Tel qu'un songe effrayant l'a peint à ma pensée;
Je l'ai vu : son même air, son même habit de lin,
Sa démarche, ses yeux et tous ses traits enfin.

C'est lui-même : il marchait à côté du grand-prêtre.
Mais bientôt à ma vue on l'a fait disparaître.
Voilà quel trouble ici m'oblige à m'arrêter,
Et sur quoi j'ai voulu tous deux vous consulter.
Que présage, Mathan, ce prodige incroyable?

MATHAN.

Ce songe et ce rapport, tout me semble effroyable....

ATHALIE.

Mais cet enfant fatal, Abner, vous l'avez vu :
Quel est-il? de quel sang et de quelle tribu?

ABNER.

Deux enfants à l'autel prêtaient leur ministère :
L'un est fils de Joad, Josabeth est sa mère;
L'autre m'est inconnu.

MATHAN.

    Pourquoi délibérer?
De tous les deux, madame, il se faut assurer.
Vous savez pour Joad mes égards, mes mesures,
Que je ne cherche point à venger mes injures,
Que la seule équité règne en tous mes avis;
Mais lui-même, après tout, fût-ce son propre fils,
Voudrait-il un moment laisser vivre un coupable?

ABNER.

De quel crime un enfant peut-il être capable?

MATHAN.

Le ciel nous le fait voir un poignard à la main.
Le ciel est juste et sage, et ne fait rien en vain.
Que cherchez-vous de plus?

ABNER.

    Mais sur la foi d'un songe
Dans le sang d'un enfant voulez-vous qu'on se plonge?

Vous ne savez encor de quel père il est né,
Quel il est.

MATHAN.

On le craint : tout est examiné.
A d'illustres parents s'il doit son origine,
La splendeur de son sort doit hâter sa ruine.
Dans le vulgaire obscur si le sort l'a placé,
Qu'importe qu'au hasard un sang vil soit versé ?
Est-ce aux rois à garder cette lente justice ?
Leur sûreté souvent dépend d'un prompt supplice.
N'allons point les gêner d'un soin embarassant,
Dès qu'on leur est suspect on n'est plus innocent.

ABNER.

Eh quoi, Mathan ! d'un prêtre est-ce là le langage ?
Moi, nourri dans la guerre aux horreurs du carnage,
Des vengeances des rois ministre rigoureux,
C'est moi qui prête ici ma voix au malheureux !
Et vous, qui lui devez des entrailles de père,
Vous, ministre de paix dans les temps de colère,
Couvrant d'un zèle faux votre ressentiment,
Le sang à votre gré coule trop lentement !
Vous m'avez commandé de vous parler sans feinte,
Madame : quel est donc ce grand sujet de crainte ?
Un songe, un faible enfant que votre œil prévenu
Peut-être sans raison croit avoir reconnu.

ATHALIE.

Je le veux croire, Abner, je puis m'être trompée :
Peut-être un songe vain m'a trop préoccupée.
Eh bien, il faut revoir cet enfant de plus près ;
Il en faut à loisir examiner les traits.
Qu'on les fasse tous deux paraître en ma présence.

ABNER.

Je crains.....

ATHALIE.

Manquerait-on pour moi de complaisance ?
De ce refus bizarre où seraient les raisons ?
Il pourrait me jeter en d'étranges soupçons.
Que Josabeth, vous dis-je, ou Joad les amène.
Je puis, quand je voudrai, parler en souveraine.
Vos prêtres, je veux bien, Abner, vous l'avouer,
Des bontés d'Athalie ont lieu de se louer.
Je sais sur ma conduite et contre ma puissance,
Jusqu'où de leurs discours ils portent la licence :
Ils vivent cependant et leur temple est debout.
Mais je sens que bientôt ma douceur est à bout.
Que Joad mette un frein à son zèle sauvage,
Et ne m'irrite point par un second outrage.
Allez.

Scène VI.

ATHALIE. — MATHAN. — *Suite d'Athalie.*

MATHAN.

Enfin, je puis parler en liberté,
Je puis dans tout son jour mettre la vérité.
Quelque monstre naissant dans le temple s'élève;
Reine, n'attendez pas que le nuage crève :
Abner chez le grand-prêtre a devancé le jour :
Pour le sang de ses rois vous savez son amour.
Et qui sait si Joad ne veut point en leur place
Substituer l'enfant dont le ciel vous menace,
Soit son fils, soit quelque autre ?

ATHALIE.

Oui, vous m'ouvrez les yeux :
Je commence à voir clair dans cet avis des cieux.
Mais je veux de mon doute être débarassée :
Un enfant est peu propre à trahir sa pensée,

Souvent d'un grand dessein un mot nous fait juger.
Laissez-moi, cher Mathan, le voir, l'interroger.
Vous, cependant, allez; et, sans jeter d'alarmes,
A tous mes Tyriens faites prendre les armes.

Scène VII.

JOAS. — JOSABETH. — ZACHARIE. — ABNER. — SALOMITH. — DEUX LÉVITES. — LE CHOEUR. — *Suite d'Athalie.*

JOSABETH, *aux deux lévites.*

O vous, sur ces enfants si chers, si précieux,
Ministres du Seigneur, ayez toujours les yeux.

ABNER, *à Josabeth.*

Princesse, assurez-vous, je les prends sous ma garde.

ATHALIE.

O ciel! plus j'examine, et plus je le regarde.....
C'est lui! D'horreur encor tous mes sens sont saisis.
    (Montrant Joas.)
Epouse de Joad, est-ce là votre fils?

JOSABETH.

Qui? lui, madame?

ATHALIE.

Lui.

JOSABETH.

Je ne suis point sa mère,
Montrant Zacharie.
Voilà mon fils.

ATHALIE, *à Joas.*

Et vous? quel est donc votre père?
Jeune enfant, répondez.

JOSABETH.

Le ciel jusqu'aujourd'hui....

ATHALIE, *à Josabeth.*

Pourquoi vous pressez-vous de répondre pour lui ?
C'est à lui de parler.

JOSABETH.

Dans un âge si tendre,
Quel éclaircissement en pouvez-vous attendre ?

ATHALIE.

Cet âge est innocent : son ingénuité
N'altère point encor la simple vérité.
Laissez-le s'expliquer sur tout ce qui le touche !

JOSABETH, *à part.*

Daigne mettre, grand Dieu ! ta sagesse en sa bouche !

ATHALIE.

Comment vous nommez-vous ?

JOAS.

J'ai nom Eliacin.

ATHALIE.

Votre père ?

JOAS.

Je suis, dit-on, un orphelin,
Entre les bras de Dieu, jeté dès ma naissance,
Et qui de mes parents n'eus jamais connaissance.

ATHALIE.

Vous êtes sans parents ?

JOAS.

Ils m'ont abandonné.

ATHALIE.

Comment, et depuis quand ?

JOAS.

Depuis que je suis né.

ATHALIE.

Ne sait-on pas au moins quel pays est le vôtre ?

JOAS.

Ce temple est mon pays; je n'en connais point d'autre.

ATHALIE.

Où dit-on que le sort vous a fait rencontrer ?

JOAS.

Parmi des loups cruels prêts à me dévorer.

ATHALIE.

Qui vous mit dans ce temple ?

JOAS.

Une femme inconnue,
Qui ne dit point son nom et qu'on n'a point revue.

ATHALIE.

Mais de vos premiers ans quelles mains ont pris soin?

JOAS.

Dieu laissa-t-il jamais ses enfants au besoin ?
Aux petits des oiseaux il donne leur pâture,
Et sa bonté s'étend sur toute la nature.
Tous les jours je l'invoque, et d'un soin paternel
Il me nourrit des dons offerts sur son autel.

ATHALIE.

Quel prodige nouveau me trouble et m'embarasse!
La douceur de sa voix, son enfance, sa grâce,
Font insensiblement à mon inimitié
Succéder..... Je serais sensible à la pitié !

ABNER.

Madame, voilà donc cet ennemi terrible ?
De vos songes menteurs l'imposture est visible;

A moins que la pitié, qui semble vous troubler,
Ne soit ce coup fatal qui vous faisait trembler,

ATHALIE, *à Joas et à Josabeth.*

Vous sortez ?

JOSABETH.

Vous avez entendu sa fortune ;
Sa présence, à la fin, pourrait être importune.

ATHALIE.

Non : revenez. Quel est, tous les jours, votre emploi ?

JOAS.

J'adore le Seigneur ; on m'explique sa loi ;
Dans son livre divin on m'apprend à la lire,
Et déjà de ma main je commence à l'écrire.

ATHALIE.

Que vous dit cette loi ?

JOAS.

Que Dieu veut être aimé ;
Qu'il venge tôt ou tard son saint nom blasphémé ;
Qu'il est le défenseur de l'orphelin timide ;
Qu'il résiste au superbe et punit l'homicide.

ATHALIE.

J'entends. Mais tout ce peuple enfermé dans ce lieu,
A quoi s'occupe-t-il ?

JOAS.

Il loue, il bénit Dieu.

ATHALIE.

Dieu veut-il qu'à toute heure on prie, on le contemple ?

JOAS.

Tout profane exercice est banni de son temple.

ATHALIE.

Quels sont donc vos plaisirs ?

JOAS.

Quelquefois à l'autel
Je présente au grand-prêtre ou l'encens ou le sel ;
J'entends chanter de Dieu les grandeurs infinies,
Je vois l'ordre pompeux de ses cérémonies.

ATHALIE.

Eh quoi! vous n'avez point de passe-temps plus doux ?
Je plains le triste sort d'un enfant tel que vous.
Venez dans mon palais, vous y verrez ma gloire.

JOAS.

Moi! des bienfaits de Dieu je perdrais la mémoire!

ATHALIE.

Non, je ne vous veux pas contraindre à l'oublier.

JOAD.

Vous ne le priez point.

ATHALIE.

Vous pourrez le prier.

JOAS.

Je verrai cependant en invoquer un autre.

ATHALIE.

J'ai mon Dieu que je sers ; vous servirez le vôtre :
Ce sont deux puissants Dieux.

JOAS.

Il faut craindre le mien,
Lui seul est Dieu, Madame, et le vôtre n'est rien.

ATHALIE.

Les plaisirs près de moi vous chercheront en foule.

JOAS.

Le bonheur des méchants comme un torrent s'écoule.

ATHALIE.

Ces méchants, qui sont-ils ?

JOSABETH.

Eh ! madame, excusez
Un enfant....

ATHALIE, *à Josabeth.*

J'aime à voir comme vous l'instruisez.
Enfin, Eliacin, vous avez su me plaire ;
Vous n'êtes point sans doute un enfant ordinaire.
Vous voyez, je suis reine et n'ai point d'héritier,
Laissez là cet habit, quittez ce vil métier ;
Je veux vous faire part de toutes mes richesses.
Essayez dès ce jour l'effet de mes promesses,
A ma table, partout, à mes côtés assis,
Je prétends vous traiter comme mon propre fils.

JOAS.

Comme votre fils !

ATHALIE.

Oui.... Vous vous taisez ?

JOAS.

Quel père
Je quitterais.... Et pour....

ATHALIE.

Eh bien ?...

JOAS.

Pour quelle mère !

ATHALIE, *à Josabeth.*

Sa mémoire est fidèle, et dans tout ce qu'il dit,
De vous et de Joad je reconnais l'esprit.
Voilà comme infectant cette simple jeunesse,
Vous employez tous deux le calme où je vous laisse :

Vous cultivez déjà leur haine et leur fureur :
Vous ne leur prononcez mon nom qu'avec horreur.

####### JOSABETH.

Peut-on de nos malheurs leur dérober l'histoire ?
Tout l'univers les sait, vous-même en faites gloire.

####### ATHALIE.

Oui, ma juste fureur, et j'en fais vanité,
A vengé mes parents sur ma postérité.
J'aurais vu massacrer et mon père et mon frère,
Du haut de son palais précipiter ma mère,
Et dans un même jour égorger à la fois
(Quel spectacle d'horreur !) quatre-vingts fils de roi ;
Et pourquoi ? Pour venger je ne sais quels prophètes
Dont elle avait puni les fureurs indiscrètes :
Et moi, reine sans cœur, fille sans amitié,
Esclave d'une lâche et frivole pitié,
Je n'aurais pas du moins à cette aveugle rage
Rendu meurtre pour meurtre, outrage pour outrage,
Et de votre David traité tous les neveux
Comme on traitait d'Achab les restes malheureux !
Où serais-je aujourd'hui, si domptant ma faiblesse,
Je n'eusse d'une mère étouffé la tendresse ;
Si, de mon propre sang ma main versant des flots,
N'eût, par ce coup hardi, réprimé vos complots ?
Enfin de votre Dieu l'implacable vengeance
Entre nos deux maisons rompit toute alliance.
David m'est en horreur ; et les fils de ce roi,
Quoique nés de mon sang, sont étrangers pour moi.

####### JOSABETH.

Tout vous a réussi. Que Dieu voie et nous juge.

####### ATHALIE.

Ce Dieu, depuis long-temps votre unique refuge,

Que deviendra l'effet de ses prédictions ?
Qu'il vous donne ce roi promis aux nations,
Cet enfant de David, votre espoir votre attente.....
Mais nous nous reverrons. Adieu. Je sors contente.
J'ai voulu voir ; j'ai vu.

ABNER, *à Josabeth.*

     Je vous l'avais promis,
Je vous rends le dépôt que vous m'avez commis.

Scène VIII.

LES PRÉCÉDENTS. — *excepté Athalie.* — JOAD.

JOSABETH, *à Joad.*

Avez-vous entendu cette superbe reine,
Seigneur ?

JOAD.

    J'entendais tout, et plaignais votre peine.
Ces lévites et moi, prêts à vous secourir,
Nous étions avec vous résolus de périr.
(A Joas en l'embrassant.)
Que Dieu veille sur vous, enfant dont le courage
Vient de rendre à son nom ce noble témoignage.
Je reconnais, Abner, ce service important.
Souvenez-vous de l'heure où Joad vous attend.
Et nous, dont cette femme impie et meurtrière
A souillé les regards et troublé la prière,
Rentrons, et qu'un sang pur, par mes mains épanché
Lave jusques au marbre où ses pas ont touché.

Scène IX.

LE CHOEUR.

Une des filles du chœur.

Quel astre à nos yeux vient de luire ?

ACTE II.

Quel sera quelque jour cet enfant merveilleux ?
> Il brave le faste orgueilleux,
> Et ne se laisse point séduire
> A tous ses attraits périlleux.

Une autre.

Pendant que du dieu d'Athalie
Chacun court encenser l'autel,
Un enfant courageux publie
Que Dieu lui seul est éternel,
Et parle comme un autre Elie
Devant cette autre Jézabel.

Une autre.

Qui nous révélera ta naissance secrète,
Cher enfant? Es-tu fils de quelque saint prophète ?

Une autre.

Ainsi l'on vit l'aimable Samuël
> Croître à l'ombre du tabernacle :
Il devint des Hébreux l'espérance et l'oracle.
Puisses-tu, comme lui, consoler Israël !

Une autre chante.

O bienheureux mille fois
L'enfant que le Seigneur aime,
Qui de bonne heure entend sa voix,
Et que ce Dieu daigne instruire lui-même!
Loin du monde élevé, de tous les dons des cieux
Il est orné dès son enfance,
Et du méchant l'abord contagieux
N'altère point son innocence.

Tout le chœur.

Heureuse, heureuse l'enfance
Que le Seigneur instruit et prend sous sa défense !

La même voix, seule.

Tel en un secret vallon,
Sur le bord d'une onde pure,
Croît, à l'abri de l'aquilon,
Un jeune lis, l'amour de la nature.
Loin du monde élevé, de tous les dons des cieux
Il est orné dès sa naissance,
Et du méchant l'abord contagieux
N'altère point son innocence.

Tout le chœur.

Heureux, heureux mille fois
L'enfant que le Seigneur rend docile à ses lois !

Une voix seule.

Mon Dieu, qu'une vertu naissante
Parmi tant de périls marche à pas incertains !
Qu'une âme qui te cherche, et veut être innocente,
Trouve d'obstacle à ses desseins !
Que d'ennemis lui font la guerre !
Où se peuvent cacher tes saints ?
Les pécheurs couvrent la terre.

Une autre.

O palais de David, et sa chère cité,
Mont fameux que Dieu même a long-temps habité !
Comment as-tu du ciel attiré la colère ?
Sion, chère Sion, que dis-tu quand tu vois
Une impie étrangère
Assise, hélas ! au trône de tes rois ?

Tout le chœur.

Sion, chère Sion, que dis-tu quand tu vois
Une impie étrangère
Assise, hélas ! au trône de tes rois ?

ACTE II.

La même voix continue.

Au lieu des cantiques charmants
Où David t'exprimait ses saints ravissements
Et bénissait son Dieu, son Seigneur et son père;
Sion, chère Sion, que dis-tu quand tu vois
   Louer le dieu de l'impie étrangère,
Et blasphémer le nom qu'ont adoré tes rois?

Une voix seule.

Combien de temps, Seigneur, combien de temps encore
Verrons-nous contre toi les méchants s'élever?
Jusque dans ton saint temple ils viennent te braver;
Ils traitent d'insensé le peuple qui t'adore.
Combien de temps, Seigneur, combien de temps encore
Verrons-nous contre toi les méchants s'élever?

Une autre.

Que vous sert, disent-ils, cette vertu sauvage?
   De tant de plaisirs si doux
    Pourquoi fuyez-vous l'usage?
  Votre Dieu ne fait rien pour vous.

Une autre.

 Rions, chantons, dit cette troupe impie,
De fleurs en fleurs, de plaisirs en plaisirs,
   Promenons nos désirs.
 Sur l'avenir, insensé qui se fie.
De nos ans passagers le nombre est incertain;
Hâtons-nous aujourd'hui de jouir de la vie;
   Qui sait si nous serons demain?

Tout le chœur.

Qu'ils pleurent, ô mon Dieu! qu'ils frémissent de crainte,
  Ces malheureux qui de ta cité sainte
  Ne verront point l'éternelle splendeur.
C'est à nous de chanter, nous à qui tu révèles

Tes clartés immortelles ;
C'est à nous de chanter tes dons et ta grandeur.

Une voix seule.

De tous ces vains plaisirs où leur âme se plonge,
Que leur restera-t-il ? Ce qui reste d'un songe
    Dont on a reconnu l'erreur.
  A leur réveil (ô réveil plein d'horreur !)
    Pendant que le pauvre à ta table
Goûtera de ta paix la douceur ineffable,
Ils boiront dans la coupe affreuse, inépuisable,
Que tu présenteras au jour de ta fureur,
    A toute la race coupable.

Tout le chœur.

O réveil plein d'horreur !
O songe peu durable !
O dangereuse erreur !

FIN DU SECOND ACTE.

ACTE TROISIÈME.

Scène I.

MATHAN. — NABAL. — LE CHOEUR.

MATHAN.

Jeunes filles, allez. Qu'on dise à Josabeth
Que Mathan veut ici lui parler en secret.

Une des filles du chœur.

Mathan, ô Dieu du ciel, puisses-tu le confondre!

NABAL.

Hé quoi! tout se disperse et fuit sans vous répondre.

MATHAN.

Approchons.

Scène II.

ZACHARIE. — MATHAN. — NABAL.

ZACHARIE.

Téméraire, où voulez-vous passer ?
Au-delà de ce lieu gardez-vous d'avancer :
C'est des ministres saints la demeure sacrée ;
Les lois à tout profane en défendent l'entrée.
Qui cherchez-vous ? Mon père en ce jour solennel,
De l'idolâtre impur fuit l'aspect criminel ;
Et devant le Seigneur maintenant prosternée,
Ma mère en ce devoir craint d'être détournée.

MATHAN.

Mon fils, nous attendrons ; cessez de vous troubler.
C'est votre illustre mère à qui je veux parler.
Je viens ici chargé d'un ordre de la reine.

Scène III.

MATHAN. — NABAL.

NABAL.

Leurs enfants ont déjà leur audace hautaine.
Mais que veut Athalie en cette occasion ?
D'où naît dans ses conseils cette confusion ?
Par l'insolent Joad ce matin offensée,
Et d'un enfant fatal en songe menacée,
Elle allait immoler Joad à son courroux,
Et dans ce temple enfin placer Baal et vous.
Vous m'en aviez déjà confié votre joie,
Et j'espérais ma part d'une si riche proie.
Qui fait changer ainsi ses vœux irrésolus ?

MATHAN.

Ami, depuis deux jours je ne la connais plus.
Ce n'est plus cette reine éclairée, intrépide,
Elevée au-dessus de son sexe timide,
Qui d'abord accablait ses ennemis surpris,
Et d'un instant perdu connaissait tout le prix :
La peur d'un vain remords trouble cette grande âme :
Elle flotte, elle hésite ; en un mot elle est femme.
J'avais tantôt rempli d'amertume et de fiel
Son cœur déjà saisi des menaces du ciel :
Elle-même, à mes soins confiant sa vengeance,
M'avait dit d'assembler sa garde en diligence ;
Mais, soit que cet enfant devant elle amené
De ses parents, dit-on, rebut infortuné,
Eût d'un songe effrayant diminué l'alarme,
Soit qu'elle eût même en lui vu je ne sais quel charme,
J'ai trouvé son courroux chancelant, incertain,
Et déjà remettant sa vengeance à demain.
Tous ces projets semblaient l'un l'autre se détruire.

ACTE III.

« Du sort de cet enfant je me suis fait instruire,
» Ai-je dit, on commence à vanter ses aïeux ;
» Joad de temps en temps le montre aux factieux,
» Le fait attendre aux Juifs comme un autre Moïse,
» Et d'oracles menteurs s'appuie et s'autorise. »
Ces mots ont fait monter la rougeur sur son front.
Jamais mensonge heureux n'eut un effet si prompt.
« Est-ce à moi de languir dans cette incertitude !
» Sortons, a-t-elle dit, sortons d'inquiétude.
» Vous-même à Josabeth prononcez cet arrêt :
» Les feux vont s'allumer, et le fer est tout prêt ;
» Rien ne peut de leur temple empêcher le ravage,
» Si je n'ai de leur foi cet enfant pour ôtage. »

NABAL.

Hé bien, pour un enfant qu'ils ne connaissent pas,
Que le hasard peut-être a jeté dans leurs bras,
Voudront-ils que leur temple enseveli sous l'herbe.....

MATHAN.

Ah! de tous les mortels connais le plus superbe.
Plutôt que dans mes mains par Joad soit livré
Un enfant qu'à son Dieu Joad a consacré,
Tu lui verras subir la mort la plus terrible.
D'ailleurs, pour cet enfant leur attache est visible:
Si j'ai bien de la reine entendu le récit,
Joad sur sa naissance en sait plus qu'il ne dit.
Quel qu'il soit, je prévois qu'il leur sera funeste :
Ils le refuseront. Je prends sur moi le reste ;
Et j'espère qu'enfin de ce temple odieux
Et la flamme et le fer vont délivrer mes yeux.

NABAL.

Qui peut vous inspirer une haine si forte ?
Est-ce que de Baal le zèle vous transporte ?

Pour moi, vous le savez, descendu d'Ismaël,
Je ne sers ni Baal ni le Dieu d'Israël.

MATHAN.

Ami, peux-tu penser que d'un zèle frivole
Je me laisse aveugler pour une vaine idole,
Pour un fragile bois, que, malgré mon secours,
Les vers sur son autel consument tous les jours ?
Né ministre du Dieu qu'en ce temple on adore,
Peut-être que Mathan le servirait encore,
Si l'amour des grandeurs, la soif de commander,
Avec son joug étroit pouvaient s'accommoder.
Qu'est-il besoin, Nabal, qu'à tes yeux je rappelle
De Joad et de moi la fameuse querelle,
Quand j'osai contre lui disputer l'encensoir :
Mes brigues, mes combats, mes pleurs, mon désespoir?
Vaincu par lui, j'entrai dans une autre carrière,
Et mon âme à la cour s'attacha tout entière.
J'approchai par degrés de l'oreille des rois,
Et bientôt en oracle on érigea ma voix.
J'étudiai leur cœur, je flattai leurs caprices,
Je leur semai de fleurs le bord des précipices :
Près de leurs passions rien ne me fut sacré,
De mesure et de poids je changais à leur gré.
Autant que de Joad l'inflexible rudesse
De leur superbe oreille offensait la mollesse,
Autant je les charmai par ma dextérité,
Dérobant à leurs yeux la triste vérité,
Prêtant à leur fureur des couleurs favorables,
Et prodigue surtout du sang des misérables.
Enfin, au dieu nouveau qu'elle avait introduit
Par les mains d'Athalie un temple fut construit.
Jérusalem pleura de se voir profanée,
Des enfants de Lévi la troupe consternée

En poussa vers le ciel des hurlements affreux ;
Moi seul, donnant l'exemple aux timides Hébreux,
Déserteur de leur loi j'approuvais l'entreprise,
Et par là de Baal méritai la prêtrise ;
Par là je me rendis terrible à mon rival,
Je ceignis la tiare et marchai son égal.
Toutefois, je l'avoue, en ce comble de gloire,
Du Dieu que j'ai quitté l'importune mémoire
Jette encor en mon âme un reste de terreur ;
Et c'est ce qui redouble et nourrit ma fureur.
Heureux si, sur son temple achevant ma vengeance,
Je puis convaincre enfin sa haine d'impuissance,
Et parmi les débris, le ravage et les morts,
A force d'attentats perdre tous mes remords !
Mais voici Josabeth.

Scène IV.

JOSABETH. — MATHAN. — NABAL.

MATHAN.

Envoyé par la reine
Pour rétablir le calme et dissiper la haine,
Princesse, en qui le ciel mit un esprit si doux,
Ne vous étonnez pas si je m'adresse à vous.
Un bruit que j'ai pourtant soupçonné de mensonge,
Appuyant les avis qu'elle a reçus en songe,
Sur Joad accusé de dangereux complots,
Allait de sa colère attirer tous les flots.
Je ne veux point ici vous vanter mes services ;
De Joad contre moi je sais les injustices,
Mais il faut à l'offense opposer les bienfaits.
Enfin je viens chargé de paroles de paix,
Vivez, solennisez vos fêtes sans ombrage.
De votre obéissance elle ne veut qu'un gage :

C'est (pour l'en détourner j'ai fait ce que j'ai pu)
Cet enfant sans parents, qu'elle dit qu'elle a vu.

JOSABETH.

Eliacin ?

MATHAN.

J'en ai pour elle quelque honte ;
D'un vain songe peut-être elle fait trop de compte,
Mais vous vous déclarez ses mortels ennemis,
Si cet enfant sur l'heure en mes mains n'est remis.
Le reine impatiente attend votre réponse.

JOSABETH.

Et voilà de sa part la paix qu'on nous annonce!

MATHAN.

Pourriez-vous un moment douter de l'accepter ?
D'un peu de complaisance est-ce trop l'acheter !

JOSABETH.

J'admirais si Mathan, dépouillant l'artifice,
Avait pu de son cœur surmonter l'injustice,
Et si de tant de maux le funeste inventeur
De quelque ombre de bien pouvait être l'auteur.

MATHAN.

De quoi vous plaignez-vous ? Vient-on avec furie
Arracher de vos bras votre fils Zacharie ?
Quel est cet autre enfant si cher à votre amour ?
Ce grand attachement me surprend à mon tour.
Est-ce un trésor pour vous si précieux, si rare ?
Est-ce un libérateur que le ciel vous prépare ?.....
Songez-y..... Vos refus pourraient me confirmer
Un bruit sourd que déjà l'on commence à semer....

JOSABETH.

Quel bruit ?

MATHAN.

  Que cet enfant vient d'illustre origine ;
Qu'à quelque grand projet votre époux le destine.

JOSABETH.

Et Mathan, par ce bruit qui flatte sa fureur.....

MATHAN.

Princesse, c'est à vous à me tirer d'erreur.
Je sais que du mensonge implacable ennemie,
Josabeth livrerait même sa propre vie,
S'il fallait que sa vie à sa sincérité,
Coûtât le moindre mot contre la vérité.
Du sort de cet enfant on n'a donc nulle trace ?
Une profonde nuit enveloppe sa race ?
Et vous-même ignorez de quels parents issu,
De quelles mains Joad en ses bras l'a reçu ?
Parlez, je vous écoute, et suis prêt à vous croire.
Au Dieu que vous servez, princesse, rendez gloire.

JOSABETH.

Méchant! c'est bien à vous d'oser ainsi nommer
Un Dieu que votre bouche enseigne à blasphémer !
Sa vérité par vous peut-elle être attestée ?
Vous, malheureux, assis dans la chaire empestée,
Où le mensonge règne et répand son poison;
Vous, nourri dans la fourbe et dans la trahison.

Scène V.

JOAD. — JOSABETH. — MATHAN. — NABAL.

JOAD.

Où suis-je ? de Baal ne vois-je pas le prêtre ?
Quoi! fille de David, vous parlez à ce traître !
Vous souffrez qu'il vous parle ? et vous ne craignez pas
Que du fond de l'abîme entr'ouvert sous ses pas
Il ne sorte à l'instant des feux qui vous embrasent,

Ou qu'en tombant sur lui ces murs ne vous écrasent?
Que veut-il? De quel front cet ennemi de Dieu
Vient-il infecter l'air qu'on respire en ce lieu?

MATHAN.

On reconnaît Joad à cette violence.
Toutefois il devrait montrer plus de prudence,
Respecter une reine et ne pas outrager
Celui que de son ordre elle a daigné charger.

JOAD.

Hé bien! que nous fait-elle annoncer de sinistre?
Quel sera l'ordre affreux qu'apporte un tel ministre?

MATHAN.

J'ai fait à Josabeth savoir sa volonté.

JOAD.

Sors donc de devant moi, monstre d'impiété.
De toutes tes horreurs, va, comble la mesure.
Dieu s'apprête à te joindre à la race parjure,
Abiron et Dathan, Doëg, Achitophel;
Les chiens à qui son bras a livré Jézabel,
Attendant que sur toi sa fureur se déploie,
Déjà sont à ta porte et demandent leur proie.

MATHAN *troublé.*

Avant la fin du jour..... on verra qui de nous.....
Doit..... Mais sortons, Nabal.

NABAL.

Où vous égarez-vous?
De vos sens étonnés quel désordre s'empare?
Voilà votre chemin.

Scène VI.

JOAD. — JOSABETH.

JOSABETH.

L'orage se déclare:

Athalie en fureur demande Eliacin.
Déjà de sa naissance et de votre dessein
On commence, seigneur, à percer le mystère....
Peu s'en faut que Mathan ne m'ait nommé son père.

JOAD.

Au perfide Mathan qui l'aurait révélé ?
Votre trouble à Mathan n'a-t-il point trop parlé ?

JOSABETH.

J'ai fait ce que j'ai pu pour m'en rendre maîtresse :
Cependant, croyez-moi, seigneur, le péril presse :
Réservons cet enfant pour un temps plus heureux.
Tandis que les méchants délibèrent entr'eux,
Avant qu'on l'environne, avant qu'on nous l'arrache,
Une seconde fois souffrez que je le cache ;
Les portes, les chemins lui sont encore ouverts.
Faut-il le transporter aux plus affreux déserts ?
Je suis prête : je sais une secrète issue,
Par où, sans qu'on le voie, et sans être aperçue,
De Cédron, avec lui traversant le torrent ;
J'irai dans le désert, où jadis en pleurant,
Et cherchant comme nous son salut dans la fuite,
David d'un fils rebelle évita la poursuite.
Je craindrai moins pour lui les lions et les ours.....
Mais pourquoi de Jéhu refuser le secours
Je vous ouvre peut-être un avis salutaire ;
Faisons de ce trésor Jéhu dépositaire :
On peut dans ses Etats le conduire aujourd'hui.
Et le chemin est court qui mène jusqu'à lui.
Jéhu n'a point un cœur farouche, inexorable ;
De David à ses yeux le nom est favorable.
Hélas ! est-il un roi si dur et si cruel,
A moins qu'il n'eût pour mère une autre Jézabel,
Qui d'un tel suppliant ne plaignît l'infortune !
Sa cause à tous les rois n'est-elle pas commune ?

JOAD.

Quels timides conseils m'osez-vous suggérer ?
En l'appui de Jéhu pourriez-vous espérer ?

JOSABETH.

Dieu défend-il tout soin et toute prévoyance ?
Ne l'offense-t-on point par trop de confiance ?
A ses desseins sacrés employant les humains,
N'a-t-il pas de Jéhu lui-même armé les mains ?

JOAD.

Jéhu, qu'avait choisi sa sagesse profonde,
Jéhu, sur qui je vois que votre espoir se fonde,
D'un oubli trop ingrat a payé ses bienfaits :
Jéhu laisse d'Adhab l'affreuse fille en paix,
Suit des rois d'Israël les profanes exemples,
Du vil dieu de l'Egypte a conservé les temples ;
Jéhu, sur les hauts lieux enfin osant offrir
Un téméraire encens que Dieu ne peut souffrir :
N'a pour servir sa cause et venger ses injures,
Ni le cœur assez droit, ni les mains assez pures.
Non, non ; c'est à Dieu seul qu'il nous faut attacher :
Montrons Eliacin ; et, loin de le cacher,
Que du bandeau royal sa tête soit ornée ;
Je veux même avancer l'heure déterminée,
Avant que de Mathan le complot soit formé.

Scène VII.

JOAD. — JOSABETH. — AZARIAS. *Suivi, du chœur et de plusieurs lévites.*

JOAD.

Hé bien ! Azarias, le temple est-il fermé ?

AZARIAS.

J'en ai fait devant moi fermer toutes les portes.

JOAD.

N'y reste-t-il que vous et vos saintes cohortes ?

AZARIAS.
De ses parvis sacrés j'ai deux fois fait le tour ;
Tout a fui; tous se sont séparés sans retour,
Misérable troupeau qu'a dispersé la crainte :
Et Dieu n'est plus servi que dans la tribu sainte.
Depuis qu'à Pharaon ce peuple est échappé,
Une égale terreur ne l'avait point frappé.

JOAD.
Peuple lâche, en effet, et né pour l'esclavage,
Hardi contre Dieu seul! Poursuivons notre ouvrage.
Mais qui retient encor ces enfants parmi nous ?

Une des filles du chœur.
Hé pourrions-nous, seigneur, nous séparer de vous?
Dans le temple de Dieu sommes-nous étrangères ?
Vous avez près de vous nos pères et nos frères.

Une autre.
Hélas! si pour venger l'opprobre d'Israël,
Nos mains ne peuvent pas, comme autrefois Jahel (1)
Des ennemis de Dieu percer la tête impie,
Nous lui pouvons du moins immoler notre vie.
Quand vos bras combattront pour son temple attaqué,
Par nos larmes du moins il peut être invoqué.

JOAD.
Voilà donc quels vengeurs s'arment pour ta querelle,
Des prêtres, des enfants!....O sagesse éternelle !
Mais si tu les soutiens, qui peut les ébranler ?
Du tombeau, quand tu veux, tu sais nous rappeler :
Tu frappes et guéris, tu perds et ressuscites.
Ils ne s'assurent point en leurs propres mérites,
Mais en ton nom sur eux invoqué tant de fois,
En tes serments jurés au plus saint de leurs rois,
En ce temple où tu fais ta demeure sacrée,

(1) *Juges*, chap. 4.

Et qui doit du soleil égaler la durée.
Mais d'où vient que mon cœur frémit d'un saint effroi?
Est-ce l'esprit divin qui s'empare de moi ?
C'est lui-même : il m'échauffe; il parle; mes yeux s'ouvrent,
Et les siècles obscurs devant moi se découvrent,
Lévites, de vos sons prêtez-moi les accords,
Et de ses mouvements secondez les accords.

(Le chœur chante au son de toute la symphonie des instruments.)

Que du Seigneur la voix se fasse entendre,
Et qu'à nos cœurs son oracle divin
    Soit ce qu'à l'herbe tendre
Est, au printemps, la fraîcheur du matin.

JOAD.

Cieux, écoutez ma voix. Terre, prête l'oreille.
Ne dis plus, ô Jacob! que ton Seigneur sommeille.
Pécheurs, disparaissez, le Seigneur se réveille.

(Ici commence la symphonie, et Joad aussitôt reprend la parole.)

Comment en un plomb vil l'or pur (1) s'est-il changé ?
Quel est dans ce lieu saint ce pontife (2) égorgé ?
Pleure, Jérusalem, pleure, cité perfide,
Des prophètes divins malheureuse homicide;
De son amour pour toi ton Dieu s'est dépouillé....
Ton encens à ses yeux est un encens souillé....
  Où menez-vous ces enfants et ces femmes (3) ?
Le Seigneur a détruit la reine des cités :
Ses prêtres sont captifs, ses rois sont rejetés,
Dieu ne veut plus qu'on vienne à ses solennités.
Temple, renverse-toi. Cèdres, jetez des flammes.
  Jérusalem, objet de ma douleur,

(1) Joas. — (2) Zacharie. — (3) Captivité de Babylone.

Quelle main en un jour t'a ravi tous tes charmes ?
Qui changera mes yeux en deux sources de larmes
Pour pleurer ton malheur ?

AZARIAS.

O Saint temple !

JOSABETH.

O David !

Le chœur.

Dieu de Sion rappelle,
Rappelle en sa faveur tes antiques bontés.

*(La symphonie recommence encore, et Joad un
moment après l'interrompt.)*

JOAD.

Quelle Jérusalem nouvelle
Sort du fond du désert brillante de clartés,
Et porte sur le front une marque immortelle ?
Peuples de la terre, chantez !
Jérusalem renaît (1) plus charmante et plus belle :
D'où lui viennent de tous côtés
Ces enfants (2) qu'en son sein elle n'a point portés ?
Lève, Jérusalem, lève ta tête altière :
Regarde tous ces rois de ta gloire étonnés.
Les rois des nations, devant toi proternés,
De tes pieds baisent la poussière,
Les peuples à l'envi marchent à ta lumière.
Heureux qui, pour Sion, d'une sainte ferveur
Sentira son âme embrasée !
Cieux, répandez votre rosée ;
Et que la terre enfante son Sauveur.

(1) L'Eglise. — (2) Les Gentils.

JOSABETH.

Hélas! d'où nous viendra cette insigne faveur,
Si les rois de qui doit descendre ce Sauveur....

JOAD.

Préparez, Josabeth, le riche diadême
Que sur son front sacré David porta lui-même.
    (Aux lévites.)
Et vous, pour vous armer, suivez-moi dans ces lieux
Où se garde caché, loin des profanes yeux,
Ce formidable amas de lances et d'épées
Qui du sang philistin jadis furent trempés,
Et que David vainqueur, d'ans et d'honneurs chargé,
Fit consacrer au Dieu qui l'avait protégé,
Peut-on les employer pour un plus noble usage?
Venez, je veux moi-même en faire le partage?

Scène VIII.

SALOMITH. — LE CHOEUR.

SALOMITH.

Que de craintes, mes sœurs, que de troubles mortels!
  Dieu tout-puissant, sont-ce là les prémices,
    Les parfums et les sacrifices
Qu'on devait en ce jour offrir sur tes autels?

Une des filles du chœur.

  Quel spectacle à nos yeux timides!
  Qui l'eût cru, qu'on dût voir jamais
Les glaives meurtriers, les lances homicides,
  Briller dans la maison de paix!

Une autre.

D'où vient que pour son Dieu, pleine d'indifférence,
Jérusalem se tait en ce pressant danger?

ACTE III.

D'où vient, mes sœurs, que, pour nous protéger,
Le brave Abner au moins ne rompt pas le silence ?

SALOMITH.

Hélas ! dans une cour où l'on n'a d'autres lois
    Que la force et la violence,
    Où les honneurs et les emplois
Sont le prix d'une aveugle et basse obéissance,
    Ma sœur, pour la triste innocence
    Qui voudrait élever sa voix ?

Une autre.

Dans ce péril, dans ce désordre extrême,
Pour qui prépare-t-on le sacré diadème ?

SALOMITH.

    Le Seigneur a daigné parler.
Mais ce qu'à son prophète il vient de révéler,
    Qui pourra nous le faire entendre ?
    S'arme-t-il pour nous défendre ?
    S'arme-t-il pour nous accabler ?

Tout le chœur chante.

O promesse ! ô menace ! ô ténébreux mystère !
Que de maux, que de biens sont prédits tour à tour !
    Comment peut-on avec tant de colère
        Accorder tant d'amour ?

Une voix seule.

Sion ne sera plus ; une flamme cruelle
    Détruira tous ses ornements.

Une autre voix.

Dieu protége Sion ; elle a pour fondements
    Sa parole éternelle.

La première.

Je vois tout son éclat disparaître à mes yeux.

La seconde.

Je vois de toutes parts sa clarté répandue.

La première.

Dans un gouffre profond Sion est descendue.

La seconde.

Sion a son front dans les cieux.

La première.

Quel triste abaissement!

La seconde.

Quelle immortelle gloire!

La première.

Que de cris de douleurs?

La seconde.

Que de chants de victoire!

Une troisième.

Cessons de nous troubler : notre Dieu, quelque jour,
Dévoilera ce grand mystère.

Toutes trois.

Révérons sa colère,
Espérons en son amour.

Une autre.

D'un cœur qui t'aime,
Mon Dieu qui peut troubler la paix?
Il cherche en tout ta volonté suprême,
Et ne se cherche jamais.
Sur la terre, dans le ciel même,
Est-il d'autre bonheur que la tranquille paix
D'un cœur qui t'aime?

FIN DU TROISIÈME ACTE.

ACTE QUATRIEME.

Scène I.

JOAS. — JOSABETH. — ZACHARIE. — SALOMITH.
— UN LÉVITE. — LE CHŒUR.

SALOMITH.

D'un pas majestueux, à côté de ma mère,
Le jeune Eliacin s'avance avec mon frère.
Dans ces voiles, mes sœurs, que portent-ils tous deux ?
Quel est ce glaive enfin qui marche devant eux ?

JOSABETH, *à Zacharie.*

Mon fils, avec respect posez sur cette table
De notre sainte loi le livre redoutable :
Et vous aussi, posez, aimable Eliacin,
Cet auguste bandeau près du livre divin.
Lévite, il faut placer (Joad ainsi l'ordonne)
Le glaive de David auprès de sa couronne.

JOAS.

Princesse, quel est donc ce spectacle nouveau ?
Pourquoi ce livre saint, ce glaive, ce bandeau ?
Depuis que le Seigneur m'a reçu dans son temple,
D'un semblable appareil je n'ai point vu d'exemple.

JOSABETH, *en lui essayant le diadéme.*

Tous vos doutes, mon fils, bientôt s'éclairciront.

JOAS.

Vous voulez essayer ce bandeau sur mon front ?
Ah ! princesse, gardez d'en profaner la gloire :

Du roi qui l'a porté respectez la mémoire.
Un malheureux enfant aux ours abandonné....

JOSABETH, *en lui essayant une seconde fois le diadême.*

Laissez, mon fils, je fais ce qui m'est ordonné.

JOAS.

Mais j'entends les sanglots sortir de votre bouche :
Princesse, vous pleurez! Quelle pitié vous touche ?
Est-ce qu'en holocauste aujourd'hui présenté,
Je dois, comme autrefois la fille de Jephté,
Du Seigneur, par ma mort, apaiser la colère ?
Hélas! un fils n'a rien qui ne soit à son père.

JOSABETH.

Voici qui nous dira la volonté des cieux;
Ne craignez rien. Et nous, sortons tous de ces lieux.

Scène II.

JOAD. — JOAS.

JOAS, *courant dans les bras du grand-prêtre.*

Mon père!

JOAD.

Eh bien, mon fils ?

JOAS.

Qu'est-ce donc qu'on prépare ?

JOAD.

Il est juste, mon fils, que je vous le déclare.
Il faut que vous soyez instruit, même avant tous,
Des grands desseins de Dieu sur son peuple et sur vous.
Armez-vous d'un courage et d'une foi nouvelle :
Il est temps de montrer cette ardeur et ce zèle
Qu'au fond de votre cœur mes soins ont cultivés,

Et de payer à Dieu ce que vous lui devez.
Sentez-vous cette noble et généreuse envie ?

JOAS.

Je me sens prêt, s'il veut, de lui donner ma vie.

JOAD.

On vous a lu souvent l'histoire de nos rois ;
Vous souvient-il, mon fils, quelles étroites lois
Doit s'imposer un roi digne du diadême ?

JOAS.

Un roi sage, ainsi Dieu (1) l'a prononcé lui-même,
Sur la richesse et l'or ne met point son appui,
Craint le Seigneur son Dieu, sans cesse a devant lui
Ses préceptes, ses lois, ses jugements sévères,
Et d'injustes fardeaux n'accable point ses frères.

JOAD.

Mais sur l'un de ces rois s'il fallait vous régler,
A qui choisiriez-vous, mon fils, de ressembler ?

JOAS.

David, pour le Seigneur, plein d'un amour fidèle,
Me paraît des grands rois le plus parfait modèle.

JOAD.

Ainsi dans leurs excès vous n'imiteriez pas
L'infidèle Joram, l'impie Ochosias ?

JOAS.

O mon père !

JOAD.

  Achevez, dites : que vous en semble ?

JOAS.

Puisse périr comme eux quiconque leur ressemble !

(1) Deut. ch. 17.

(Joad se prosterne à ses pieds.)
Mon père, en quel état vous vois-je devant moi!

JOAD.

Je vous rends le respect que je dois à mon roi.
De votre aïeul David, Joas, rendez-vous digne.

JOAS.

Joas ? moi?

JOAD, *se relevant.*

Vous saurez par quelle grâce insigne
D'une mère en fureur Dieu trompant le dessein,
Quand déjà son poignard était dans votre sein,
Vous choisit, vous sauva du milieu du carnage.
Vous n'êtes pas encore échappé de sa rage :
Avec la même ardeur qu'elle voulut jadis
Perdre en vous le dernier des enfants de son fils,
A vous faire périr sa cruauté s'attache.
Et vous poursuit encor sous le nom qui vous cache.
Mais sous vos étendards j'ai déjà su ranger
Un peuple obéissant et prompt à vous venger.
Entrez, généreux chefs des familles sacrées,
Du ministère saint tour à tour honorées.

Scène III.

JOAS. — JOAD. — AZARIAS. — ISMAEL. —
TROIS AUTRES CHEFS DES LÉVITES.

JOAD.

Roi, voilà vos vengeurs contre vos ennemis ;
Prêtres, voilà le roi que je vous ai promis.

AZARIAS.

Quoi! c'est Eliacin !

ISMAEL.

Quoi! cet enfant aimable....

JOAD.

Est des rois de Juda l'héritier véritable,
Dernier né des enfants du triste Ochosias,
Nourri, vous le savez sous le nom de Joas.
De cette fleur si tendre et sitôt moissonnée,
Tout Juda, comme vous, plaignant la destinée,
Avec ses frères morts le crut enveloppé.
Du perfide couteau comme eux il fut frappé,
Mais Dieu du coup mortel sut détourner l'atteinte,
Conserva dans son cœur la chaleur presque éteinte,
Permit que, des bourreaux trompant l'œil vigilant,
Josabeth dans son sein l'emportât tout sanglant,
Et n'ayant de son vol que moi seul pour complice,
Dans le temple cachât l'enfant et la nourrice.

JOAS.

Hélas! de tant d'amour et de tant de bienfaits,
Mon père, quel moyen de m'acquitter jamais!

JOAD.

Gardez pour d'autres temps cette reconnaissance.
  Voilà donc votre roi, votre unique espérance,
J'ai pris soin jusqu'ici de vous le conserver :
Ministres du Seigneur, c'est à vous d'achever.
Bientôt de Jézabel la fille meurtrière,
Instruite que Joas voit encore la lumière,
Dans l'horreur du tombeau viendra le replonger.
Déjà, sans le connaître, elle veut l'égorger.
Prêtres saints, c'est à vous de prévenir sa rage.
Il faut finir des Juifs le honteux esclavage;
Venger vos princes morts, relever votre loi,
Et faire aux deux tribus reconnaître leur roi.
L'entreprise, sans doute, est grande et périlleuse;
J'attaque sur son trône une reine orgueilleuse,
Qui voit sous ses drapeaux marcher un camp nombreux

De hardis étrangers, d'infidèles Hébreux;
Mais ma force est au Dieu dont l'intérêt me guide;
Songez qu'en cet enfant tout Israël réside.
Déja ce Dieu vengeur commence à la troubler;
Déjà, trompant ses soins, j'ai su vous rassembler.
Elle nous croit ici sans armes, sans défense.
Couronnons, proclamons Joas en diligence.
De là, du nouveau prince intrépides soldats,
Marchons, en invoquant l'arbitre des combats;
Et réveillant la foi dans les cœurs endormie,
Jusque dans son palais cherchons notre ennemie.
Et quels cœurs si plongés dans un lâche sommeil,
Nous voyant avancer dans ce saint appareil,
Ne s'empresseront pas à suivre notre exemple?
Un roi que Dieu lui-même a nourri dans son temple;
Le successeur d'Aaron, de ses prêtres suivi,
Conduisant au combat les enfants de Lévi,
Et dans ces mêmes mains des peuples révérées,
Les armes au Seigneur par David consacrées!
Dieu sur ses ennemis répandra sa terreur.
Dans l'infidèle sang baignez-vous sans horreur;
Frappez et Tyriens et même Israélites.
Ne descendez-vous pas de ces fameux lévites,
Qui, lorsqu'au dieu du Nil le volage Israël
Rendit dans le désert un culte criminel,
De leurs plus chers parents saintement homicides,
Consacrèrent leurs mains dans le sang des perfides?
Et par ce noble exploit vous acquirent l'honneur
D'être seuls employés aux autels du Seigneur?
Mais je vois que déjà vous brûlez de me suivre;
Jurez donc, avant tout, sur cet auguste livre,
A ce roi que le ciel vous redonne aujourd'hui,
De vivre, de combattre et de mourir pour lui.

AZARIAS, *au bout de la table, ayant la main
sur le livre saint.*

Oui, nous jurons ici pour nous, pour tous nos frères,
De rétablir Joas au trône de ses pères ;
De ne poser vos fers entre nos mains remis,
Qu'après l'avoir vengé de tous ses ennemis.
Si quelque transgresseur enfreint cette promesse,
Qu'il éprouve, grand Dieu, ta fureur vengeresse,
Qu'avec lui ses enfants, de ton partage exclus,
Soient au rang de ces morts que tu ne connais plus !

JOAD.

Et vous, à cette loi, votre règle éternelle,
Roi, ne jurez-vous pas d'être toujours fidèle ?

JOAS.

Pourrais-je à cette loi ne pas me conformer ?

JOAD.

O mon fils ! de ce nom j'ose encor vous nommer,
Souffrez cette tendresse, et pardonnez aux larmes
Que m'arrachent pour vous de trop justes alarmes.
Loin du trône nourri, de ce fatal honneur,
Hélas ! vous ignorez le charme empoisonneur ;
De l'absolu pouvoir vous ignorez l'ivresse,
Et des lâches flatteurs la voix enchanteresse.
Bientôt ils vous diront que les plus saintes lois,
Maîtresses du vil peuple obéissent aux rois ;
Qu'un roi n'a d'autre frein que sa volonté même,
Qu'il doit immoler tout à sa grandeur suprême :
Qu'aux larmes, au travail le peuple est condamné,
Et d'un sceptre de fer veut être gouverné ;
Que, s'il n'est opprimé, tôt ou tard il opprime.
Ainsi de piège en piège, et d'abîme en abîme,
Corrompant de vos mœurs l'aimable pureté,

Ils vous feront enfin haïr la vérité,
Vous peindront la vertu sous une affreuse image.
Hélas! ils ont des rois égaré le plus sage!
Promettez sur ce livre, et devant ces témoins,
Que Dieu fera toujours le premier de vos soins;
Que, sévère aux méchants, et des bons le refuge,
Entre le pauvre et vous vous prendrez Dieu pour juge;
Vous souvenant, mon fils, que, caché sous ce lin,
Comme eux vous fûtes pauvre, et comme eux orphelin.

  JOAS, *au milieu de la table, ayant la main*
    sur le livre saint.

Je promets d'observer ce que la loi m'ordonne;
Mon Dieu, punissez-moi si je vous abandonne.

     JOAD.

Venez, de l'huile sainte il faut vous consacrer.
Paraissez, Josabeth, vous pouvez vous montrer.

Scène IV.

 LES PRÉCÉDENTS. — JOSABETH. — ZACHARIE. — SALOMITH. — LE CHOEUR.

   JOSABETH, *embrassant Joas.*

O roi, fils de David!

     JOAS.

    O mon unique mère!
Venez, cher Zacharie embrasser votre frère.

   JOSABETH, *à Zacharie.*

Aux pieds de votre roi prosternez-vous, mon fils.
(Zacharie se jette aux pieds de Joas.)

  JOAD, *pendant qu'ils s'embrassent.*

Enfants, ainsi toujours puissiez-vous être unis!

   JOSABETH, *à Joas.*

Vous savez donc quel sang vous a donné la vie?

ACTE IV.

JOAS.

Et je sais quelle main sans vous me l'eût ravie.

JOSABETH.

De votre nom, Joas, je puis donc vous nommer ?

JOAS.

Joas ne cessera jamais de vous aimer.

Une voix.

Quoi ! c'est là.....

JOSABETH.

C'est Joas.

JOAD.

Ecoutons ce lévite.

Scène V.

LES PRÉCÉDENTS. — UN LEVITE. — LE CHOEUR

LE LÉVITE.

J'ignore contre Dieu quel projet on médite ;
Mais l'airain menaçant frémit de toutes parts.
On voit luire les feux parmi des étendards,
Et sans doute Athalie assemble son armée.
Déjà même au secours toute voie est fermée,
Déjà le sacré mont où le temple est bâti
D'insolents Tyriens est partout investi
L'un d'eux, en blasphémant, vient de nous faire entendre
Qu'Abner est dans les fers et ne peut nous défendre.

JOSABETH, *à Joas.*

Cher enfant, que le ciel en vain m'avait rendu,
Hélas ! pour vous sauver j'ai fait ce que j'ai pu,
Dieu ne se souvient plus de David votre père.

JOAD, *à Josabeth.*

Quoi ! vous ne craignez pas d'attirer sa colère
Sur vous et sur ce roi si cher à votre amour ?

Et quand Dieu, de vos bras l'arrachant sans retour,
Voudrait que de David la maison fût éteinte,
N'êtes-vous pas ici sur la montagne sainte
Où le père des Juifs, sur son fils innocent,
Leva, sans murmurer, un bras obéissant,
Et mit sur un bûcher ce fruit de sa vieillesse,
Laissant à Dieu le soin d'accomplir sa promesse,
Et lui sacrifiant, avec ce fils aimé,
Tout l'espoir de sa race en lui seul renfermé ?
Amis, partageons-nous : qu'Ismaël en sa garde
Prenne tout le côté que l'orient regarde :
Vous, le côté de l'ourse ; et vous, de l'occident :
Vous, le midi ; qu'aucun, par un zèle imprudent,
Découvrant mes desseins, soit prêtre, soit lévite,
Ne sorte avant le temps et ne se précipite ;
Et que chacun enfin, d'un même esprit poussé,
Garde, en mourant, le poste où je l'aurai placé.
L'ennemi nous regarde, en son aveugle rage,
Comme de vils troupeaux réservés au carnage,
Et croit ne rencontrer que désordre et qu'effroi.
Qu'Azarias partout accompagne le roi.
  (A Joas.)
Venez, cher rejeton d'une vaillante race,
Remplir vos défenseurs d'une nouvelle audace ;
Venez du diadème à leurs yeux vous couvrir,
Et périssez du moins en roi, s'il faut périr.
      (A un lévite.)
Suivez-le, Josabeth. Vous, donnez-moi ces armes.
  (Au chœur.)
Enfants, offrez à Dieu vos innocentes larmes.

Scène VII.

SALOMITH. — LE CHOEUR.

Le chœur chante.

Partez, enfants d'Aaron, partez :

Jamais plus illustre querelle
De vos aïeux n'arma le zèle.
Partez, enfants d'Aaron, partez.
C'est votre roi, c'est Dieu pour qui vous combattez.

Une voix seule.

Où sont les traits que tu lances,
Grand Dieu, dans ton juste courroux ?
N'es-tu plus le Dieu jaloux ?
N'es-tu plus le Dieu des vengeances ?

Une autre.

Où sont, Dieu de Jacob, tes antiques bontés ?
Dans l'horreur qui nous environne
N'entends-tu que la voix de nos iniquités ?
N'es-tu plus le Dieu qui pardonne ?

Le chœur.

Où sont, Dieu de Jacob, tes antiques bontés ?

Une voix seule.

C'est à toi que dans cette guerre
Les flèches des méchants prétendent s'adresser.
Faisons, disent-ils, cesser
Les fêtes de Dieu sur la terre ;
De son joug importun délivrons les mortels ;
Massacrons tous ses saints, renversons ses autels.
Que de son nom, que de sa gloire
Il ne reste plus de mémoire.
Que ni lui ni son Christ ne règnent plus sur vous.

Le chœur.

Où sont les traits que tu lances,
Grand Dieu, dans ton juste courroux ?
N'es-tu plus le Dieu jaloux ?
N'es-tu plus le Dieu des vengeances ?

Une voix seule.

Triste reste de nos rois,
Chère et dernière fleur d'une tige si belle,
Hélas! sous le couteau d'une mère cruelle
Te verrons-nous tomber une seconde fois!
Prince aimable, dis-nous si quelque ange, au berceau,
Contre tes assassins prit soin de te défendre;
Ou si dans la nuit du tombeau
La voix du Dieu vivant a ranimé ta cendre.

Une autre.

D'un père et d'un aïeul contre toi révoltés,
Grand Dieu, les attentats lui sont-ils imputés?
Est-ce que sans retour ta pitié l'abandonne?

Le chœur.

Où sont, Dieu de Jacob, tes antiques bontés?
N'es-tu plus le Dieu qui pardonne?

Une des filles du chœur, sans chanter.

Chères sœurs, n'entendez-vous pas
Des cruels Tyriens la trompette qui sonne?

SALOMITH.

J'entends même les cris des barbares soldats,
Et d'horreur j'en frisonne
Courons, fuyons, retirons-nous
A l'ombre salutaire
Du redoutable sanctuaire.

FIN DU QUATRIÈME ACTE.

ACTE CINQUIÈME.

Scène I.

ZACHARIE. — SALOMITH. — LE CHOEUR.

SALOMITH.

Cher Zacharie, eh bien! que nous apprenez-vous?
Les ennemis de Dieu ressentent-ils nos coups?

ZACHARIE.

Redoublez au Seigneur votre ardente prière;
Peut-être nous touchons à notre heure dernière:
Pour l'horrible combat, ma sœur, l'ordre est donné.

SALOMITH.

Que fait Joas?

ZACHARIE.

Joas vient d'être couronné.
Le grand-prêtre a sur lui répandu l'huile sainte.
O ciel! dans tous les yeux quelle joie était peinte
A l'aspect de ce roi racheté du tombeau!
Ma sœur, on voit encore la marque du couteau.
On voit paraître aussi sa fidèle nourrice,
Qui, cachée en un coin de ce vaste édifice,
Gardait ce cher dépôt, et n'avait de ses soins
Que les yeux de ma mère, et que Dieu pour témoins.
Nos lévites pleuraient de joie et de tendresse,
Et mêlaient leurs sanglots à leurs cris d'allégresse;
Lui, parmi ces transports, affable et sans orgueil,
A l'un tendait la main, flattait l'autre de l'œil,
Jurait de se régler par leurs avis sincères,
Et les appelait tous ses pères ou ses frères.

SALOMITH.

Ce secret au dehors est-il aussi semé ?

ZACHARIE.

Ce secret dans le temple est encor renfermé.
Des enfants de Lévi la troupe partagée,
Dans un profond silence aux portes s'est rangée.
Tous doivent à la fois précipiter leurs pas,
Et crier pour signal : Vive le roi Joas :
Mais mon père défend que le roi se hasarde,
Et veut qu'Azarias demeure pour sa garde.
Cependant Athalie, un poignard à la main,
Rit des faibles remparts de nos portes d'airain :
Pour les rompre elle attend les fatales machines
Et ne respire enfin que sang et que ruines.
Quelques prêtres, ma sœur, ont d'abord proposé
Qu'en un lieu souterrain par nos pères creusé,
On renfermât du moins notre arche précieuse :
O crainte ! a dit mon père, indigne, injurieuse !
L'arche qui fit tomber tant de superbes tours,
Et força le Jourdain de rebrousser son cours,
Des dieux des nations tant de fois triomphante,
Fuirait donc à l'aspect d'une femme insolente !
Ma mère, auprès du roi, dans un trouble mortel,
L'œil tantôt sur ce prince et tantôt sur l'autel,
Muette, et succombant sous le poids des alarmes,
Aux yeux les plus cruels arracherait des larmes.
Le roi de temps en temps la presse entre ses bras,
La flatte..... Chères sœurs, suivez toutes mes pas,
Et s'il faut aujourd'hui que notre roi périsse,
Allons, qu'un même sort avec lui nous unisse.

SALOMITH.

Quelle insolente main frappe à coups redoublés ?

Qui fait courir ainsi ces lévites troublés ?
Quelle précaution leur fait cacher leurs armes ?
Le temple est-il forcé ?

ZACHARIE.

Dissipez vos alarmes,
Dieu nous envoie Abner.

Scène II.

ABNER. — JOAD. — JOSABETH. — ZACHARIE. — SALOMITH. — ISMAEL. — DEUX LÉVITES.

JOAD.

En croirai-je mes yeux,
Cher Abner ? Quel chemin a pu jusqu'en ces lieux,
Vous conduire au travers d'un camp qui nous assiége ?
On disait que d'Achab la fille sacrilége
Avait, pour assurer ses projets inhumains,
Chargé d'indignes fers vos généreuses mains ?

ABNER.

Oui, seigneur ; elle a craint mon zèle et mon courage;
Mais c'est le moindre prix que me gardait sa rage.
Dans l'horreur d'un cachot, par son ordre enfermé,
J'attendais que, le temple en cendre consumé,
De tant de flots de sang non encore assouvie,
Elle vînt m'affranchir d'une importune vie,
Et retrancher des jours qu'aurait dû mille fois
Terminer la douleur de survivre à mes rois.

JOAD.

Par quel miracle a-t-on obtenu votre grâce ?

ABNER.

Dieu dans ce cœur cruel sait seul ce qui se passe.
Elle m'a fait venir, et d'un air égaré :
« Tu vois de mes soldats tout ce peuple entouré,

» Dit-elle ; un feu vengeur va le réduire en cendre ;
» Et ton Dieu contre moi ne le saurait défendre :
» Ses prêtres toutefois (mais il faut se hâter)
» A deux conditions peuvent se racheter ;
» Qu'avec Eliacin on mette en ma puissance
» Un trésor dont je sais qu'ils ont la connaissance,
» Par votre roi David autrefois amassé,
» Sous le sceau du secret au grand-prêtre laissé :
» Va, dis-leur qu'à ce prix je leur permets de vivre. »

JOAD.

Quel conseil, cher Abner, croyez-vous qu'on doit suivre ?

ABNER.

Et tout l'or de David, s'il est vrai qu'en effet
Vous gardiez de David quelque trésor secret ;
Et tout ce que des mains de cette reine avare
Vous avez pu sauver et de riche et de rare,
Donnez-le. Voulez-vous que d'impurs assassins
Viennent brûler l'autel, brûler les chérubins,
Et, portant sur notre arche une main téméraire,
De votre propre sang souiller le sanctuaire ?

JOAD.

Mais siérait-il, Abner, à des cœurs généreux
De livrer au supplice un enfant malheureux,
Un enfant que Dieu même à ma garde confie,
Et de nous racheter aux dépens de sa vie ?

ABNER.

Hélas ! Dieu voit mon cœur. Plût à ce Dieu puissant
Qu'Athalie oubliât un enfant innocent,
Et que du sang d'Abner sa cruauté contente
Crût calmer par ma mort le ciel qui la tourmente !
Mais que peuvent pour lui nos inutiles soins ?
Quand vous périrez tous, en périra-t-il moins ?

Dieu vous ordonne-t-il de tenter l'impossible ?
Pour obéir aux lois d'un tyran inflexible,
Moïse, par sa mère au Nil abandonné,
Se vit, presque en naissant, à périr condamné ;
Mais Dieu, le conservant contre toute espérance,
Fit par le tyran même élever son enfance.
Qui sait ce qu'il réserve à votre Éliacin ;
Et si, lui préparant un semblable destin,
Il n'a point de pitié déjà rendu capable
De nos malheureux rois l'homicide implacable ?
Du moins (et Josabeth comme moi l'a pu voir)
Tantôt à son aspect je l'ai vu s'émouvoir ;
J'ai vu de son courroux tomber la violence.

(A Josabeth.)

Princesse, en ce péril vous gardez le silence ?
Eh quoi! pour un enfant qui vous est étranger,
Souffrez-vous que sans fruit Joad laisse égorger
Vous, son fils, tout ce peuple, et que le feu dévore
Le seul lieu sur la terre où Dieu veut qu'on l'adore ?
Que feriez-vous de plus si des rois vos aïeux
Ce jeune enfant était un reste précieux ?

JOSABETH, *bas à Joad.*

Pour le sang de ses rois vous voyez sa tendresse;
Que ne lui parlez-vous ?

JOAD.

    Il n'est pas temps, princesse.

ABNER.

Le temps est cher, seigneur, plus que vous ne pensez.
Tandis qu'à me répondre ici vous balancez,
Mathan, près d'Athalie étincelant de rage,
Demande le signal et presse le carnage ;
Faut-il que je me jette à vos sacrés genoux ?

Au nom du lieu si saint qui n'est ouvert qu'à vous,
Lieu terrible où de Dieu la majesté repose,
Quelque dure que soit la loi qu'on vous impose,
De ce coup imprévu songeons à nous parer.
Donnez-moi seulement le temps de respirer :
Demain, dès cette nuit, je prendrai des mesures
Pour assurer le temple et venger ses injures.....
Mais je vois que mes pleurs et que mes vains discours,
Pour vous persuader sont un faible secours;
Votre austère vertu n'en peut être frappée,
Eh bien! trouvez-moi donc quelque arme, quelque épée,
Et qu'aux portes du temple où l'ennemi m'attend,
Abner puisse du moins mourir en combattant!

JOAD.

Je me rends. Vous m'ouvrez un avis que j'embrasse :
De tant de maux, Abner, détournons la menace :
Il est vrai, de David un trésor est resté;
La garde en fut commise à ma fidélité.
C'était des tristes Juifs l'espérance dernière,
Que mes soins vigilants cachaient à la lumière;
Mais puisqu'à votre reine il faut le découvrir,
Je vais la contenter, nos portes vont s'ouvrir.
De ses plus braves chefs qu'elle entre accompagnée :
Mais de nos saints autels qu'elle tienne éloignée
D'un ramas d'étrangers l'indiscrète fureur;
Du pillage du temple épargnez-moi l'horreur.
Des prêtres, des enfants lui feraient-ils quelque ombre?
De sa suite avec vous qu'elle règle le nombre.
Et quant à cet enfant si craint, si redouté,
De votre cœur, Abner, je connais l'équité :
Je vous veux devant elle expliquer sa naissance :
Vous verrez s'il le faut remettre en sa puissance,
Et je vous ferai juge entre Athalie et lui.

ABNER.

Ah! je le prends déjà, seigneur, sous mon appui.
Ne craignez rien. Je cours vers celle qui m'envoie.

Scène III.

JOAD. — JOSABETH. — ZACHARIE. — SALOMITH.
— ISMAEL. — DEUX LÉVITES. — LE CHOEUR.

JOAD.

Grand Dieu! voici ton heure, on t'amène ta proie.
Ismaël, écoutez.   *(Il lui parle bas.)*

JOSABETH.

Puissant maître des cieux,
Remets-lui le bandeau dont tu couvris ses yeux,
Lorsque, lui dérobant tout le fruit de son crime,
Tu cachas dans mon sein cette tendre victime!

JOAD.

Allez, sage Ismaël, ne perdez point de temps;
Suivez de point en point ces ordres importants.
Surtout qu'à son entrée et que sur son passage
Tout d'un calme profond lui présente l'image.
Vous, enfants, préparez un trône pour Joas,
Qu'il s'avance suivi de nos sacrés soldats.
Faites venir aussi sa fidèle nourrice,
Princesse, et de vos pleurs que la source tarisse.
        (A un lévite.)
Vous, dès que cette reine, ivre d'un fol orgueil,
De la porte du temple aura passé le seuil,
Qu'elle ne pourra plus retourner en arrière,
Prenez soin qu'à l'instant la trompette guerrière
Dans le camp ennemi jette un subit effroi :
Appelez tout le peuple au secours de son roi,
Et faites retentir jusques à son oreille

De Joas conservé l'étonnante merveille.
Il vient.

Scène IV.

JOAS. — JOAD. — JOSABETH. — ZACHARIE. — SALOMITH. — AZARIAS. — TROUPE DE PRÊTRES ET DE LÉVITES. — LE CHOEUR.

JOAD.

Lévites saints, prêtres de notre Dieu,
Partout, sans vous montrer, environnez ce lieu ;
Et, laissant à mes soins gouverner votre zèle,
Pour paraître, attendez que ma voix vous appelle.
(Ils se cachent tous.)
Roi, je crois qu'à vos vœux cet espoir est permis,
Venez voir à vos pieds tomber vos ennemis.
Celle dont la fureur poursuivit votre enfance,
Vers ces lieux à grands pas pour vous perdre s'avance :
Mais ne la craignez point. Songez qu'autour de vous
L'ange exterminateur est debout avec nous.
Montez sur votre trône, et..... Mais la porte s'ouvre,
Permettez un moment que ce voile vous couvre.
(Il tire un rideau.)
Vous changez de couleur, princesse?

JOSABETH.

Ah! sans pâlir
Puis-je voir d'assassins le temple se remplir ?
Quoi! ne voyez-vous pas quelle nombreuse escorte.....

JOAD.

Je vois que du saint temple on referme la porte.
Tout est en sûreté.

ACTE V.

Scène V.

ATHALIE. — JOAS *caché derrière le rideau.* — JOAD. — JOSABETH. — ABNER. — SUITE D'ATHALIE.

ATHALIE, *à Joad.*

Te voilà, séducteur,
De ligues, de complots, pernicieux auteur,
Qui dans le trouble seul as mis tes espérances !
Eternel ennemi des suprêmes puissances,
En l'appui de ton Dieu tu t'étais reposé :
De ton espoir frivole es-tu désabusé ?
Il laisse en mon pouvoir et ton temple et ta vie.
Je devrais sur l'autel où ta main sacrifie
Te..... Mais du prix qu'on m'offre il faut me contenter,
Ce que tu m'as promis songe à l'exécuter.
Cet enfant, ce trésor, qu'il faut qu'on me remette,
Où sont-ils ?

JOAD.

Sur le champ tu seras satisfaite,
Je te les vais montrer l'un et l'autre à la fois.

(Le rideau étant tiré, on voit Joas sur son trône; sa nourrice est à genoux à sa droite; Azarias, l'épée à la main, est debout à sa gauche, et près de lui Zacharie et Salomith sont à genoux sur les degrés du trône; plusieurs lévites, l'épée à la main, sont rangés sur les côtés.)

Paraissez, cher enfant, digne sang de nos rois.
Connais-tu l'héritier du plus saint des monarques,
Reine ? de ton poignard connais du moins ces marques
Voilà ton roi, ton fils, le fils d'Ochosias.
Peuples, et vous Abner, reconnaissez Joas.

ABNER.

Ciel!

ATHALIE, *à Joad.*

Perfide!

JOAD.

Vois-tu cette Juive fidèle
Dont tu sais bien qu'alors il suçait la mamelle?
Il fut par Josabeth à ta rage enlevé;
Ce temple le reçut, et Dieu l'a conservé.
Des trésors de David voilà ce qui me reste.

ATHALIE.

Ta fourbe à cet enfant, traître, sera funeste.
D'un fantôme odieux, soldats, délivrez-moi.

JOAD.

Soldats du Dieu vivant, défendez votre roi.

(Ici le fond du théâtre s'ouvre. On voit le dedans du temple, et les lévites armés entrent de tous côtés sur la scène.)

ATHALIE.

Où suis-je? ô trahison! ô reine infortunée!
D'armes et d'ennemis je suis environnée.

JOAD.

Tes yeux cherchent en vain, tu ne peux échapper;
Et Dieu de toutes parts a su t'envelopper.
Ce Dieu que tu bravais en nos mains t'a livrée:
Rends-lui compte du sang dont tu t'es enivrée.

ATHALIE.

Quoi! la peur a glacé mes indignes soldats!
Lâche Abner, dans quel piège as-tu conduit mes pas!

ABNER.

Reine, Dieu m'est témoin.....

ATHALIE.

Laisse là ton Dieu, traître,
Et venge-moi.

ABNER, *se jetant aux pieds de Joas.*

Sur qui? Sur Joas! sur mon maître!

ATHALIE.

Lui, Joas? lui, ton roi? Songez, méchants, songez
Que mes armes encor vous tiennent assiégés.
J'entends à haute voix tout mon camp qui m'appelle,
On vient à mon secours. Tremblez, troupe rebelle.

Scène VI.

ISMAEL. — JOAS. — JOAD. — ATHALIE. —
Et tous les acteurs de la scène précédente.

ISMAEL, *à Joad.*

Seigneur, le temple est libre et n'a plus d'ennemis;
L'étranger est en fuite, et le Juif est soumis.
Comme le vent dans l'air dissipe la fumée,
La voix du Tout-Puissant a chassé cette armée,
Nos lévites du haut de nos sacrés parvis,
D'Ochosias au peuple ont annoncé le fils,
Ont conté son enfance au glaive dérobée,
Et la fille d'Achab dans le piège tombée.
Partout en même temps la trompette a sonné,
Et ses sons et leurs cris, dans son camp étonné,
Ont répandu le trouble et la terreur subite
Dont Gédéon frappa le fier Madianite.
Les Tyriens, jetant armes et boucliers,
Ont par divers chemins disparu les premiers.
Quelques Juifs éperdus ont aussi pris la fuite;
Mais de Dieu sur Joas admirant la conduite,
Le reste à haute voix s'est pour lui déclaré.

Enfin, d'un même esprit tout le peuple inspiré,
Femmes, vieillards, enfants, s'embrassant avec joie,
Bénissent le Seigneur et celui qu'il envoie :
Tous chantent de David le fils ressuscité.
Baal est en horreur dans la sainte cité ;
De son temple profane on a brisé les portes ;
Mathan est égorgé.

ATHALIE.

Dieu des Juifs tu l'emportes!
Oui, c'est Joas : je cherche en vain à me tromper,
Je reconnais l'endroit où je le fis frapper,
Je vois d'Ochosias et le port et le geste ;
Tout me retrace enfin un sang que je déteste.
David, David triomphe : Achab seul est détruit.
Impitoyable Dieu, toi seul as tout conduit!
C'est toi qui me flattant d'une vengeance aisée,
M'as vingt fois en un jour à moi-même opposée ;
Tantôt pour un enfant excitant mes remords,
Tantôt m'éblouissant de tes riches trésors
Que j'ai craint de livrer aux flammes, au pillage.
Qu'il règne donc, ton fils, ton soin et ton ouvrage!
Et que, pour signaler son empire nouveau,
On lui fasse en mon sein enfoncer le couteau!
Voici ce qu'en mourant lui souhaite sa mère :
Que dis-je souhaiter! je me flatte, j'espère
Qu'indocile à ton joug, fatigué de ta loi,
Fidèle au sang d'Achab, qu'il a reçu de moi,
Conforme à son aïeul, à son père semblable,
On verra de David l'héritier détestable
Abolir tes honneurs, profaner ton autel,
Et venger Athalie, Achab, et Jézabel.

(Athalie sort, les lévites la suivent.)

JOAD.

Qu'à l'instant hors du temple qu'elle soit emmenée,
Et que la sainteté n'en soit point profanée.
Allez, sacrés vengeurs de vos princes meurtris,
De leur sang par sa mort faire cesser les cris.
Si quelque audacieux embrasse sa querelle,
Qu'à la fureur du glaive on le livre avec elle.

Scène VII.

JOAS. — JOAD. — JOSABETH. — ABNER. —
Et tous les acteurs de la scène précédente.

JOAS, *descendu de son trône.*

Dieu, qui voyez mon trouble et mon affliction,
Détournez loin de moi sa malédiction,
Et ne souffrez jamais qu'elle soit accomplie :
Faites que Joas meure avant qu'il vous oublie.

JOAD, *aux lévites.*

Appelez tout le peuple, et montrons-lui son roi :
Qu'il lui vienne en ses mains renouveler sa foi.
Roi, prêtres, peuple, allons, pleins de reconnaissance,
De Jacob avec Dieu confirmer l'alliance,
Et, saintement confus de nos égarements,
Nous engager à lui par de nouveaux serments.
Abner, auprès du roi reprenez votre place.

Scène VIII et dernière.

UN LÉVITE. — JOAS. — JOAD. — *Et tous les acteurs
de la scène précédente.*

JOAD, *au lévite.*

Eh bien, de cette impie a-t-on puni l'audace ?

LE LÉVITE.

Le fer a de sa vie expié les horreurs.
Jérusalem, long-temps en proie à ses fureurs,
De son joug odieux à la fin soulagée,
Avec joie en son sang la regarde plongée.

JOAD.

Par cette fin terrible, et due à ses bienfaits,
Apprenez, roi des Juifs, et n'oubliez jamais,
Que les rois dans le ciel ont un juge sévère,
L'innocence un vengeur, et l'orphelin un père.

FIN D'ATHALIE.

LE MISANTHROPE,

COMÉDIE EN CINQ ACTES ET EN VERS.

ACTEURS.

ALCESTE, amant de Célimène.
PHILINTE, ami d'Alceste.
ORONTE, amant de Célimène.
ACASTE, } marquis.
CLITANDRE,
DUBOIS, valet d'Alceste.
BASQUE, valet de Célimène.
Un garde de la maréchaussée de France.
CÉLIMÈNE.
ELIANTE, cousine de Célimène.
ARSINOÉ, amie de Célimène.

La scène est à Paris, dans la maison de Célimène.

LE MISANTROPE.

ACTE PREMIER.

Scène I.

PHILINTE. — ALCESTE.

PHILINTE.

Qu'est-ce donc? qu'avez-vous?

ALCESTE, *assis*.

Laissez-moi, je vous prie.

PHILINTE.

Mais encor, dites-moi, quelle bizarrerie....

ALCESTE.

Laissez-moi là, vous dis-je, et courez vous cacher.

PHILINTE.

Mais on entend les gens, au moins, sans se fâcher.

ALCESTE.

Moi, je veux me fâcher, et ne veux point entendre.

PHILINTE.

Dans vos brusques chagrins je ne puis vous compren- [dre,
Et, quoique amis, enfin, je suis tout des premiers....

ALCESTE, *se levant brusquement*.

Moi, votre ami! rayez cela de vos papiers.

J'ai fait jusques ici profession de l'être;
Mais, après ce qu'en vous je viens de voir paraître,
Je vous déclare net que je ne le suis plus,
Et ne veux nulle place en des cœurs corrompus.

PHILINTE.

Je suis donc bien coupable, Alceste, à votre compte?

ALCESTE.

Allez, vous devriez mourir de pure honte,
Une telle action ne saurait s'excuser,
Et tout homme d'honneur s'en doit scandaliser.
Je vous vois accabler un homme de caresses,
Et témoigner pour lui les dernières tendresses;
De protestations, d'offres et de serments,
Vous chargez la fureur de vos embrassements;
Et quand je vous demande après quel est cet homme,
A peine pouvez-vous dire comme il se nomme;
Votre chaleur pour lui tombe en vous séparant,
Et vous me le traitez, à moi, d'indifférent!
Morbleu! c'est une chose indigne, lâche, infâme,
De s'abaisser ainsi jusqu'à trahir son âme;
Et si, par un malheur, j'en avais fait autant,
Je m'irais, de regret, pendre tout à l'instant.

PHILINTE.

Je ne vois pas pour moi que le cas soit pendable;
Et je vous supplierai d'avoir pour agréable,
Que je me fasse un peu grâce sur votre arrêt,
Et ne me pende pas pour cela, s'il vous plaît.

ALCESTE.

Que la plaisanterie est de mauvaise grâce!

PHILINTE.

Mais, sérieusement, que voulez-vous qu'on fasse?

ALCESTE.

Je veux qu'on soit sincère, et qu'en homme d'honneur,
On ne lâche aucun mot qui ne parte du cœur.

PHILINTE.

Lorsqu'un homme vous vient embrasser avec joie,
Il faut bien le payer de la même monnaie;
Répondre, comme on peut, à ses empressements,
Et rendre offre pour offre, et serments pour serments.

ALCESTE.

Non, je ne puis souffrir cette lâche méthode,
Qu'affectent la plupart de vos gens à la mode;
Et je ne hais rien tant que les contorsions
De tous ces grands faiseurs de protestations,
Ces affables donneurs d'embrassades frivoles,
Ces obligeants diseurs d'inutiles paroles,
Qui de civilités avec tous font combat,
Et traitent du même air l'honnête homme et le fat.
Quel avantage a-t-on qu'un homme vous caresse,
Vous jure amitié, foi, zèle, estime, tendresse,
Et vous fasse de vous un éloge éclatant,
Lorsqu'au premier faquin il court en faire autant?
Non, non, il n'est point d'âme un peu bien située,
Qui veuille d'une estime ainsi prostituée;
Et la plus glorieuse a des régals peu chers,
Dès qu'on voit qu'on nous mêle avec tout l'univers.
Sur quelque préférence une estime se fonde,
Et c'est n'estimer rien qu'estimer tout le monde.
Puisque vous y donnez, dans ces vices du temps,
Morbleu! vous n'êtes pas pour être de mes gens.
Je refuse d'un cœur la vaste complaisance
Qui ne fait de mérite aucune différence:
Je veux qu'on me distingue; et, pour le trancher net,
L'ami du genre humain n'est point du tout mon fait.

PHILINTE.

Mais quand on est du monde, il faut bien que l'on [rende
Quelques dehors civils que l'usage demande.

ALCESTE.

Non, vous dis-je; on devrait châtier sans pitié
Ce commerce honteux de semblant d'amitié.
Je veux que l'on soit homme, et qu'en toute rencontre
Le fond de notre cœur dans nos discours se montre,
Que ce soit lui qui parle et que nos sentiments
Ne se masquent jamais sous de vains compliments.

PHILINTE.

Il est bien des endroits où la pleine franchise
Deviendrait ridicule et serait peu permise ;
Et parfois, n'en déplaise à votre austère honneur,
Il est bon de cacher ce qu'on a dans le cœur.
Serait-il à propos, et de la bienséance,
De dire à mille gens tout ce que d'eux on pense ?
Et quand on a quelqu'un qu'on hait, ou qui déplaît,
Lui doit-on déclarer la chose comme elle est ?

ALCESTE.

Oui.

PHILINTE.

Quoi ! vous iriez dire à la vieille Emilie
Qu'à son âge il sied mal de faire la jolie,
Et que le blanc qu'elle a scandalise chacun ?

ALCESTE.

Sans doute.

PHILINTE.

A Dorilas, qu'il est trop importun ;
Et qu'il n'est à la cour oreille qu'il ne lasse
A conter sa bravoure et l'éclat de sa race ?

ACTE I.

ALCESTE.

Fort bien.

PHILINTE.

Vous vous moquez.

ALCESTE.

Je ne me moque point;
Et je vais n'épargner personne sur ce point :
Mes yeux sont trop blessés ; et la cour et la ville
Ne m'offrent rien qu'objets à m'échauffer la bile.
J'entre en une humeur noire, en un chagrin profond,
Quand je vois vivre entre eux les hommes comme ils
Je ne trouve partout que lâche flatterie, [font.
Qu'injustice, intérêt, trahison, fourberie :
Je n'y puis plus tenir, j'enrage, et mon dessein
Est de rompre en visière à tout le genre humain.

PHILINTE.

Ce chagrin philosophe est un peu trop sauvage.
Je ris des noirs accès où je vous envisage;
Et crois voir, en nous deux, sous mêmes soins nourris,
Ces deux frères que peint l'Ecole des Maris.
Dont....

ALCESTE.

Mon Dieu! laissons là vos comparaisons fades.

PHILINTE.

Non : tout de bon, quittez toutes ces incartades;
Le monde par vos soins ne se changera pas.
Et puisque la franchise a pour vous tant d'appas,
Je vous dirai tout franc que cette maladie
Partout où vous allez donne la comédie ; [temps,
Et qu'un si grand courroux contre les mœurs du
Vous tourne en ridicule auprès de bien des gens.

ALCESTE.

Tant mieux, morbleu! tant mieux, c'est ce que je de-[mande;
Ce m'est un fort bon signe, et ma joie en est grande.
Tous les hommes me sont à tel point odieux,
Que je serais fâché d'être sage à leurs yeux.

PHILINTE.

Vous voulez un grand mal à la nature humaine!

ALCESTE.

Oui; j'ai conçu pour elle une effroyable haine.

PHILINTE.

Tous les pauvres mortels, sans nulle exception,
Seront enveloppés dans cette aversion?
Encore en est-il bien, dans le siècle où nous sommes...

ALCESTE.

Non, elle est générale, et je hais tous les hommes :
Les uns, parce qu'ils sont méchants et malfaisants,
Et les autres pour être aux méchants complaisants,
Et n'avoir pas pour eux ces haines vigoureuses
Que doit donner le vice aux âmes vertueuses.
De cette complaisance on voit l'injustes excès
Pour le franc scélérat avec qui j'ai procès.
Au travers de son masque on voit à plein le traître,
Partout il est connu pour tout ce qu'il peut être;
Et ses roulements d'yeux et son ton radouci
N'imposent qu'à des gens qui ne sont pas d'ici.
On sait que ce pied-plat, digne qu'on le confonde,
Par de sales emplois s'est poussé dans le monde,
Et que par eux son sort de splendeur revêtu,
Fait gronder le mérite et rougir la vertu.
Quelques titres honteux qu'en tous lieux on lui donne,
Son misérable honneur ne voit pour lui personne :

Nommez-le fourbe, infâme, et scélérat maudit,
Tout le monde en convient, et nul n'y contredit;
Cependant sa grimace est partout bien venue,
On l'accueille, on lui rit, partout il s'insinue;
Et, s'il est, par la brigue, un rang à disputer,
Sur le plus honnête homme on le voit l'emporter.
Têtebleu! ce me sont de mortelles blessures,
De voir qu'avec le vice on garde des mesures;
Et parfois il me prend des mouvements soudains
De fuir dans un désert l'approche des humains.

PHILINTE.

Mon Dieu! des mœurs du temps mettons-nous moins en [peine,
Et faisons un peu grâce à la nature humaine;
Ne l'examinons point dans la grande rigueur,
Et voyons ses défauts avec quelque douceur.
Il faut, parmi le monde, une vertu traitable;
A force de sagesse on peut être blâmable :
La parfaite raison fuit toute extrémité,
Et veut que l'on soit sage avec sobriété.
Cette grande raideur des vertus des vieux âges
Heurte trop notre siècle et les communs usages;
Elle veut aux mortels trop de perfection :
Il faut fléchir aux temps, sans obstination;
Et c'est une folie, à nulle autre seconde,
De vouloir se mêler de corriger le monde.
J'observe, comme vous, cent choses tous les jours
Qui pourraient mieux aller, prenant un autre cours :
Mais, quoiqu'à chaque pas je puisse voir paraître,
En courroux, comme vous, on ne me voit point être.
Je prends tout doucement les hommes comme ils sont :
J'accoutume mon âme à souffrir ce qu'ils font;
Et je crois qu'à la cour, de même qu'à la ville,
Mon flegme est philosophe autant que votre bile.

ALCESTE.

Mais ce flegme, Monsieur, qui raisonnez si bien,
Ce flegme pourra-t-il ne s'échauffer de rien?
Et s'il faut, par hasard, qu'un ami vous trahisse,
Que pour avoir vos biens on dresse un artifice,
Ou qu'on tâche à semer de méchants bruits de vous,
Verrez-vous tout cela sans vous mettre en courroux?

PHILINTE.

Oui; je vois ces défauts dont votre âme murmure,
Comme vices unis à l'humaine nature;
Et mon esprit enfin n'est pas plus offensé
De voir un homme fourbe, injuste, intéressé,
Que de voir des vautours affamés de carnage,
Des singes malfaisants, et des loups pleins de rage.

ALCESTE.

Je me verrai trahir, mettre en pièces, voler,
Sans que je sois.... Morbleu! je ne veux point parler,
Tant ce raisonnement est plein d'impertinence!

PHILINTE.

Ma foi, vous ferez bien de garder le silence.
Contre votre partie éclatez un peu moins,
Et donnez au procès une part de vos soins.

ALCESTE.

Je n'en donnerai point, c'est une chose dite.

PHILINTE.

Mais qui voulez-vous donc qui pour vous sollicite?

ALCESTE.

Qui je veux? la raison, mon bon droit, l'équité.

PHILINTE.

Aucun juge par vous ne sera visité?

ALCESTE.
Non. Est-ce que ma cause est injuste ou douteuse ?
PHILINTE.
J'en demeure d'accord ; mais la brigue est fâcheuse.
Et....
ALCESTE.
  Non. J'ai résolu de n'en pas faire un pas.
J'ai tort, ou j'ai raison.
PHILINTE.
    Ne vous y fiez pas.
ALCESTE.
Je ne remuerai point.
PHILINTE.
    Votre partie est forte,
Et peut, par sa cabale, entraîner....
ALCESTE.
      Il n'importe.
PHILINTE.
Vous vous tromperez.
ALCESTE.
    Soit. J'en veux voir le succès.
PHILINTE.
Mais....
ALCESTE.
  J'aurai le plaisir de perdre mon procès.
PHILINTE.
Mais enfin....
ALCESTE.
    Je verrai dans cette plaiderie
Si les hommes auront assez d'effronterie,

Seront assez méchants, scélérats et pervers,
Pour me faire injustice aux yeux de l'univers.

PHILINTE.

Quel homme!

ALCESTE.

    Je voudrais, m'en coutât-il grand'chose,
Pour la beauté du fait avoir perdu ma cause.

PHILINTE.

On se rirait de vous, Alceste, tout de bon,
Si l'on vous entendait parler de la façon.

ALCESTE.

Tant pis pour qui rirait.

PHILINTE.

    Mais cette rectitude
Que vous voulez en tout avec exactitude,
Cette pleine droiture où vous vous renfermez;
La trouvez-vous ici dans ce que vous aimez?
Je m'étonne, pour moi, qu'étant, comme il le semble,
Vous et le genre humain, si fort brouillés ensemble,
Malgré tout ce qui peut vous le rendre odieux,
Vous ayez pris chez lui ce qui charme vos yeux;
Et ce qui me surprend encore davantage,
C'est cet étrange choix où votre cœur s'engage.
La sincère Eliante a du penchant pour vous,
La prude Arsinoé vous voit d'un œil fort doux;
Cependant à leurs vœux votre âme se refuse
Tandis qu'en ses liens Célimène l'amuse,
De qui l'humeur coquette et l'esprit médisant,
Semblent si fort donner dans les mœurs d'à présent.
D'où vient que, leur portant une haine mortelle,
Vous pouvez bien souffrir ce qu'en tient cette belle?

Ne sont-ce plus défauts dans un objet si doux?
Ne les voyez-vous pas, ou les excusez-vous?

ALCESTE.

Non; l'amour que je sens pour cette jeune veuve
Ne ferme point mes yeux aux défauts qu'on lui treuve (1).
Et je suis, quelque ardeur qu'elle m'ait pu donner,
Le premier à les voir, comme à les condamner.
Mais avec tout cela, quoi que je puisse faire,
Je confesse mon faible, elle a l'art de me plaire :
J'ai beau voir ses défauts, et j'ai beau l'en blâmer,
En dépit qu'on en ait, elle se fait aimer;
Sa grâce est la plus forte; et, sans doute, ma flamme
De ces vices du temps pourra purger son âme.

PHILINTE.

Si vous faites cela, vous ne ferez pas peu.
Vous croyez être donc aimé d'elle ?

ALCESTE.

Oui, parbleu!
Je ne l'aimerais pas si je ne croyais l'être.

PHILINTE.

Mais si son amitié pour vous se fait paraître,
D'où vient que vos rivaux vous causent de l'ennui ?

ALCESTE.

C'est qu'un cœur bien atteint veut qu'on soit tout à lui;
Et je ne viens ici qu'à dessein de lui dire
Tout ce que là-dessus ma passion m'inspire.

PHILINTE.

Pour moi, si je n'avais qu'à former des désirs,
La cousine Eliante aurait tous mes soupirs :

(1) Le mot *treuve*, dont se servaient nos premiers poëtes, a vieilli et est devenu tout à fait inusité.

Son cœur, qui vous estime, est solide et sincère,
Et ce choix plus conforme était mieux votre affaire.

ALCESTE.

Il est vrai; ma raison me le dit chaque jour;
Mais la raison n'est pas ce qui règle l'amour.

PHILINTE.

Je crains fort pour vos feux; et l'espoir où vous êtes
Pourrait....

Scène II.

ORONTE, ALCESTE, PHILINTE.

ORONTE, *à Alceste.*

J'ai su là bas que, pour quelques emplettes
Eliante est sortie, et Célimène aussi.
Mais comme l'on m'a dit que vous étiez ici,
J'ai monté pour vous dire et d'un cœur véritable,
Que j'ai conçu pour vous une estime incroyable;
Et que depuis long-temps cette estime m'a mis
Dans un ardent désir d'être de vos amis.
Oui, mon cœur au mérite aime à rendre justice,
Et je brûle qu'un nœud d'amitié nous unisse.
Je crois qu'un ami chaud, et de ma qualité,
N'est pas assurément pour être rejeté.
(Pendant le discours d'Oronte, Alceste est rêveur, sans faire attention que c'est à lui qu'on parle, et ne sort de sa rêverie que quand Oronte lui dit:)
C'est à vous, s'il vous plaît, que ce discours s'adresse.

ALCESTE.

A moi, Monsieur?

ORONTE.

A vous : trouvez-vous qu'il vous blesse?

ACTE I.

ALCESTE.

Non pas. Mais la surprise est fort grande pour moi,
Et je n'attendais pas l'honneur que je reçoi.

ORONTE.

L'estime où je vous tiens ne doit point vous surprendre,
Et de tout l'univers vous la pouvez prétendre.

ALCESTE.

Monsieur....

ORONTE.

L'état n'a rien qui ne soit au-dessous
Du mérite éclatant que l'on découvre en vous.

ALCESTE.

Monsieur....

ORONTE.

Oui; de ma part, je vous tiens préférable
A tout ce que j'y vois de plus considérable.

ALCESTE.

Monsieur....

ORONTE.

Sois-je du ciel écrasé si je mens!
Et pour vous confirmer ici mes sentiments,
Souffrez qu'à cœur ouvert, Monsieur, je vous embrasse,
Et qu'en votre amitié je vous demande place.
Touchez là, s'il vous plaît. Vous me la promettez,
Votre amitié?

ALCESTE.

Monsieur....

ORONTE.

Quoi! vous y résistez?

ALCESTE.

Monsieur, c'est trop d'honneur que vous me voulez [faire,

Mais l'amitié demande un peu plus de mystère;
Et c'est assurément en profaner le nom,
Que de vouloir le mettre à toute occasion.
Avec lumière et choix cette union veut naître;
Avant que de nous lier, il faut nous mieux connaître;
Et nous pourrions avoir telles complexions,
Que tous deux du marché nous nous repentirions.

ORONTE.

Parbleu! c'est là-dessus parler en homme sage,
Et je vous en estime encore davantage.
Souffrons donc que le temps forme des nœuds si doux;
Mais cependant je m'offre entièrement à vous.
S'il faut faire à la cour pour vous quelque ouverture,
On sait qu'auprès du roi je fais quelque figure;
Il m'écoute, et dans tout il en use, ma foi,
Le plus honnêtement du monde avecque moi.
Enfin je suis à vous de toutes les manières;
Et comme votre esprit a de grandes lumières,
Je viens, pour commencer entre nous ce beau nœud,
Vous montrer un sonnet que j'ai fait depuis peu,
Et savoir s'il est bon qu'au public je l'expose.

ALCESTE.

Monsieur, je suis peu propre à décider la chose;
Veuillez m'en dispenser.

ORONTE.

Pourquoi?

ALCESTE.

J'ai le défaut
D'être un peu plus sincère en cela qu'il ne faut.

ORONTE.

C'est ce que je demande; et j'aurais lieu de plainte

Si, m'adressant à vous, pour me parler sans feinte,
Vous alliez me trahir, et me déguiser rien.

ALCESTE.

Puisqu'il vous plaît ainsi, Monsieur, je le veux bien.

ORONTE.

Sonnet. C'est un sonnet. *L'espoir*.... C'est une dame
Qui de quelque espérance avait flatté ma flamme.
L'espoir... Ce ne sont point de ces grands vers pompeux,
Mais de petits vers doux, tendres et langoureux.

ALCESTE.

Nous verrons bien.

ORONTE.

L'espoir... Je ne sais si le style
Pourra vous en paraître assez net et facile,
Et si du choix des mots vous vous contenterez.

ALCESTE.

Nous allons voir, Monsieur.

ORONTE.

Au reste, vous saurez
Que je n'ai demeuré qu'un quart d'heure à le faire.

ALCESTE.

Voyons, Monsieur; le temps ne fait rien à l'affaire.

ORONTE, *lit.*

L'espoir, il est vrai, nous soulage,
Et nous berce un temps notre ennui;
Mais, Philis, le triste avantage,
Lorsque rien ne marche après lui!

PHILINTE.

Je suis déjà charmé de ce petit morceau.

ALCESTE, *bas, à Philinte.*

Quoi! vous avez le front de trouver cela beau?

ORONTE.

Vous eûtes de la complaisance;
Mais vous en deviez moins avoir,
Et ne vous pas mettre en dépense,
Pour ne me donner que l'espoir.

PHILINTE.

Ah! qu'en termes galants ces choses-là sont mises !

ALCESTE, *bas, à Philinte.*

Eh quoi! vil complaisant, vous louez des sottises !

ORONTE.

S'il faut qu'une attente éternelle
Pousse à bout l'ardeur de mon zèle,
Le trépas sera mon recours :
Vos soins ne m'en peuvent distraire :
Belle Philis, on désespère
Alors qu'on espère toujours.

PHILINTE.

La chute en est jolie, amoureuse, admirable.

ALCESTE, *bas, à part.*

La peste de ta chute ! empoisonneur, au diable !
En eusses-tu fait une à te casser le nez !

PHILINTE.

Je n'ai jamais ouï de vers si bien tournés.

ALCESTE, *bas, à part.*

Morbleu !

ORONTE, *à Philinte.*

Vous me flattez, et vous croyez peut-être...

PHILINTE.

Non, je ne flatte point.

ALCESTE, *bas, à part.*

Eh ! que fais-tu donc, traître ?

ORONTE, *à Alceste.*

Mais, pour vous, vous savez quel est notre traité.
Parlez-moi, je vous prie, avec sincérité.

ALCESTE.

Monsieur, cette matière est toujours délicate,
Et sur le bel esprit nous aimons qu'on nous flatte.
Mais un jour à quelqu'un, dont je tairai le nom,
Je disais, en voyant des vers de sa façon,
Qu'il faut qu'un galant homme ait toujours grand em- [pire
Sur les démangeaisons qui nous prennent d'écrire;
Qu'il doit tenir la bride aux grands empressements
Qu'on a de faire éclat de tels amusements;
Et que, par la chaleur de montrer ses ouvrages,
On s'expose à jouer de mauvais personnages.

ORONTE.

Est-ce que vous voulez me déclarer par là
Que j'ai tort de vouloir....

ALCESTE.

Je ne dis pas cela.
Mais je lui disais, moi, qu'un froid écrit assomme;
Qu'il ne faut que ce faible à décrier un homme,
Et qu'eût-on, d'autre part, cent belles qualités,
On regarde les gens par leurs méchants côtés.

ORONTE.

Est-ce qu'à mon sonnet vous trouvez à redire?

ALCESTE.

Je ne dis pas cela. Mais, pour ne point écrire,
Je lui mettais aux yeux comme dans notre temps,
Cette soif a gâté de fort honnêtes gens.

ORONTE.

Est-ce que j'écris mal? et leur ressemblerais-je?

ALCESTE.

Je ne dis pas cela. Mais enfin, lui disais-je,
Quel besoin si pressant avez-vous de rimer,
Et qui, diantre, vous pousse à vous faire imprimer?
Si l'on peut pardonner l'essor d'un mauvais livre,
Ce n'est qu'aux malheureux qui composent pour vivre.
Croyez-moi, résistez à vos tentations;
Dérobez au public ces occupations;
Et n'allez point quitter, de quoi que l'on vous somme,
Le nom que dans la cour vous avez d'honnête homme,
Pour prendre, de la main d'un avide imprimeur,
Celui de ridicule et misérable auteur.
C'est ce que je tâchai de lui faire comprendre.

ORONTE.

Voilà qui va fort bien, et je crois vous entendre.
Mais ne puis-je savoir ce que dans mon sonnet....

ALCESTE.

Franchement, il est bon à mettre au cabinet.
Vous vous êtes réglé sur de méchants modèles,
Et vos expressions ne sont point naturelles.

  Qu'est-ce que *nous berce un temps notre ennui?*
    Et que, *rien ne marche après lui?*
    Que, *ne vous pas mettre en dépense,*
    Pour ne me donner que l'espoir?
    Et que, *Philis, on désespère*
    Alors qu'on espère toujours?

Ce style figuré, dont on fait vanité,
Sort du bon caractère et de la vérité.
Ce n'est que jeux de mots, qu'affectation pure,
Et ce n'est point ainsi que parle la nature.
Le méchant goût du siècle en cela me fait peur:
Nos pères, tout grossiers, l'avaient beaucoup meilleur;
Et je prise bien moins tout ce que l'on admire,
Qu'une vieille chanson que je m'en vais vous dire:

> Si le roi m'avait donné
> Paris sa grand'ville,
> Et qu'il me fallût quitter
> L'amour de ma mie,
> Je dirais au roi Henri :
> Reprenez votre Paris,
> J'aime mieux ma mie, oh gai !
> J'aime mieux ma mie.

La rime n'est pas riche, et le style en est vieux.
Mais ne voyez-vous pas que cela vaut bien mieux
Que ces colifichets dont le bon sens murmure,
Et que la passion parle là toute pure ?

> Si le roi m'avait donné
> Paris sa grand'ville,
> Et qu'il me fallût quitter
> L'amour de ma mie,
> Je dirais au roi Henri :
> Reprenez votre Paris,
> J'aime mieux ma mie, oh gai !
> J'aime mieux ma mie.

Voilà ce que peut dire un cœur vraiment épris.
(à Philinte, qui rit.)
Oui, monsieur le rieur, malgré vos beaux esprits,
J'estime plus cela que la pompe fleurie
De tous ces faux brillants où chacun se récrie.

ORONTE.

Et moi, je vous soutiens que mes vers sont fort bons.

ALCESTE.

Pour les trouver ainsi vous avez vos raisons ;
Mais vous trouverez bon que j'en puisse avoir d'autres
Qui se dispenseront de se soumettre aux vôtres.

ORONTE.

Il me suffit de voir que d'autres en font cas.

ALCESTE.

C'est qu'ils ont l'art de feindre, et moi, je ne l'ai pas.

ORONTE.

Croyez-vous donc avoir tant d'esprit en partage ?

ALCESTE.

Si je louais vos vers, j'en aurais davantage.

ORONTE.

Je me passerai fort que vous les approuviez.

ALCESTE.

Il faut bien, s'il vous plaît, que vous vous en passiez.

ORONTE.

Je voudrais bien, pour voir, que de votre manière
Vous en composassiez sur la même matière.

ALCESTE.

J'en pourrais, par malheur, faire d'aussi méchants ;
Mais je me garderais de les montrer aux gens.

ORONTE.

Vous me parlez bien ferme, et cette suffisance....

ALCESTE.

Autre part que chez moi cherchez qui vous encense.

ORONTE.

Mais, mon petit monsieur, prenez-le un peu moins haut.

ALCESTE.

Ma foi, mon grand monsieur, je le prends comme il faut.

PHILINTE, *se mettant entre eux.*

Eh ! Messieurs, c'en est trop. Laissez cela, de grâce.

ORONTE.

Ah ! j'ai tort, je l'avoue, et je quitte la place.
Je suis votre valet, Monsieur, de tout mon cœur.

ACTE I.

ALCESTE.

Et moi je suis, Monsieur, votre humble serviteur.

Scène III.

PHILINTE, ALCESTE.

PHILINTE.

Eh bien ! vous le voyez, pour être trop sincère,
Vous voilà sur les bras une fâcheuse affaire ;
Et j'ai bien vu qu'Oronte, afin d'être flatté....

ALCESTE.

Ne me parlez pas.

PHILINTE.

Mais....

ALCESTE.

Plus de société.

PHILINTE.

C'est trop....

ALCESTE.

Laissez-moi là.

PHILINTE.

Si je....

ALCESTE.

Point de langage.

PHILINTE.

Mais quoi....

ALCESTE.

Je n'entends rien.

PHILINTE.

Mais....

ALCESTE.

Encore !...

PHILINTE.

On outrage...

ALCESTE.

Ah! parbleu! c'en est trop. Ne suivez point mes pas.

PHILINTE.

Vous vous moquez de moi; je ne vous quitte pas.

FIN DU PREMIER ACTE.

ACTE DEUXIÈME.

Scène I.
ALCESTE. — CELIMENE.

ALCESTE.

Madame, voulez-vous que je vous parle net ?
De vos façons d'agir je suis mal satisfait,
Contre elles dans mon cœur trop de bile s'assemble,
Et je sens qu'il faudra que nous rompions ensemble.
Oui ; je vous tromperais de parler autrement,
Tôt ou tard nous romprons indubitablement,
Et je vous promettrais mille fois le contraire,
Que je ne serais pas en pouvoir de le faire.

CÉLIMÈNE.

C'est pour me quereller donc, à ce que je voi,
Que vous avez voulu me ramener chez moi ?

ALCESTE.

Je ne querelle point. Mais votre humeur, Madame,
Ouvre au premier venu trop d'accès dans votre âme;
Vous avez trop d'amants qu'on voit vous obséder,
Et mon cœur de cela ne peut s'accommoder.

CÉLIMÈNE.

Des amants que je fais me rendez-vous coupable ?
Puis-je empêcher les gens de me trouver aimable ?
Et lorsque pour me voir ils font de doux efforts,
Dois-je prendre un bâton pour les mettre dehors.

ALCESTE.

Non, ce n'est pas, Madame, un bâton qu'il faut prendre,

Mais un cœur à leurs vœux moins facile et moins tendre.
Je sais que vos appas vous suivent en tous lieux :
Mais votre accueil retient ceux qu'attirent vos yeux ;
Et sa douceur, offerte à qui vous rend les armes,
Achève sur les cœurs l'ouvrage de vos charmes.
Le trop riant espoir que vous leur présentez,
Attache autour de vous leurs assiduités ;
Et votre complaisance un peu moins étendue,
De tant de soupirants chasserait la cohue.
Mais au moins dites-moi, Madame, par quel sort
Votre Clitandre a l'heur de vous plaire si fort ?
Sur quels fonds de mérite et de vertu sublime,
Appuyez-vous en lui l'honneur de votre estime ?
Est-ce par l'ongle long qu'il porte au petit doigt (1)
Qu'il s'est acquis chez vous l'estime où on le voit ?
Vous êtes-vous rendue, avec tout le beau monde,
Au mérite éclatant de sa perruque blonde ?
Sont-ce ses grands canons qui vous le font aimer ?
L'amas de ses rubans a-t-il su vous charmer ?
Est-ce par les appas de sa vaste rheingrave
Qu'il a gagné votre âme, en faisant votre esclave ?
Ou sa façon de rire, et son ton de fausset,
Ont-ils de vous toucher su trouver le secret ?

CÉLIMÈNE.

Qu'injustement de lui vous prenez de l'ombrage !
Ne savez-vous pas bien pourquoi je le ménage,
Et que dans mon procès, ainsi qu'il m'a promis,
Il peut intéresser tout ce qu'il a d'amis ?

---

(1) Ce vers désigne une mode en usage à cette époque. Quelques agréables de la cour laissaient croître l'ongle du petit doigt d'une grandeur démesurée. Peu de personnes connaissent, à présent, l'existence de ce ridicule.

ALCESTE.

Perdez votre procès, Madame, avec constance,
Et ne ménagez point un rival qui m'offense.

CÉLIMÈNE.

Mais de tout l'univers vous devenez jaloux.

ALCESTE.

C'est que tout l'univers est bien reçu de vous.

CÉLIMÈNE.

C'est ce qui doit rasseoir votre âme effarouchée,
Puisque ma complaisance est sur tous épanchée;
Et vous auriez plus lieu de vous en offenser,
Si vous me la voyiez sur un seul ramasser.

ALCESTE.

Mais moi, que vous blâmez de trop de jalousie,
Qu'ai-je de plus qu'eux tous, Madame, je vous prie?

CÉLIMÈNE.

Le bonheur de savoir que vous êtes aimé.

ALCESTE.

Et quel lieu de le croire a mon cœur enflammé?

CÉLIMÈNE.

Je pense qu'ayant pris le soin de vous le dire,
Un aveu de la sorte a de quoi vous suffire.

ALCESTE.

Mais qui m'assurera que dans le même instant,
Vous n'en disiez peut-être aux autres tout autant?

CÉLIMÈNE.

Certes, pour un amant la fleurette est mignonne,
Et vous me traitez là de gentille personne!
Eh bien, pour vous ôter d'un semblable souci,
De tout ce que j'ai dit, je me dédis ici;

Et rien ne saurait plus vous tromper que vous-même :
Soyez content.

ALCESTE.

Morbleu ! faut-il que je vous aime !
Ah ! que si de vos mains je rattrape mon cœur,
Je bénirai le ciel de ce rare bonheur !
Je ne le cèle pas, je fais tout mon possible
A rompre de ce cœur l'attachement terrible ;
Mais mes plus grands efforts n'ont rien fait jusqu'ici,
Et c'est pour mes péchés que je vous aime ainsi.

CÉLIMÈNE.

Il est vrai, votre ardeur est pour moi sans seconde.

ALCESTE.

Oui ; je puis là-dessus défier tout le monde.
Mon amour ne se peut concevoir, et jamais
Personne n'a, Madame, aimé comme je fais.

CÉLIMÈME.

En effet, la méthode en est toute nouvelle,
Car vous aimez les gens pour leur faire querelle :
Ce n'est qu'en mots fâcheux qu'éclate votre ardeur,
Et l'on n'a vu jamais un amant si grondeur.

ALCESTE.

Mais il ne tient qu'à vous que son chagrin ne passe.
A tous nos démêlés coupons chemin, de grâce :
Parlons à cœur ouvert, et voyons d'arrêter...

Scène II.

CELIMENE. — ALCESTE. — BASQUE.

CÉLIMÈNE.

Qu'est-ce ?

BASQUE.

Acaste est là-bas.

CÉLIMÈNE.

Eh bien, faites monter.

Scène III.

CELIMENE. — ALCESTE.

ALCESTE.

Quoi! l'on ne peut jamais vous parler tête à tête!
A recevoir le monde on vous voit toujours prête!
Et vous ne pouvez pas, un seul moment de tous,
Vous résoudre à souffrir de n'être pas chez vous!

CÉLIMÈNE.

Voulez-vous qu'avec lui je me fasse une affaire?

ALCESTE.

Vous avez des égards qui ne sauraient me plaire.

CÉLIMÈNE.

C'est un homme à jamais ne me le pardonner,
S'il savait que sa vue eût pu m'importuner.

ALCESTE.

Et que vous fait cela, pour vous gêner de sorte...

CÉLIMÈNE.

Mon Dieu! de ses pareils la bienveillance importe;
Et ce sont de ces gens, qui, je ne sais comment,
Ont gagné, dans la cour, de parler hautement.
Dans tous les entretiens on les voit s'introduire;
Ils ne sauraient servir, mais ils peuvent vous nuire;
Et jamais, quelque appui qu'on puisse avoir d'ailleurs,
On ne doit se brouiller avec ces grands brailleurs.

ALCESTE.

Enfin, quoi qu'il en soit, et sur quoi qu'on se fonde,
Vous trouvez des raisons pour souffrir tout le monde;
Et les précautions de votre jugement...

Scène IV.

ALCESTE. — CÉLIMÈNE. — BASQUE.

BASQUE.

Voici Clitandre encor, Madame.

ALCESTE.

Justement.

CÉLIMÈNE.

Où courez-vous ?

ALCESTE.

Je sors.

CÉLIMÈNE.

Demeurez.

ALCESTE.

Pour quoi faire ?

CÉLIMÈNE.

Demeurez.

ALCESTE.

Je ne puis.

CÉLIMÈNE.

Je le veux.

ALCESTE.

Point d'affaire :
Ces conversations ne font que m'ennuyer,
Et c'est trop que vouloir me les faire essuyer.

CÉLIMÈNE.

Je le veux, je le veux.

ALCESTE.

Non, il m'est impossible.

CÉLIMÈNE.

Eh bien, allez, sortez, il vous est tout loisible.

Scène V.

ELIANTE. — PHILINTE. — ACASTE. — CLITANDRE. — ALCESTE. — CELIMENE. — BASQUE.

ÉLIANTE, *à Célimène.*

Voici les deux marquis qui montent avec nous;
Vous l'est-on venu dire?

CÉLIMÈNE.

Oui. Des sièges pour tous.
(Basque donne des sièges, et sort.)
(à Alceste.)
Vous n'êtes pas sorti?

ALCESTE.

Non; mais je veux, Madame,
Ou pour eux, ou pour moi, faire expliquer votre âme.

CÉLIMÈNE.

Taisez-vous.

ALCESTE.

Aujourd'hui, vous vous expliquerez.

CÉLIMÈNE.

Vous perdez le sens.

ALCESTE.

Point. Vous vous déclarerez.

CÉLIMÈNE.

Ah!

ALCESTE.

Vous prendrez parti.

CÉLIMÈNE.

Vous vous moquez, je pense.

ALCESTE.

Non : mais vous choisirez. C'est trop de patience.
(Ils s'assèyent tous.)

CLITANDRE.

Parbleu! je viens du Louvre, où Cléonte, au levé,
Madame, a bien paru ridicule achevé.
N'a-t-il point quelque ami qui pût, sur ses manières,
D'un charitable avis lui prêter les lumières?

CÉLIMÈNE.

Dans le monde, à vrai dire, il se barbouille fort :
Partout il porte un air qui saute aux yeux d'abord;
Et lorsqu'on le revoit après un peu d'absence,
On le trouve encor plus rempli d'extravagance.

ACASTE.

Parbleu! s'il faut parler de gens extravagants,
Je viens d'en essuyer un des plus fatigants;
Damon, le raisonneur, qui m'a, ne vous déplaise,
Une heure au grand soleil tenu hors de ma chaise.

CÉLIMÈNE.

C'est un parleur étrange, et qui trouve toujours
L'art de ne vous rien dire avec de grands discours :
Dans les propos qu'il tient on ne voit jamais goutte,
Et ce n'est que du bruit que tout ce qu'on écoute.

ÉLIANTE, *bas à Philinte.*

Ce début n'est pas mal; et contre le prochain
La conversation prend un assez bon train.

CLITANDRE.

Timanthe encor, Madame, est un bon caractère.

CÉLIMÈNE.

C'est de la tête aux pieds, un homme tout mystère,
Qui vous jette en passant un coup d'œil égaré,
Et, sans aucune affaire, est toujours affairé.
Tout ce qu'il vous débite en grimaces abonde;
A force de façons il assomme le monde;

Sans cesse il a tout bas, pour rompre l'entretien,
Un secret à vous dire et ce secret n'est rien;
De la moindre vétille il fait une merveille,
Et, jusques au bon jour, il dit tout à l'oreille.

ACASTE.

Et Géralde, Madame?

CÉLIMÈNE.

O l'ennuyeux conteur !
Jamais on ne le voit sortir du grand seigneur.
Dans le brillant commerce il se mêle sans cesse,
Et ne cite jamais que duc, prince ou princesse.
La qualité l'entête, et tous ses entretiens
Ne sont que de chevaux, d'équipage et de chiens;
Il tutoie, en parlant, ceux du plus haut étage,
Et le nom de monsieur est chez lui hors d'usage.

CLITANDRE.

On dit qu'avec Bélise il est du dernier bien.

CÉLIMÈNE.

Le pauvre esprit de femme, et le sec entretien!
Lorsqu'elle vient me voir je souffre le martyre :
Il faut suer sans cesse à chercher que lui dire;
Et la stérilité de son expression
Fait mourir à tous coups la conversation.
En vain, pour attaquer son stupide silence
De tous les lieux communs vous prenez l'assistance,
Le beau temps et la pluie, et le froid et le chaud,
Sont des fonds qu'avec elle on épuise bientôt.
Cependant sa visite, assez insupportable,
Traîne en une longueur encore épouvantable;
Et l'on demande l'heure, et l'on bâille vingt fois,
Qu'elle s'émeut autant qu'une pièce de bois.

ACASTE.

Que vous semble d'Adraste ?

CÉLIMÈNE.

Ah! quel orgueil extrême!
C'est un homme gonflé de l'amour de soi-même :
Son mérite jamais n'est content de la cour;
Contre elle il fait métier de pester chaque jour,
Et l'on ne donne emploi, charge, ni bénéfice,
Qu'à tout ce qu'il se croit on ne fasse injustice.

CLITANDRE.

Mais le jeune Cléon, chez qui vont aujourd'hui
Nos plus honnêtes gens, que dites-vous de lui?

CÉLIMÈNE.

Que de son cuisinier il s'est fait un mérite,
Et que c'est à sa table à qui l'on rend visite.

ÉLIANTE.

Il prend soin d'y servir des mets fort délicats.

CÉLIMÈNE.

Oui; mais je voudrais bien qu'il ne s'y servît pas :
C'est un fort méchant plat que sa sotte personne,
Et qui gâte, à mon goût, tous les repas qu'il donne.

PHILINTE.

On fait assez de cas de son oncle Damis.
Qu'en dites-vous, madame?

CÉLIMÈNE.

Il est de mes amis.

PHILINTE.

Je le trouve honnête homme, et d'un air assez sage.

CÉLIMÈNE.

Oui; mais il veut avoir trop d'esprit, dont j'enrage.
Il est guindé sans cesse; et, dans tous ses propos,
On voit qu'il se travaille à dire de bons mots.
Depuis que dans la tête il s'est mis d'être habile,

Rien ne touche son goût tant il est difficile!
Il veut voir des défauts à tout ce qu'on écrit,
Et pense que louer n'est pas d'un bel esprit,
Que c'est être savant que trouver à redire,
Qu'il n'appartient qu'aux sots d'admirer et de rire;
Et qu'en n'approuvant rien des ouvrages du temps,
Il se met au-dessus de tous les autres gens.
Aux conversations même il trouve à reprendre :
Ce sont propos trop bas pour y daigner descendre;
Et, les deux bras croisés, du haut de son esprit,
Il regarde en pitié tout ce que chacun dit.

ACASTE.

Dieu me damne! voilà son portrait véritable.

CLITANDRE, *à Célimène.*

Pour bien peindre les gens vous êtes admirable.

ALCESTE.

Allons, ferme! poussez, mes bons amis de cour.
Vous n'en épargnez point, et chacun a son tour :
Cependant aucun d'eux à vos yeux ne se montre,
Qu'on ne vous voie, en hâte, aller à sa rencontre,
Lui présenter la main, et d'un baiser flatteur
Appuyer les serments d'être son serviteur.

CLITANDRE. [blesse,

Pourquoi s'en prendre à nous? Si ce qu'on dit vous
Il faut que le reproche à Madame s'adresse.

ALCESTE.

Non, morbleu! c'est à vous; et vos ris complaisants
Tirent de son esprit tous ces traits médisants.
Son humeur satirique est sans cesse nourrie
Par le coupable encens de votre flatterie;
Et son cœur à railler trouverait moins d'appas,
S'il avait observé qu'on ne l'applaudit pas.

C'est ainsi qu'aux flatteurs on doit partout se prendre
Des vices où l'on voit les humains se répandre.

PHILINTE.

Mais pourquoi pour ces gens un intérêt si grand,
Vous qui comdamneriez ce qu'en eux on reprend?

CÉLIMÈNE.

Et ne faut-il pas bien que Monsieur contredise?
A la commune voix veut-on qu'il se réduise,
Et qu'il ne fasse pas éclater en tous lieux
L'esprit contrariant qu'il a reçu des cieux?
Le sentiment d'autrui n'est jamais pour lui plaire :
Il prend toujours en main l'opinion contraire,
Et penserait paraître un homme du commun,
Si l'on voyait qu'il fût de l'avis de quelqu'un.
L'honneur de contredire a pour lui tant de charmes,
Qu'il prend contre lui-même assez souvent les armes,
Et ses vrais sentiments sont combattus par lui
Aussitôt qu'il les voit dans la bouche d'autrui.

(Tous rient.)

ALCESTE.

Les rieurs sont pour vous, Madame, c'est tout dire;
Et vous pouvez pousser contre moi la satire.

PHILINTE.

Mais il est véritable aussi que votre esprit
Se gendarme toujours contre tout ce qu'on dit;
Et que par un chagrin que lui-même il avoue,
Il ne saurait souffrir qu'on blâme ni qu'on loue.

ALCESTE.

C'est que jamais, morbleu! les hommes n'ont raison;
Que le chagrin contre eux est toujours de saison,
Et que je vois qu'ils sont, sur toutes les affaires,
Loueurs impertinents, ou censeurs téméraires.

CÉLIMÈNE.

Mais...

ALCESTE.

Non, Madame, non, quand j'en devrais mourir,
Vous avez des plaisirs que je ne puis souffrir,
Et l'on a tort ici de nourrir dans votre âme,
Ce grand attachement aux défauts qu'on y blâme.

CLITANDRE.

Pour moi, je ne sais pas, mais j'avouerai tout haut
Que j'ai cru jusqu'ici Madame sans défaut.

ACASTE.

De grâces et d'attraits je vois qu'elle est pourvue;
Mais les défauts qu'elle a ne frappent point ma vue.

ALCESTE.

Ils frappent tous la mienne; et loin de m'en cacher,
Elle sait que j'ai soin de les lui reprocher.
Plus on aime quelqu'un, moins il faut qu'on le flatte :
A ne rien pardonner le pur amour éclate;
Et je bannirais, moi, tous ces lâches amants
Que je verrais soumis à tous mes sentiments,
Et dont, à tout propos, les molles complaisances
Donneraient de l'encens à mes extravagances.

CÉLIMÈNE.

Enfin, s'il faut qu'à vous s'en rapportent les cœurs,
On doit, pour bien aimer renoncer aux douceurs,
Et du parfait amour mettre l'honneur suprême
A bien injurier les personnes qu'on aime.

ÉLIANTE.

L'amour, pour l'ordinaire, est peu fait à ces lois,
Et l'on voit les amants vanter toujours leur choix.
Jamais leur passion n'y voit rien de blâmable,
Et dans l'objet aimé tout leur devient aimable;

Ils comptent les défauts pour des perfections,
Et savent y donner de favorables noms.
La pâle est aux jasmins en blancheur comparable;
La noire à faire peur, une brune adorable;
La maigre a de la taille et de la liberté;
La grasse est, dans son port, pleine de majesté;
La malpropre sur soi, de peu d'attraits chargée,
Est mise sous le nom de beauté négligée;
La géante paraît une déesse aux yeux;
La naine, un abrégé des merveilles des cieux;
L'orgueilleuse a le cœur digne d'une couronne;
La fourbe a de l'esprit; la sotte est toute bonne;
La trop grande parleuse est d'agréable humeur;
Et la muette garde une honnête pudeur.
C'est ainsi qu'un amant dont l'ardeur est extrême,
Aime jusqu'aux défauts des personnes qu'il aime.

ALCESTE.

Et moi, je soutiens, moi...
  (Célimène se lève. Tous en font autant.)

CÉLIMÈNE.

      Brisons là ces discours,
Et dans la galerie allons faire deux tours.
Quoi! vous vous en allez, Messieurs?

CLITANDRE et ACASTE.

       Non pas, Madame.

ALCESTE.

La peur de leur départ occupe fort votre âme.
Sortez quand vous voudrez, Messieurs, mais j'avertis
Que je ne sors qu'après que vous serez sortis.

ACASTE.

A moins de voir Madame en être importunée,
Rien ne m'appelle ailleurs de toute la journée.

CLITANDRE.

Moi, pourvu que je puisse être au petit couché,
Je n'ai point d'autre affaire où je sois attaché.

CÉLIMÈNE, *à Alceste.*

C'est pour rire, je crois.

ALCESTE.

Non, en aucune sorte :
Nous verrons si c'est moi que vous voudrez qui sorte.

Scène VI.

ALCESTE. — CELIMENE. — ELIANTE. — ACASTE. — PHILINTE. — CLITANDRE. — BASQUE.

BASQUE, *à Alceste.*

Monsieur, un homme est là qui voudrait vous parler,
Pour affaire, dit-il, qu'on ne peut reculer.

ALCESTE.

Dis-lui que je n'ai point d'affaires si pressées.

BASQUE.

Il porte une jaquette à grand basques plissées
Avec du d'or dessus (1).

CÉLIMÈNE, *à Alceste.*

Allez voir ce que c'est,
Ou bien faites-le entrer.

(Basque fait entrer le garde, et sort.)

---

(1) C'était alors l'habillement des gardes de la maréchaussée.

Scène VII.

ALCESTE. — CÉLIMÈNE. — ÉLIANTE. — ACASTE. — PHILINTE. — CLITANDRE. — UN GARDE DE LA MARÉCHAUSSÉE

ALCESTE, *allant au-devant du garde.*

Qu'est-ce donc qu'il vous plaît ?
Venez, Monsieur.

LE GARDE.

Monsieur, j'ai deux mots à vous dire.

ALCESTE

Vous pouvez parler haut, Monsieur, pour m'en instruire.

LE GARDE.

Messieur les maréchaux, dont j'ai commandement,
Vous mandent de venir les trouver promptement,
Monsieur.

ALCESTE

Qui ? moi, Monsieur ?

LE GARDE.

Vous-même.

ALCESTE.

Et pourquoi faire ?

PHILINTE, *à Alceste.*

C'est d'Oronte et de vous la ridicule affaire.

CÉLIMÈNE, *à Philinte.*

Comment ?

PHILINTE.

Oronte et lui se sont tantôt bravés
Sur certains petits vers qu'il n'a pas approuvés ;
Et l'on veut assoupir la chose en sa naissance.

ALCESTE.

Moi, je n'aurai jamais de lâche complaisance.

PHILINTE.

Mais il faut suivre l'ordre ; allons, disposez-vous.

ACTE II.

ALCESTE.

Quel accommodement veut-on faire entre nous ?
La voix de ces messieurs me condamnera-t-elle
A trouver bons les vers qui font notre querelle ?
Je ne me dédis point de ce que j'en ai dit,
Je les trouve méchants.

PHILINTE.

Mais d'un plus doux esprit...

ALCESTE.

Je n'en démordrai point, les vers sont exécrables.

PHILINTE.

Vous devez faire voir des sentiments traitables.
Allons, venez.

ALCESTE.

J'irai ; mais rien n'aura pouvoir
De me faire dédire.

PHILINTE.

Allons vous faire voir.

ALCESTE.

Hors qu'un commandement exprès du roi me vienne
De trouver bons les vers dont on se met en peine,
Je soutiendrai toujours, morbleu ! qu'ils sont mauvais,
Et qu'un homme est pendable après les avoir faits.
  (A Clitandre et à Acaste, qui rient.)
Par la sambleu ! Messieurs, je ne croyais pas être
Si plaisant que je suis.

CÉLIMÈNE.

Allez vite paraître
Où vous devez.

ALCESTE.

J'y vais, Madame ; et sur mes pas
Je reviens en ce lieu pour vider nos débats.

FIN DU SECOND ACTE.

ACTE TROISIÈME.

Scène I.

CLITANDRE. — ACASTE.

CLITANDRE.

Cher marquis, je te vois l'âme bien satisfaite;
Toute chose t'égaie, et rien ne t'inquiète.
En bonne foi, crois-tu, sans t'éblouir les yeux,
Avoir de grands sujets de paraître joyeux?

ACASTE.

Parbleu! je ne vois pas, lorsque je m'examine,
Où prendre aucun sujet d'avoir l'âme chagrine.
J'ai du bien, je suis jeune, et sors d'une maison
Qui se peut dire noble avec quelque raison:
Et je crois, par le rang que me donne ma race,
Qu'il est fort peu d'emplois dont je ne sois en passe.
Pour le cœur, dont surtout nous devons faire cas,
On sait, sans vanité, que je n'en manque pas,
Et l'on m'a vu, pousser dans le monde, une affaire
D'une assez vigoureuse et gaillarde manière.
Pour de l'esprit, j'en ai, sans doute, et du bon goût
A juger sans étude et raisonner de tout:
A faire aux nouveautés, dont je suis idolâtre,
Figure de savant sur les bancs du théâtre,
Y décider en chef, et faire du fracas
A tous les beaux endroits qui méritent des *ah!*
Je suis assez adroit, j'ai bon air, bonne mine,
Les dents belles surtout, et la taille assez fine;
Quant à se mettre bien, je crois, sans me flatter,

Qu'on serait mal venu de me le disputer.
Je me vois dans l'estime, autant qu'on y puisse être,
Fort aimé du beau sexe, et bien auprès du maître.
Je crois qu'avec cela, mon cher marquis, je croi
Qu'on peut par tout pays être content de soi.

CLITANDRE.

Oui. Mais trouvant ailleurs des conquêtes faciles,
Pourquoi pousser ici des soupirs inutiles ?

ACASTE.

Moi ? Parbleu ! je ne suis de taille, ni d'humeur
A pouvoir d'une belle essuyer la froideur.
C'est aux gens mal tournés, aux mérites vulgaires ;
A brûler constamment pour des beautés sévères,
A languir à leurs pieds, et souffrir leurs rigueurs,
A chercher le secours des soupirs et des pleurs,
Et tâcher par des soins d'une très longue suite,
D'obtenir ce qu'on nie à leur peu de mérite.
Mais les gens de mon air, marquis, ne sont pas faits
Pour aimer à crédit, et faire tous les frais.
Quelque rare que soit le mérite des belles,
Je pense, Dieu merci, qu'on vaut son prix comme elles;
Que, pour se faire honneur d'un cœur comme le mien,
Ce n'est pas la raison qu'il ne leur coûte rien ;
Et qu'au moins, à tout mettre en de justes balances,
Il faut qu'à frais communs se fassent les avances.

CLITANDRE.

Tu penses donc, marquis, être fort bien ici ?

ACASTE.

J'ai quelque lieu, marquis, de le penser ainsi.

CLITANDRE.

Crois-moi, détache-toi de cette erreur extrême :
Tu te flattes, mon cher, et t'aveugle toi-même.

ACASTE.

Il est vrai, je me flatte, et m'aveugle en effet.

CLITANDRE.

Mais qui te fait juger ton bonheur si parfait ?

ACASTE.

Je me flatte.

CLITANDRE.

Sur quoi fonder tes conjectures ?

ACASTE.

Je m'aveugle.

CLITANDRE.

En as-tu des preuves qui soient sûres ?

ACASTE.

Je m'abuse, te dis-je.

CLITANDRE.

Est-ce que de ses vœux
Célimène t'a fait quelques secrets aveux ?

ACASTE.

Non, je suis maltraité.

CLITANDRE.

Réponds-moi, je te prie.

ACASTE.

Je n'ai que des rebuts.

CLITANDRE.

Laissons la raillerie,
Et me dis quel espoir on peut t'avoir donné.

ACASTE.

Je suis le misérable, et toi le fortuné ;
On a pour ma personne une aversion grande ;
Et quelqu'un de ces jours, il faut que je me pende.

CLITANDRE.

Oh çà, veux-tu, marquis, pour ajuster nos vœux,

Que nous tombions d'accord d'une chose tous deux ?
Que qui pourra montrer une marque certaine
D'avoir meilleure part au cœur de Célimène,
L'autre ici fera place au vainqueur prétendu,
Et le délivrera d'un rival assidu ?

ACASTE.

Ah ! parbleu ! tu me plais avec un tel langage,
Et, du fond de mon cœur, à cela je m'engage.
Mais, chut.

Scène II.

CELIMENE. — ACASTE. — CLITANDRE.

CÉLIMÈNE.

Encore ici ?

CLITANDRE.

L'amour retient nos pas.

CÉLIMÈNE.

Je viens d'ouïr entrer un carosse là-bas :
Savez-vous qui c'est ?

CLITANDRE.

Non.

Scène III.

CELIMENE. — ACASTE. — CLITANDRE. — BASQUE.

BASQUE.

Arsinoé, Madame,
Monte ici pour vous voir.

CÉLIMÈNE.

Que me veut cette femme ?

BASQUE.

Eliante là-bas est à l'entrenir. *(Il sort.)*

CÉLIMÈNE.

De quoi s'avise-t-elle ? et qui la fait venir ?

ACASTE.

Pour prude consommée en tous lieux elle passe ;
Et l'ardeur de son zèle...

CÉLIMÈNE.

Oui, oui, franche grimace !
Dans l'âme elle est du monde ; et ses soins tendent tout
Pour accrocher quelqu'un, sans en venir à bout.
Elle ne saurait voir qu'avec un œil d'envie
Les amants déclarés dont une autre est suivie ;
Et son triste mérite, abandonné de tous,
Contre le siècle aveugle est toujours en courroux.
Elle tâche à couvrir d'un faux voile de prude,
Ce que chez elle on voit d'affreuse solitude ;
Et, pour sauver l'honneur de ses faibles appas,
Elle attache du crime au pouvoir qu'ils n'ont pas.
Cependant un amant plairait fort à la dame,
Et même, pour Alceste, elle a tendresse d'âme :
Ce qu'il me rend de soins outrage ses attraits ;
Elle veut que ce soit un vol que je lui fais ;
Et son jaloux dépit, qu'avec peine elle cache,
De tous endroits, sous main, contre moi se détache.
Enfin je n'ai rien vu de si sot, à mon gré :
Elle est impertinente au suprême degré,
Et...

Scène IV.

CLITANDRE. — ACASTE. — CELIMENE. — ARSINOE.

CÉLIMÈNE, *allant au-devant d'Arsinoé.*

Ah ! quel heureux sort en ce lieux vous amène ?
Madame, sans mentir, j'étais de vous en peine.

ACTE III.

ARSINOÉ.

Je viens pour quelque avis que j'ai cru vous devoir.

CÉLIMÈNE.

Ah! mon Dieu! que je suis contente de vous voir!
(Clitandre et Acaste sortent en riant.)

Scène V.

ARSINOE. — CELIMENE.

ARSINOÉ.

Leur départ ne pouvait plus à propos se faire.

CÉLIMÈNE.

Voulons-nous nous asseoir?

ARSINOÉ.

                      Il n'est pas nécessaire.
Madame, l'amitié doit surtout éclater
Aux choses qui le plus nous peuvent importer;
Et, comme il n'en est point de plus grande importance
Que celle de l'honneur et de la bienséance,
Je viens, par un avis qui touche votre honneur,
Témoigner l'amitié que pour vous a mon cœur.
Hier j'étais chez des gens de vertu singulière,
Où sur vous du discours on tourna la matière;
Et là, votre conduite, avec ses grands éclats,
Madame, eut le malheur qu'on ne la loua pas.
Cette foule de gens dont vous souffrez visite,
Votre galanterie, et les bruits qu'elle excite,
Trouvèrent des censeurs plus qu'il n'aurait fallu,
Et bien plus rigoureux que je n'eusse voulu.
Vous pouvez bien penser quel parti je sus prendre :
Je fis ce que je pus pour vous pouvoir défendre;
Je vous excusai fort sur votre intention,
Et voulus de votre âme être la caution.

Mais vous savez qu'il est des choses dans la vie
Qu'on ne peut excuser, quoiqu'on en ait envie;
Et je me vis contrainte à demeurer d'accord
Que l'air dont vous vivez vous faisait un peu tort;
Qu'il prenait dans le monde une méchante face;
Qu'il n'est conte fâcheux que partout on n'en fasse,
Et que, si vous vouliez, tous vos déportements
Pourraient moins donner prise aux mauvais jurements.
Non que j'y croie au fond l'honnêteté blessée;
Me préserve le ciel d'en avoir la pensée!
Mais aux ombres du crime on prête aisément foi,
Et ce n'est pas assez de bien vivre pour soi.
Madame, je vous crois l'âme trop raisonnable
Pour ne pas prendre bien cet avis profitable,
Et pour l'attribuer qu'aux mouvements secrets
D'un zèle qui m'attache à tous vos intérêts.

CÉLIMÈNE.

Madame, j'ai beaucoup de grâces à vous rendre.
Un tel avis m'oblige, et, loin de le mal prendre,
J'en prétends reconnaître à l'instant la faveur
Par un avis aussi qui touche votre honneur;
Et comme je vous vois vous montrer mon amie,
En m'apprenant les bruits que de moi l'on publie,
Je veux suivre à mon tour, un exemple si doux,
En vous avertissant de ce qu'on dit de vous.
En un lieu, l'autre jour, où je faisais visite,
Je trouvai quelques gens d'un très rare mérite,
Qui, parlant des vrais soins d'une âme qui vit bien,
Firent tomber sur vous, madame, l'entretien.
Là, votre pruderie et vos éclats de zèle
Ne furent pas cités comme un fort bon modèle.
Cette affectation d'un grave extérieur,
Vos discours éternels de sagesse et d'honneur,

Vos mines et vos cris aux ombres d'indécence
Que d'un mot ambigu peut avoir l'innocence ;
Cette hauteur d'estime où vous êtes de vous,
Et ces yeux de pitié que vous jetez sur tous ;
Vos fréquentes leçons et vos aigres censures
Sur des choses qui sont innocentes et pures ;
Tout cela, si je puis vous parler franchement,
Madame, fut blâmé d'un commun sentiment.
« A quoi bon, disaient-ils, cette mine modeste,
» Et ce sage dehors que dément tout le reste ?
» Elle est à bien prier exacte au dernier point ;
» Mais elle bat ses gens, et ne les paie point.
» Dans tous les lieux dévots elle étale un grand zèle :
» Mais elle met du blanc, et veut paraître belle.
» Elle fait des tableaux couvrir les nudités ;
» Mais elle a de l'amour pour les réalités. »
Pour moi, contre chacun, je pris votre défense,
Et leur assurai fort que c'était médisance ;
Mais tous les sentiment combattirent le mien,
Et leur conclusion fut que vous feriez bien
De prendre moins de soin des actions des autres,
Et de vous mettre un peu plus en peine des vôtres ;
Qu'on doit se regarder soi-même un fort long temps
Avant que de songer à condamner les gens ;
Qu'il faut mettre le poids d'une vie exemplaire
Dans les corrections qu'aux autres on veut faire,
Et qu'encor vaut-il mieux s'en remettre au besoin,
A ceux à qui le ciel en a commis le soin.
Madame, je vous crois aussi trop raisonnable
Pour ne pas prendre bien cet avis profitable,
Et pour l'attribuer qu'aux mouvements secrets
D'un zèle qui m'attache à tous vos intérêts.

ARSINOÉ.

A quoi qu'en reprenant on soit assujettie,

Je ne m'attendais pas à cette repartie,
Madame, et je vois bien, par ce qu'elle a d'aigreur,
Que mon sincère avis vous a blessée au cœur.

CÉLIMÈNE.

Au contraire, Madame; et, si l'on était sage,
Les avis mutuels seraient mis en usage.
On détruirait par là, traitant de bonne foi,
Ce grand aveuglement où chacun est pour soi.
Il ne tiendra qu'à vous, qu'avec le même zèle,
Nous ne continuions cet office fidèle;
Et ne prenions grand soin de nous dire, entre nous,
Ce que nous entendrons, vous de moi, moi de vous.

ARSINOÉ.

Ah! Madame, de vous je ne puis rien entendre;
C'est en moi que l'on peut trouver fort à reprendre.

CÉLIMÈNE.

Madame, on peut, je crois, louer et blâmer tout,
Et chacun a raison suivant l'âge ou le goût.
Il est une saison pour la galanterie,
Il en est une aussi propre à la pruderie;
On peut, par politique, en prendre le parti
Quand de nos jeunes ans l'éclat est amorti :
Cela sert à couvrir de fâcheuses disgrâces.
Je ne dis pas qu'un jour je ne suive vos traces :
L'âge amènera tout; et ce n'est pas le temps,
Madame, comme on sait, d'être prude à vingt ans.

ARSINOÉ.

Certes, vous vous targuez d'un bien faible avantage,
Et vous faites sonner terriblement votre âge;
Ce que de plus que vous on en pourrait avoir
N'est pas un si grand cas, pour s'en tant prévaloir,
Et je ne sais pourquoi votre âme ainsi s'emporte,
Madame, à me pousser de cette étrange sorte.

CÉLIMÈNE.

Et moi, je ne sais pas, Madame, aussi pourquoi
On vous voit en tous lieux vous déchaîner sur moi.
Faut-il de vos chagrins sans cesse à moi vous prendre?
Et puis-je mais des soins qu'on ne va pas vous rendre?
Si ma personne aux gens inspire de l'amour,
Et si l'on continue à m'offrir chaque jour
Des vœux que votre cœur peut souhaiter qu'on m'ôte,
Je n'y saurais que faire, et ce n'est pas ma faute;
Vous avez le champ libre; et je n'empêche pas
Que, pour les attirer, vous n'ayez des appas.

ARSINOÉ.

Hélas! et croyez-vous que l'on se mette en peine
De ce nombre d'amants dont vous faites la vaine?
Et qu'il ne nous soit pas fort aisé de juger
A quel prix aujourd'hui l'on peut les engager?
Pensez-vous faire croire, à voir comme tout roule,
Que votre seul mérite attire cette foule?
Qu'ils ne brûlent pour vous que d'un honnête amour,
Et que pour vos vertus ils vous font tous la cour?
On ne s'aveugle point par de vaines défaites;
Le monde n'est point dupe; et j'en vois qui sont faites
A pouvoir inspirer de tendres sentiments,
Qui chez elles pourtant ne fixent point d'amants :
Et de là nous pouvons tirer des conséquences [avances;
Qu'on n'acquiert point leurs cœurs sans de grandes
Qu'aucun, pour nos beaux yeux, n'est notre soupirant,
Et qu'il faut acheter tous les soins qu'on nous rend.
Ne vous enflez donc pas d'une si grande gloire
Pour les petits brillants d'une faible victoire,
Et corrigez un peu l'orgueil de vos appas
De traiter pour cela les gens de haut en bas.
Si nos yeux enviaient les conquêtes des vôtres,

Je pense qu'on pourrait faire comme les autres,
Ne se point ménager, et vous faire bien voir
Que l'on a des amants quand on en veut avoir.

CÉLIMÈNE.

Ayez-en donc, Madame, et voyons cette affaire :
Par ce rare secret efforcez-vous de plaire ;
Et sans...

ARSINOÉ.

Brisons, Madame, un pareil entretien.
Il pousserait trop loin votre esprit et le mien ;
Et j'aurais pris déjà le congé qu'il faut prendre,
Si mon carosse encor ne m'obligeait d'attendre.

CÉLIMÈNE.

Autant qu'il vous plaira, vous pouvez arrêter,
Madame, et là-dessus rien ne doit vous hâter.
Mais sans vous fatiguer de ma cérémonie,
Je m'en vais vous donner meilleure compagnie ;
Et Monsieur, qu'à propos le hasard fait venir,
Remplira mieux ma place à vous entretenir.

(Alceste salue Célimène.)

Scène VI.

CELIMENE. — ALCESTE. — ARSINOE.

CÉLIMÈNE.

Alceste, il faut que j'aille écrire un mot de lettre
Que, sans me faire tort, je ne saurais remettre.
Soyez avec Madame ; elle aura la bonté
D'excuser aisément mon incivilité.

Scène VII.

ALCESTE. — ARSINOE.

ARSINOÉ.

Vous voyez, elle veut que je vous entretienne ;

ACTE III.

Attendant un moment que mon carrosse vienne ;
Et jamais tous ses soins ne pouvaient m'offrir rien
Qui me fût plus charmant qu'un pareil entretien.
En vérité les gens d'un mérite sublime
Entraînent de chacun et l'amour et l'estime ;
Et le vôtre, sans doute, a des charmes secrets
Qui font entrer mon cœur dans tous vos intérêts.
Je voudrais que la cour, par un regard propice,
A ce que vous valez rendît plus de justice :
Vous avez à vous plaindre, et je suis en courroux
Quand je vois, chaque jour, qu'on ne fait rien pour vous.

ALCESTE.

Moi, Madame ? Et sur quoi pourrais-je en rien prétendre ?
Quel service à l'Etat est-ce qu'on m'a vu rendre ?
Qu'ai-je fait, s'il vous plaît, de si brillant en soi,
Pour me plaindre à la cour qu'on ne fait rien pour moi ?

ARSINOÉ.

Tous ceux sur qui la cour jette des yeux propices
N'ont pas toujours rendu de ces fameux services ;
Il faut l'occasion, ainsi que le pouvoir.
Et le mérite enfin que vous nous faites voir
Devrait...

ALCESTE.

Mon Dieu ! laissons mon mérite, de grâce ;
De quoi voulez-vous là que la cour s'embarrasse ?
Elle aurait fort à faire, et ses soins seraient grands
D'avoir à déterrer le mérite des gens.

ARSINOÉ.

Un mérite éclatant se déterre lui-même.
Du vôtre, en bien des lieux, on fait un cas extrême,
Et vous saurez de moi qu'en deux fort bons endroits :
Vous fûtes hier loué par des gens d'un grands poids.

ALCESTE.

Eh! Madame, on loue aujourd'hui tout le monde,
Et le siècle par là n'a rien qu'on ne confonde.
Tout est d'un grand mérite également doué;
Ce n'est plus un honneur que de se voir loué;
D'éloges on regorge, à la tête on les jette,
Et mon valet de chambre est mis dans la gazette.

ARSINOÉ. [mieux,

Pour moi, je voudrais bien que, pour vous montrer
Une charge à la cour vous pût frapper les yeux.
Pour peu que d'y songer vous nous fassiez les mines,
On peut, pour vous servir, remuer des machines,
Et j'ai des gens en main que j'emploierai pour vous,
Qui vous feront à tout un chemin assez doux.

ALCESTE.

Et que voudriez-vous, Madame, que j'y fisse?
L'humeur dont je me sens veut que je m'en bannisse;
Le ciel ne m'a point fait, en me donnant le jour,
Une âme compatible avec l'air de la cour;
Je ne me trouve point les vertus nécessaires
Pour y bien réussir, et faire mes affaires :
Etre franc et sincère est mon plus grand talent :
Je ne sais point jouer les hommes en parlant;
Et qui n'a pas le don de cacher ce qu'il pense
Doit faire en ce pays fort peu de résidence.
Hors de la cour, sans doute, on n'a pas cet appui
Et ces titres d'honneur qu'elle donne aujourd'hui;
Mais on n'a pas aussi, perdant ces avantages,
Le chagrin de jouer de fort sots personnages.
On n'a point à souffrir mille rebuts cruels;
On n'a point à louer les vers de messieurs tels,
A donner de l'encens à madame une telle,
Et de nos francs marquis essuyer la cervelle.

ACTE III.

ARSINOÉ.

Laissons, puisqu'il vous plaît, ce chapitre de cour :
Mais il faut que mon cœur vous plaigne en votre amour;
Et, pour vous découvrir là-dessus mes pensées,
Je souhaiterais fort vos ardeurs mieux placées.
Vous méritez, sans doute, un sort beaucoup plus doux;
Et celle qui vous charme est indigne de vous.

ALCESTE.

Mais en disant cela, songez-vous, je vous prie,
Que cette personne est, Madame, votre amie ?

ARSINOÉ.

Oui. Mais ma conscience est blessée en effet
De souffrir plus long-temps le tort que l'on vous fait :
L'état où je vous vois afflige trop mon âme,
Et je vous donne avis qu'on trahit votre flamme.

ALCESTE.

C'est me montrer, Madame, un tendre mouvement;
Et de pareils avis obligent un amant.

ARSINOÉ.

Oui, toute mon amie, elle est et je la nomme,
Indigne d'asservir le cœur d'un galant homme;
Et le sien n'a pour vous que de feintes douceurs.

ALCESTE.

Cela se peut, Madame, on ne voit pas les cœurs :
Mais votre charité se serait bien passée
De jeter dans le mien une telle pensée.

ARSINOÉ.

Si vous ne voulez pas être désabusé,
Il ne faut vous rien dire, il est assez aisé.

ALCESTE.

Non. Mais sur ce sujet, quoi que l'on nous expose,

Les doutes sont fâcheux plus que tout autre chose;
Et je voudrais, pour moi, qu'on ne me fît savoir
Que ce qu'avec clarté l'on peut me faire voir.

ARSINOÉ.

Eh bien, c'est assez dit; et sur cette matière,
Vous allez recevoir une pleine lumière.
Oui, je veux que de tout vos yeux vous fassent foi.
Donnez-moi seulement la main jusque chez moi :
Là, je vous ferai voir une preuve fidèle
De l'infidélité du cœur de votre belle;
Et, si pour d'autres yeux le vôtre peut brûler,
On pourra vous offrir de quoi vous consoler.

FIN DU TROISIÈME ACTE.

ACTE QUATRIEME.

Scène I.

ELIANTE. — PHILINTE.

PHILINTE.

Non, l'on n'a point vu d'âme à manier si dure,
Ni d'accommodement plus pénible à conclure;
En vain de tous côtés on l'a voulu tourner,
Hors de son sentiment ou n'a pu l'entraîner;
Et jamais différend si bizarre, je pense,
N'avait de ces messieurs occupé la prudence.
« Non, Messieurs, disait-il, je ne me dédis point,
» Et tomberais d'accord de tout, hors de ce point.
» De quoi s'offense-t-il? et que veut-il me dire?
» Y va-t-il de sa gloire à ne pas bien écrire?
» Que lui fait mon avis qu'il a pris de travers?
» On peut être honnête homme, et faire mal des vers;
» Ce n'est point à l'honneur que touchent ces matières;
» Je le tiens galant homme en toutes les manières,
» Homme de qualité, de mérite et de cœur,
» Tout ce qu'il vous plaira, mais fort méchant auteur.
» Je louerai, si lon veut, son train et sa dépense,
» Son adresse à cheval, aux armes, à la danse;
» Mais, pour louer ses vers, je suis son serviteur;
» Et lorsque d'en mieux faire on n'a pas le bonheur,
» On ne doit de rimer avoir aucune envie,
» Qu'on n'y soit condamné sur peine de la vie. »
Enfin toute la grâce et l'accommodement
Où s'est, avec effort, plié son sentiment,
C'est de dire, croyant adoucir bien son style.

« Monsieur, je suis fâché d'être si difficile ;
» Et pour l'amour de vous, je voudrais, de bon cœur,
» Avoir tantôt trouvé votre sonnet meilleur. »
Et, dans une embrassade, on leur a, pour conclure,
Fait vite envelopper toute la procédure.

ÉLIANTE.

Dans ses façons d'agir il est fort singulier :
Mais j'en fais, je l'avoue, un cas particulier ;
Et la sincérité, dont son âme se pique,
A quelque chose en soi de noble et d'héroïque.
C'est une vertu rare au siècle d'aujourd'hui,
Et je la voudrais voir partout comme chez lui.

PHILINTE.

Pour moi, plus je le vois, plus surtout je m'étonne
De cette passion où son cœur s'abandonne.
De l'humeur dont le ciel a voulu le former,
Je ne sais pas comment il s'avise d'aimer ;
Et je sais moins encore comment votre cousine
Peut être la personne où son penchant l'incline.

ÉLIANTE.

Cela fait assez voir que l'amour, dans les cœurs,
N'est pas toujours produit par un rapport d'humeurs ;
Et toutes ces raisons de douces sympathies,
Dans cet exemple-ci se trouvent démenties.

PHILINTE. [voir?

Mais croyez-vous qu'on l'aime, aux choses qu'on peut

ÉLIANTE.

C'est un point qu'il n'est pas fort aisé de savoir.
Comment pouvoir juger s'il est vrai qu'elle l'aime ?
Son cœur de ce qu'il sent n'est pas bien sûr lui-même ;
Il aime quelquefois sans qu'il le sache bien,
Et croit aimer aussi, par fois, qu'il n'en est rien.

PHILINTE.

Je crois que notre ami, près de cette cousine,
Trouvera des chagrins plus qu'il ne s'imagine;
Et s'il avait mon cœur à dire vérité,
Il tournerait ses vœux tout d'un autre côté;
Et par un choix plus juste, on le verrait, Madame,
Profiter des bontés que lui montre votre âme.

ÉLIANTE.

Pour moi, je n'en fais point de façons, et je croi
Qu'on doit sur de tels points être de bonne foi.
Je ne m'oppose point à toute sa tendresse;
Au contraire, mon cœur pour elle s'intéresse;
Et si c'était qu'à moi la chose pût tenir,
Moi-même à ce qu'il aime on me verrait l'unir.
Mais, si dans un tel choix, comme tout se peut faire,
Son amour éprouvait quelque destin contraire,
S'il fallait que d'un autre on couronnât les feux,
Je pourrais me résoudre à recevoir ses vœux;
Et le refus souffert en pareille occurrence
Ne m'y ferait trouver aucune répugnance.

PHILINTE.

Et moi, de mon côté, je ne m'oppose pas,
Madame, à ces bontés qu'ont pour lui vos appas;
Et lui-même, s'il veut, il peut bien vous instruire
De ce que là-dessus j'ai pris soin de lui dire.
Mais si, par un hymen qui les joindrait eux deux,
Vous étiez hors d'état de recevoir ses vœux,
Tous les miens tenteraient la faveur éclatante
Qu'avec tant de bontés votre âme lui présente.
Heureux si, quand son cœur s'y pourra dérober,
Elle pouvait sur moi, Madame, retomber!

ÉLIANTE.

Vous vous divertissez Philinte.

PHILINTE.

Non, Madame;
Et je vous parle ici du meilleur de mon âme.
J'attends l'occasion de m'offrir hautement,
Et, de tous mes souhaits, j'en presse le moment.

Scène II.

ALCESTE. — ELIANTE. — PHILINTE.

ALCESTE.

Ah! faites-moi raison, d'une offense
Qui vient de triompher de toute ma constance.

ÉLIANTE.

Qu'est ce donc? qu'avez-vous qui vous puisse émouvoir?

ALCESTE.

J'ai ce que sans mourir je ne puis concevoir;
Et le déchaînement de toute la nature
Ne m'accablerait pas comme cette aventure.
C'en est fait... Mon amour... Je ne saurais parler.

ÉLIANTE.

Que votre esprit, un peu, tâche à se rappeler.

ALCESTE.

O juste ciel! faut-il qu'on joigne à tant de grâces
Les vices odieux des âmes les plus basses!

ÉLIANTE.

Mais encor, qui vous peut...

ALCESTE.

Ah! tout est ruiné;
Je suis, je suis trahi, je suis assassiné!
Célimène... Eût-on pu croire cette nouvelle?
Célimène me trompe, et n'est qu'une infidèle.

ÉLIANTE.

Avez-vous, pour le croire, un juste fondement?

ACTE IV.

PHILINTE.

Peut-être est-ce un soupçon conçu légèrement?
Et votre esprit jaloux prend par fois des chimères...

ALCESTE.

Ah! morbleu! mêlez-vous, Monsieur, de vos affaires.
(A Eliante.)
C'est de sa trahison n'être que trop certain,
Que l'avoir dans ma poche, écrite de sa main.
Oui, Madame, une lettre écrite pour Oronte
A produit à mes yeux ma disgrâce et sa honte;
Oronte, dont j'ai cru qu'elle fuyait les soins,
Et que de mes rivaux je redoutais le moins!

PHILINTE.

Une lettre peut bien tromper par l'apparence,
Et n'est pas quelquefois si coupable qu'on pense.

ALCESTE.

Monsieur, encore un coup, laissez-moi s'il vous plaît,
Et ne prenez souci que de votre intérêt.

ÉLIANTE.

Vous devez modérer vos transports; et l'outrage...

ALCESTE.

Madame, c'est à vous qu'appartient cet ouvrage;
C'est à vous que mon cœur a recours aujourd'hui
Pour pouvoir s'affranchir de son cuisant ennui.
Vengez-moi d'une ingrate et perfide parente
Qui trahit lâchement une ardeur si constante:
Vengez-moi de ce trait qui doit vous faire horreur.

ÉLIANTE.

Moi, vous venger! comment?

ALCESTE.

            En recevant mon cœur.

Acceptez-le, Madame, au lieu de l'infidèle;
C'est par là que je puis prendre vengeance d'elle;
Et je la veux punir par les sincères vœux,
Par le profond amour, les soins respectueux,
Les devoirs empressés et l'assidu service
Dont ce cœur va vous faire un ardent sacrifice.

ÉLIANTE.

Je compatis, sans doute, à ce que vous souffrez,
Et ne méprise point le cœur que vous m'offrez :
Mais peut-être le mal n'est pas si grand qu'on pense,
Et vous pourrez quitter ce désir de vengeance.
Lorsque l'injure part d'un objet plein d'appas,
On fait force desseins qu'on n'exécute pas :
On a beau voir, pour rompre, une raison puissante,
Une coupable aimée est bientôt innocente :
Tout le mal qu'on lui veut se dissipe aisément;
Et l'on sait ce que c'est qu'un courroux d'un amant.

ALCESTE.

Non, non, Madame, non; l'offense est trop mortelle,
Il n'est point de retour, et je romps avec elle;
Rien ne saurait changer le dessein que j'en fais,
Et je me punirais de l'estimer jamais.
La voici. Mon courroux redouble à cette approche.
Je vais de sa noirceur lui faire un vif reproche,
Pleinement la confondre, et vous porter après.
Un cœur tout dégagé de ses trompeurs attraits.

(Eliante, en sortant, parle bas à Célimène.)

Scène III.

CELIMENE. — ALCESTE.

ALCESTE, *à part.*

O ciel! de mes transports puis-je être ici le maître ?

ACTE IV.

CÉLIMÈNE, *à part.*
(à Alceste.)
Ouais! Quel est donc le trouble où je vous vois paraître?
Et que me veulent dire, et ces soupirs poussés,
Et ces sombres regards que sur moi vous lancez?

ALCESTE.

Que toutes les horreurs dont une âme est capable,
A vos déloyautés n'ont rien de comparable;
Que le sort, les démons, et le ciel en courroux,
N'ont jamais rien produit de si méchant que vous.

CÉLIMÈNE.

Voilà certainement des douceurs que j'admire.

ALCESTE.

Ah! ne plaisantez point, il n'est pas temps de rire :
Rougissez bien plutôt, vous en avez raison;
Et j'ai de sûrs témoins de votre trahison.
Voilà ce que marquaient les troubles de mon âme;
Ce n'était pas en vain que s'alarmait ma flamme.
Par ces fréquents soupçons, qu'on trouvait odieux,
Je cherchais le malheur qu'ont rencontré mes yeux;
Et, malgré tous vos soins et votre adresse à feindre,
Mon astre me disait ce que j'avais à craindre :
Mais ne présumez pas que sans être vengé,
Je souffre le dépit de me voir outragé.
Je sais que sur les vœux on n'a point de puissance,
Que l'amour veut partout naître sans dépendance;
Que jamais par la force on n'entra dans un cœur,
Et que toute âme est libre à nommer son vainqueur.
Aussi ne trouverais-je aucun sujet de plainte,
Si, pour moi votre bouche avait parlé sans feinte;
Et, rejetant mes vœux dès le premier abord,
Mon cœur n'aurait eu droit de s'en plaindre qu'au sort.
Mais d'un aveu trompeur voir ma flamme applaudie,

C'est une trahison, c'est une perfidie,
Qui ne saurait trouver de trop grands châtiments;
Et je puis tout permettre à mes ressentiments.
Oui, oui, redoutez tout après un tel outrage;
Je ne suis plus à moi, je suis tout à la rage.
Percé du coup mortel dont vous m'assassinez,
Mes sens par la raison ne sont plus gouvernés :
Je cède aux mouvements d'une juste colère,
Et je ne réponds pas de ce que je puis faire.

CÉLIMÈNE.

D'où vient donc, je vous prie un tel emportement?
Avez-vous, dites-moi, perdu le jugement?

ALCESTE.

Oui, oui, je l'ai perdu, lorsque dans votre vue
J'ai pris, pour mon malheur, le poison qui me tue,
Et que j'ai cru trouver quelque sincérité
Dans les traîtres appas dont je fus enchanté.

CÉLIMÈNE.

De quelle trahison pouvez-vous donc vous plaindre?

ALCESTE.

Ah! que ce cœur est double, et sait bien l'art de feindre!
Mais pour le mettre à bout j'ai des moyens tout prêts.
Jetez ici les yeux, et connaissez vos traits;
Ce billet découvert suffit pour vous confondre,
Et contre ce témoin on n'a rien à répondre.

CÉLIMÈNE.

Voilà donc le sujet qui vous trouble l'esprit!

ALCESTE.

Vous ne rougissez pas en voyant cet écrit?

CÉLIMÈNE.

Et par quelle raison faut-il que j'en rougisse?

ALCESTE.

Quoi! vous joignez ici l'audace à l'artifice?
Le désavouerez-vous, pour n'avoir point de seing?

CÉLIMÈNE.

Pourquoi désavouer un billet de ma main?

ALCESTE.

Et vous pouvez le voir sans demeurer confuse
Du crime dont, vers moi, son style vous accuse!

CÉLIMÈNE.

Vous êtes, sans mentir, un grand extravagant.

ALCESTE.

Quoi! vous bravez ainsi ce témoin convaincant!
Et ce qu'il m'a fait voir de douceur pour Oronte
N'a donc rien qui m'outrage, et qui vous fasse honte?

CÉLIMÈNE.

Oronte! qui vous dit que la lettre est pour lui?

ALCESTE.

Les gens qui dans mes mains l'ont remise aujourd'hui.
Mais je veux consentir qu'elle soit pour un autre,
Mon cœur en a-t-il moins à se plaindre du vôtre?
En serez-vous vers moi moins coupable en effet?

CÉLIMÈNE.

Mais si c'est une femme à qui va ce billet,
En quoi vous blesse-t-il? et qu'a-t-il de coupable?

ALCESTE.

Ah! le détour est bon, et l'excuse admirable!
Je ne m'attendais pas, je l'avoue, à ce trait;
Et me voilà, par là, convaincu tout à fait.
Osez-vous recourir à ces ruses grossières?
Et croyez-vous les gens si privés de lumière?
Voyons, voyons un peu par quel biais, de quel air

Vous voulez soutenir un mensonge si clair;
Et comment vous pourrez tourner, pour une femme,
Tous les mots du billet qui montre tant de flamme :
Ajustez, pour couvrir un manquement de foi,
Ce que je m'en vais lire....

CÉLIMÈNE.

Il ne me plaît pas, moi.
Je vous trouve plaisant d'user d'un tel empire,
Et de me dire au nez ce que vous m'osez dire.

ALCESTE.

Non, non, sans s'emporter, prenez un peu souci
De me justifier les termes que voici.

CÉLIMÈNE.

Non, je n'en veux rien faire; et dans cette occurrence,
Tout ce que vous croirez m'est de peu d'importance.

ALCESTE.

De grâce, montrez-moi, je serai satisfait,
Qu'on peut, pour une femme, expliquer ce billet.

CÉLIMÈNE.

Non, il est pour Oronte; et je veux qu'on le croie.
Je reçois tous ses soins avec beaucoup de joie;
J'admire ce qu'il dit, j'estime ce qu'il est,
Et je tombe d'accord de tout ce qu'il vous plaît :
Faites, prenez parti, que rien ne vous arrête,
Et ne me rompez pas davantage la tête.

ALCESTE, *à part*.

Ciel! rien de plus cruel peut-il être inventé?
Et jamais cœur fut-il de la sorte traité?
Quoi! d'un juste courroux je suis ému contre elle,
C'est moi qui me viens plaindre, et c'est moi qu'on que-
On pousse ma douleur et mes soupçons à bout, [relle!
On me laisse tout croire, on fait gloire de tout;

Et cependant mon cœur est encore asssz lâche
Pour ne pouvoir briser la chaîne qui l'attache,
Et pour ne pas s'armer d'un généreux mépris
Contre l'ingrat objet dont il est trop épris !
  (A Célimène.)
Ah ! que vous savez bien ici, contre moi-même,
Perfide, vous servir de ma faiblesse extrême,
Et ménager pour vous l'excès prodigieux
De ce fatal amour né de vos traîtres yeux !
Défendez-vous au moins d'un crime qui m'accable,
Et cessez d'affecter d'être envers moi coupable.
Rendez-moi, s'il se peut, ce billet innocent ;
A vous prêter les mains ma tendresse consent ;
Efforcez-vous ici de paraître fidèle,
Et je m'efforcerai, moi, de vous croire telle.

CÉLIMÈNE.

Allez, vous êtes fou dans vos transports jaloux,
Et ne méritez pas l'amour qu'on a pour vous.
Je voudrais bien savoir qui pourrait me contraindre
A descendre pour vous aux bassesses de feindre,
Et pourquoi, si mon cœur penchait d'autre côté,
Je ne le dirais pas avec sincérité.
Quoi ! de mes sentiments l'obligeante assurance,
Contre tous vos soupçons ne prend pas ma défense ?
Auprès d'un tel garant, sont-ils de quelque poids ?
N'est-ce pas m'outrager que d'écouter leurs voix ?
Et puisque notre cœur fait un effort extrême
Lorsqu'il peut se résoudre à confesser qu'il aime ;
Puisque l'honneur du sexe, ennemi de nos feux,
S'oppose fortement à de pareils aveux,
L'amant qui voit pour lui franchir un tel obstacle,
Doit-il impunément douter de cet oracle ?
Et n'est-il point coupable en ne s'assurant pas
A ce qu'on ne dit point qu'après de grands combats ?

Allez, de tels soupçons méritent ma colère,
Et vous ne valez pas que l'on vous considère :
Je suis sotte, et veux mal à ma simplicité
De conserver encor pour vous quelque bonté;
Je devrais autre part attacher mon estime,
Et vous faire un sujet de plainte légitime.

ALCESTE.

Ah! traîtresse, mon faible est étrange pour vous;
Vous me trompez, sans doute, avec des mots si doux;
Mais il n'importe, il faut suivre ma destinée;
A votre foi mon âme est toute abandonnée;
Je veux voir jusqu'au bout quel sera votre cœur,
Et si de me trahir il aura la noirceur.

CÉLIMÈNE. [aime.

Non, vous ne m'aimez point comme il faut que l'on

ALCESTE.

Ah! rien n'est comparable à mon amour extrême ;
Et dans l'ardeur qu'il a de se montrer à tous,
Il va jusqu'à former des souhaits contre vous.
Oui, je voudrais qu'aucun ne vous trouvât aimable,
Que vous fussiez réduite en un sort misérable;
Que le ciel, en naissant, ne vous eût donné rien;
Que vous n'eussiez ni rang, ni naissance, ni bien ;
Afin que de mon cœur l'éclatant sacrifice
Vous pût d'un pareil sort réparer l'injustice,
Et que j'eusse la joie et la gloire en ce jour
De vous voir tenir tout des mains de mon amour.

CÉLIMÈNE.

C'est me vouloir du bien d'une étrange manière!
Me préserve le ciel que vous ayez matière!...
Voici monsieur Dubois plaisamment figuré.

Scène IV.

CELIMENE. — ALCESTE. — DUBOIS.

ALCESTE.

Que veut cet équipage, et cet air effaré ?
Qu'as-tu ?

DUBOIS.

Monsieur...

ALCESTE.

Eh bien ?

DUBOIS.

Voici bien des mystères.

ALCESTE.

Qu'est-ce ?

DUBOIS.

Nous sommes mal, Monsieur, dans nos affaires.

ALCESTE.

Quoi ?

DUBOIS.

Parlerai-je haut ?

ALCESTE.

Oui, parle, et promptement.

DUBOIS.

N'est-il point là quelqu'un ?

ALCESTE.

Ah ! que d'amusement !
Veux-tu parler ?

DUBOIS.

Monsieur, il faut faire retraite.

ALCESTE.

Comment ?

DUBOIS.

Il faut d'ici d'éloger sans trompette.

ALCESTE.

Et pourquoi ?

DUBOIS.

Je vous dis qu'il faut quitter ce lieu.

ALCESTE.

La cause?

DUBOIS.

Il faut partir, Monsieur, sans dire adieu.

ALCESTE.

Mais par quelle raison me tiens-tu ce langage?

DUBOIS.

Par la raison, Monsieur, qu'il faut plier bagage.

ALCESTE.

Ah! je te casserai la tête assurément,
Si tu ne veux, maraud, t'expliquer autrement.

DUBOIS.

Monsieur, un homme noir et d'habit et de mine
Est venu nous laisser, jusque dans la cuisine,
Un papier griffonné d'une telle façon,
Qu'il faudrait pour le lire être pis qu'un démon.
C'est de votre procès, je n'en fais aucun doute;
Mais le diable d'enfer, je crois, n'y verrait goutte.

ALCESTE.

Eh bien! quoi? Ce papier, qu'a-t-il à démêler,
Traître, avec le départ dont tu viens me parler?

DUBOIS.

C'est pour vous dire ici, Monsieur, qu'une heure ensuite
Un homme qui souvent vous vient rendre visite,
Est venu vous chercher avec empressement,
Et, ne vous trouvant pas, m'a chargé doucement,
Sachant que je vous sers avec beaucoup de zèle,
De vous dire... Attendez, comme est-ce qu'il s'appelle?

ALCESTE.

Laisse-là son nom, traître, et dis ce qu'il t'a dit.

ACTE IV.

DUBOIS.

C'est un de vos amis enfin, cela suffit.
Il m'a dit que d'ici votre péril vous chasse,
Et que d'être arrêté le sort vous y menace.

ALCESTE.

Mais quoi! n'a-t-il voulu te rien spécifier?

DUBOIS.

Non. Il m'a demandé de l'encre et du papier,
Et vous a fait un mot, où vous pourrez, je pense,
Du fond de ce mystère avoir la connaissance.

ALCESTE.

Donne-le donc.
(Dubois cherche le billet dans toutes ses poches.)

CÉLIMÈNE.

Que peut envelopper ceci?

ALCESTE.

Je ne sais, mais j'aspire à m'en voir éclairci.
Auras-tu bientôt fait, impertinent, au diable?

DUBOIS, *après avoir long-temps cherché le billet.*

Ma foi, je l'ai, Monsieur, laissé sur votre table.

ALCESTE.

Je ne sais qui me tient...
(Dubois sort.)

CÉLIMÈNE.

Ne vous emportez pas,
Et courez démêler un pareil embarras.

ALCESTE.

Il semble que le sort, quelque soin que je prenne,
Ait juré d'empêcher que je vous entretienne;
Mais, pour en triompher, souffrez à mon amour
De vous revoir, Madame, avant la fin du jour.

FIN DU QUATRIÈME ACTE.

ACTE CINQUIÈME.

Scène I.

ALCESTE. — PHILINTE.

ALCESTE.

La résolution en est prise, vous dis-je.

PHILINTE.

Mais, quel que soit ce coup, faut-il qu'il vous oblige...

ALCESTE.

Non, vous avez beau faire, et beau me raisonner,
Rien de ce que je dis ne me peut détourner :
Trop de perversité règne au siècle où nous sommes,
Et je veux me tirer du commerce des hommes.
Quoi ! contre ma partie on voit tout à la fois
L'honneur, la probité, la pudeur et les lois ;
On publie en tous lieux l'équité de ma cause ;
Sur la foi de mon droit mon âme se repose ;
Cependant je me vois trompé par le succès.
J'ai pour moi la justice, et je perds mon procès !
Un traître, dont on sait la scandaleuse histoire,
Est sorti triomphant d'une fausseté noire !
Toute la bonne foi cède à sa trahison !
Il trouve, en m'égorgeant, moyen d'avoir raison !
Le poids de sa grimace, où brille l'artifice,
Renverse le bon droit, et tourne la justice !
Il fait par un arrêt couronner son forfait ;
Et non content encor du tort que l'on me fait,
Il court parmi le monde un livre abominable,
Et de qui la lecture est même condamnable ;

Un livre à mériter la dernière rigueur,
Dont le fourbe a le front de me faire l'auteur!
Et là-dessus on voit Oronte qui murmure,
Et tâche méchamment d'appuyer l'imposture!
Lui, qui d'un honnête homme à la cour tient le rang,
A qui je n'ai rien fait qu'être sincère et franc,
Qui me vient, malgré moi, d'une ardeur empressée,
Sur des vers qu'il a faits demander ma pensée;
Et parce que j'en use avec honnêteté,
Et ne le veux trahir, lui, ni la vérité,
Il aide à m'accabler d'un crime imaginaire!
Le voilà devenu mon plus grand adversaire!
Et jamais de son cœur je n'aurai le pardon,
Pour n'avoir pas trouvé que son sonnet fût bon!
Et les hommes, morbleu! sont faits de cette sorte!
C'est à ces actions que la gloire les porte!
Voilà la bonne foi, le zèle vertueux,
La justice et l'honneur que l'on trouve chez eux!
Allons, c'est trop souffrir les chagrins qu'on nous forge,
Tirons-nous de ce bois et de ce coupe-gorge.
Puisqu'entre humains ainsi vous vivez en vrais loups,
Traîtres, vous ne m'aurez de ma vie avec vous.

PHILINTE.

Je trouve un peu bien prompt le dessein où vous êtes,
Et tout le mal n'est pas si grand que vous le faites.
Ce que votre partie ose vous imputer
N'a point eu le crédit de vous faire arrêter;
On voit son faux rapport lui-même se détruire,
Et c'est une action qui pourrait bien lui nuire.

ALCESTE.

Lui! de semblables tours il ne craint point l'éclat:
Il a permission d'être franc scélérat;
Et, loin qu'à son crédit nuise cette aventure,
On l'en verra demain en meilleure posture.

PHILINTE.

Enfin il est constant qu'on n'a pas trop donné
Au bruit que contre vous sa malice a tourné;
De ce côté, déjà, vous n'avez rien à craindre;
Et pour votre procès, dont vous pouvez vous plaindre,
Il vous est en justice aisé d'y revenir,
Et contre cet arrêt...

ALCESTE.

Non, je veux m'y tenir.
Quelque sensible tort qu'un tel arrêt me fasse,
Je me garderai bien de vouloir qu'on le casse :
On y voit trop à plein le bon droit maltraité,
Et je veux qu'il demeure à la postérité,
Comme une marque insigne, un fameux témoignage
De la méchanceté des hommes de notre âge.
Ce sont vingt mille francs qu'il m'en pourra coûter;
Mais pour vingt mille francs j'aurai droit de pester
Contre l'iniquité de la nature humaine,
Et de nourrir pour elle une immortelle haine.

PHILINTE.

Mais enfin...

ALCESTE.

Mais enfin vos soins sont superflus.
Que pouvez-vous, Monsieur, me dire là-dessus ?
Aurez-vous bien le front de me vouloir en face
Excuser les horreurs de tout ce qui se passe ?

PHILINTE.

Non; je tombe d'accord de tout ce qu'il vous plaît;
Tout marche par cabale, et par pur intérêt :
Ce n'est plus que la ruse aujourd'hui qui l'emporte,
Et les hommes devraient être faits d'autre sorte.
Mais est-ce une raison que leur peu d'équité,
Pour vouloir se tirer de leur société ?

Tous ces défauts humains nous donnent, dans la vie,
Des moyens d'exercer notre philosophie :
C'est le plus bel emploi que trouve la vertu;
Et si de probité tout était revêtu,
Si tous les cœurs étaient francs, justes et dociles,
La plupart des vertus nous seraient inutiles,
Puisqu'on en met l'usage à pouvoir, sans ennui,
Supporter dans nos droits l'injustice d'autrui,
Et de même qu'un cœur d'une vertu profonde...

ALCESTE.

Je sais que vous parlez, Monsieur, le mieux du monde :
En beaux raisonnements vous abondez toujours;
Mais vous perdez le temps et tous vos beaux discours.
La raison, pour mon bien, veut que je me retire;
Je n'ai point sur ma langue un assez grand empire,
De ce que je dirais je ne répondrais pas;
Et je me jetterais cent choses sur les bras.
Laissez-moi, sans dispute, attendre Célimène.
Il faut qu'elle consente au dessein qui m'amène;
Je vais voir si son cœur a de l'amour pour moi,
Et c'est ce moment-ci qui doit m'en faire foi.

PHILINTE.

Montons chez Eliante, attendant sa venue.

ALCESTE.

Non; de trop de souci je me sens l'âme émue.
Allez vous-en la voir, et me laissez enfin
Dans ce petit coin sombre avec mon noir chagrin.

PHILINTE.

C'est une compagnie étrange pour attendre;
Et je vais obliger Eliante à descendre.

Scène II.

CELIMENE. — ORONTE. — ALCESTE,
assis dans un coin.

ORONTE.

Oui, c'est à vous de voir si par des nœuds si doux,
Madame, vous voulez m'attacher tout à vous.
Il me faut de votre âme une pleine assurance :
Un amant là-dessus n'aime point qu'on balance.
Si l'ardeur de mes feux a pu vous émouvoir,
Vous ne devez point feindre à me le faire voir;
Et la preuve, après tout, que je vous en demande,
C'est de ne plus souffrir qu'Alceste vous prétende;
De le sacrifier, Madame, à mon amour,
Et de chez vous enfin le bannir dès ce jour.

CÉLIMÈNE.

Mais quel sujet si grand contre lui vous irrite,
Vous à qui j'ai tant vu parler de son mérite ?

ORONTE.

Madame, il ne faut point ces éclaircissements;
Il s'agit de savoir quels sont vos sentiments.
Choisissez, s'il vous plaît, de garder l'un ou l'autre :
Ma résolution n'attend rien que la vôtre.

ALCESTE, *sortant du coin où il était.*

Oui, Monsieur a raison, Madame, il faut choisir;
Et sa demande ici s'accorde à mon désir.
Pareille ardeur me presse, et même soin m'amène;
Mon amour veut du vôtre une marque certaine;
Les choses ne sont plus pour traîner en longueur,
Et voici le moment d'expliquer votre cœur.

ORONTE.

Je ne veux point, Monsieur, d'une flamme importune
Troubler aucunement votre bonne fortune.

ALCESTE.

Je ne veux point, Monsieur, jaloux, ou non jaloux,
Partager de son cœur rien du tout avec vous.

ORONTE.

Si votre amour au mien lui semble préférable...

ALCESTE.

Si du moindre penchant elle est pour vous capable...

ORONTE.

Je jure de n'y rien prétendre désormais.

ALCESTE.

Je jure hautement de ne la voir jamais.

ORONTE.

Madame, c'est à vous de parler sans contrainte.

ALCESTE.

Madame, vous pouvez vous expliquer sans crainte.

ORONTE.

Vous n'avez qu'à nous dire où s'attachent vos vœux.

ALCESTE.

Vous n'avez qu'à trancher et choisir de nous deux.

ORONTE.

Quoi! sur un pareil choix vous semblez être en peine!

ALCESTE.

Quoi! votre âme balance, et paraît incertaine!

CÉLIMÈNE.

Mon Dieu! que cette instance est là hors de saison,
Et que vous témoignez tous deux peu de raison!
Je sais prendre parti sur cette préférence,
Et ce n'est pas mon cœur maintenant qui balance :
Il n'est point suspendu, sans doute, entre vous deux,

Et rien n'est sitôt fait que le choix de nos vœux.
Mais je souffre, à vrai dire, une gêne trop forte
A prononcer en face un aveu de la sorte.
Je trouve que ces mots, qui sont désobligeants,
Ne se doivent point dire en présence des gens;
Qu'un cœur de son penchant donne assez de lumière,
Sans qu'on nous fasse aller jusqu'à rompre en visière;
Et ce qu'il suffit enfin que de plus doux témoins
Instruisent un amant du malheur de ses soins.

ORONTE.

Non, non, un franc aveu n'a rien que j'appréhende,
J'y consens pour ma part.

ALCESTE.

Et moi, je le demande;
C'est son éclat surtout qu'ici j'ose exiger,
Et je ne prétends point vous voir rien ménager.
Conserver tout le monde est votre grande étude,
Mais plus d'amusement, et plus d'incertitude.
Il faut vous expliquer nettement là-dessus,
Ou bien pour un arrêt je prends votre refus;
Je saurai de ma part expliquer ce silence,
Et me tiendrai pour dit tout le mal que j'en pense.

ORONTE.

Je vous sais fort bon gré, Monsieur, de ce courroux,
Et je lui dis ici même chose que vous.

CÉLIMÈNE.

Que vous me fatiguez avec un tel caprice!
Ce que vous demandez a-t-il de la justice?
Et ne vous dis-je pas quel motif me retient?
J'en vais prendre pour juge Eliante qui vient.

ACTE V.
Scène III.

ELIANTE. — PHILINTE. — CELIMENE. —
ORONTE. — ALCESTE.

CÉLIMÈNE.

Je me vois, ma cousine, ici persécutée
Par des gens dont l'humeur y paraît concertée.
Ils veulent, l'un et l'autre, avec même chaleur,
Que je prononce entre eux le choix que fait mon cœur;
Et que, par un arrêt qu'en face il me faut rendre,
Je défende à l'un deux tous les soins qu'il peut prendre.
Dites-moi si jamais cela se fait ainsi.

ÉLIANTE.

N'allez point là-dessus me consulter ici ;
Peut-être y pourriez-vous être mal adressée,
Et je suis pour les gens qui disent leur pensée.

ORONTE.

Madame, c'est en vain que vous vous défendez.

ALCESTE.

Tous vos détours ici seront mal secondés.

ORONTE.

Il faut, il faut parler, et lâcher la balance.

ALCESTE.

Il ne faut que poursuivre à garder le silence.

ORONTE.

Je ne veux qu'un seul mot pour finir nos débats.

ALCESTE.

Et moi, je vous entends, si vous ne parlez pas.

Scène IV.

ARSINOE. — CELIMENE. — ELIANTE. — ALCESTE.
— PHILINTE. — ACASTE. — CLITANDRE.
— ORONTE.

ACASTE, *à Célimène.*

Madame, nous venons tous deux, sans vous déplaire,
Eclaircir avec vous une petite affaire.

CLITANDRE, *à Oronte et à Alceste.*

Fort à propos, Messieurs, vous vous trouvez ici;
Et vous êtes mêlés dans cette affaire aussi.

ARSINOÉ, *à Célimène.*

Madame, vous serez surprise de ma vue ;
Mais ce sont ces messieurs qui causent ma venue.
Tous deux ils m'ont trouvée, et se sont plaints à moi
D'un trait à qui mon cœur ne saurait prêter foi.
J'ai du fond de votre âme une trop haute estime
Pour vous croire jamais capable d'un tel crime;
Mes yeux ont démenti leurs témoins les plus forts,
Et, l'amitié passant sur de petits discords,
J'ai bien voulu chez vous leur faire compagnie,
Pour vous voir vous laver de cette calomnie.

ACASTE.

Oui, Madame, voyons, d'un esprit adouci,
Comment vous vous prendrez à soutenir ceci.
Cette lettre par vous est écrite à Clitandre.

CLITANDRE.

Vous avez pour Acaste écrit ce billet tendre.

ACASTE, *à Oronte et à Alceste.*

Messieurs, ces traits pour vous n'ont point d'obscurité,
Et je ne doute pas que sa civilité

ACTE V.

A connaître sa main n'ait trop su vous instruire,
Mais ceci vaut assez la peine de le lire.

Vous êtes un étrange homme, Clitandre, de condamner mon enjouement, et de me reprocher que je n'ai jamais tant de joie que lorsque je ne suis pas avec vous. Il n'y a rien de plus injuste; et si vous ne venez bien vite me demander pardon de cette offense, je ne vous la pardonnerai de ma vie. Notre grand flandrin de vicomte...

Il devrait être ici.

Notre grand flandrin de vicomte, par qui vous commencez vos plaintes, est un homme qui ne saurait me revenir; et depuis que je l'ai vu, trois quarts d'heure durant, cracher dans un puits pour faire des ronds, je n'ai pu jamais prendre bonne opinion de lui. Pour le petit marquis...

C'est moi-même, Messieurs, sans nulle vanité.

Pour le petit marquis, qui me tint hier long-temps la main, je trouve qu'il n'y a rien de si mince que toute sa personne; et ce sont de ces mérites qui n'ont que la cape et l'épée. Pour l'homme aux rubans verts...

(A Alceste.)

A vous le dé, Monsieur.

Pour l'homme aux rubans verts, il me divertit quelquefois avec ses brusqueries et son chagrin bourru; mais il est cent moments où je le trouve le plus fâcheux du monde. Et pour l'homme au sonnet...

(A Oronte.)

Voici votre paquet.

Et pour l'homme au sonnet, qui s'est jeté dans le bel esprit, et veut être auteur malgré tout le monde, je ne puis me donner la peine d'écouter ce qu'il dit; et sa prose me fatigue autant que ses vers. Mettez-vous donc en tête que je ne me divertis pas toujours si bien que vous pensez ; que je vous trouve à dire, plus que je ne voudrais, dans toutes les parties où l'on m'entraîne, et que c'est un merveilleux assaisonnement aux plaisirs qu'on goûte, que la présence des gens qu'on aime.

CLITANDRE.

Me voici maintenant, moi.

Votre Clitandre, dont vous me parlez, et qui fait tant le doucereux, est le dernier des hommes pour qui j'aurais de l'amitié. Il est extravagant de se persuader qu'on l'aime, et vous l'êtes de croire qu'on ne vous aime pas. Changez, pour être raisonnable, vos sentiments contre les siens, et voyez-moi le plus que vous pourrez, pour m'aider à porter le chagrin d'en être obsédée.

D'un fort beau caractère on voit là le modèle,
Madame, et vous savez comment cela s'appelle,
Il suffit. Nous allons, l'un et l'autre, en tous lieux,
Montrer de votre cœur le portrait glorieux.

ACASTE.

J'aurais de quoi vous dire, et belle est la matière;
Mais je ne vous tiens pas digne de ma colère,
Et je vous ferai voir que les petits marquis
Ont, pour se consoler, des cœurs de plus haut prix.

(Clitandre et Acaste sortent.)

Scène V.

CELIMENE. — ELIANTE. — ARSINOE. — ALCESTE. — ORONTE. — PHILINTE.

ORONTE.

Quoi! de cette façon je vois qu'on me déchire,
Après tout ce qu'à moi je vous ai vu m'écrire!
Et votre cœur, paré de beau semblant d'amour,

ACTE V.

A tout le genre humain se promet tour à tour !
Allez, j'étais trop dupe, et je vais ne plus l'être ;
Vous me faites un bien, me faisant vous connaître ;
J'y profite d'un cœur qu'ainsi vous me rendez,
Et trouve ma vengeance en ce que vous perdez.

(A Alceste.)

Monsieur, je ne fais plus d'obstacle à votre flamme,
Et vous pouvez conclure affaire avec Madame.

(Il sort.)

Scène VI.

CELIMENE. — ELIANTE. — ARSINOE. — ALCESTE. — PHILINTE.

ARSINOÉ, *à Célimène.*

Certes, voilà le trait du monde le plus noir :
Je ne me saurais taire, et me sens émouvoir.
Voit-on des procédés qui soient pareils aux vôtres ?
Je ne prends point de part aux intérêts des autres ;

(Montrant Alceste.)

Mais Monsieur, que chez vous fixait votre bonheur,
Un homme comme lui, de mérite et d'honneur,
Et qui vous chérissait avec idolâtrie,
Devait-il...

ALCESTE.

Laissez-moi, Madame, je vous prie,
Vider mes intérêts moi-même là-dessus,
Et ne vous chargez point de ces soins superflus.
Mon cœur a beau vous voir prendre ici sa querelle,
Il n'est point en état de payer ce grand zèle ;
Et ce n'est pas à vous que je pourrai songer,
Si par un autre choix, je cherche à me venger.

ARSINOÉ.

Et, croyez-vous, Monsieur, qu'on ait cette pensée,

Et que de vous avoir on soit tant empressée ?
Je vous trouve un esprit bien plein de vanité,
Si de cette créance il peut s'être flatté.
Le rebut de Madame est une marchandise
Dont on aurait grand tort d'être si fort éprise.
Détrompez-vous, de grâce, et portez-le moins haut :
Ce ne sont pas des gens comme moi qu'il vous faut ;
Vous ferez bien encor de soupirer pour elle,
Et je brûle de voir une union si belle.

(Elle sort.)

Scène VII.

CELIMENE. — ELIANTE. — ALCESTE. — PHILINTE.

ALCESTE, *à Célimène.*

Eh bien ! je me suis tu, malgré ce que je voi,
Et j'ai laissé parler tout le monde avant moi.
Ai-je pris sur moi-même un assez long empire ?
Et puis-je maintenant...

CÉLIMÈNE.

Oui, vous pouvez tout dire ;
Vous en êtes en droit, lorsque vous vous plaindrez,
Et de me reprocher tout ce que vous voudrez.
J'ai tort, je le confesse, et mon âme confuse
Ne cherche à vous payer d'aucune vaine excuse.
J'ai des autres ici méprisé le courroux ;
Mais je tombe d'accord de mon crime envers vous.
Votre ressentiment sans doute est raisonnable ;
Je sais combien je dois vous paraître coupable ;
Que toute chose dit que j'ai pu vous trahir,
Et qu'enfin vous avez sujet de me haïr.
Faites-le, j'y consens.

ACTE V.

ALCESTE.

Eh ! le puis-je, traîtresse ?
Puis-je ainsi triompher de toute ma tendresse ?
Et, quoique avec ardeur je veuille vous haïr,
Trouvé-je un cœur en moi tout prêt à m'obéir ?

(A Eliante et à Philinte.)

Vous voyez ce que peut une indigne tendresse,
Et je vous fais tous deux témoins de ma faiblesse ;
Mais, à vous dire vrai, ce n'est pas encor tout,
Et vous allez me voir la pousser jusqu'au bout ;
Montrer que c'est à tort que sages on nous nomme,
Et que dans tous les cœurs il est toujours de l'homme.

(A Célimène.)

Oui, je veux bien, perfide, oublier vos forfaits ;
J'en saurai, dans mon âme, excuser tous les traits,
Et me les couvrirai du nom d'une faiblesse,
Où le vice du temps porte votre jeunesse,
Pourvu que votre cœur veuille donner les mains
Au dessein que j'ai fait de fuir tous les humains ;
Et que, dans mon désert, où j'ai fait vœu de vivre,
Vous soyez sans tarder, résolue à me suivre.
C'est par là seulement que, dans tous les esprits,
Vous pouvez réparer le mal de vos écrits ;
Et qu'après cet éclat qu'un noble cœur abhorre,
Il peut m'être permis de vous aimer encore.

CÉLIMÈNE.

Moi, renoncer au monde avant que de vieillir !
Et, dans votre désert, aller m'ensevelir !

ALCESTE.

Et, s'il faut qu'à mes feux votre flamme réponde,
Que vous doit importer tout le reste du monde ?
Vos désirs avec moi ne sont-ils pas contents ?

CÉLIMÈNE.

La solitude effraie une âme de vingt ans.
Je ne sens point la mienne assez grande, assez forte,
Pour me résoudre à prendre un dessein de la sorte.
Si le don de ma main peut contenter vos vœux,
Je pourrai me résoudre à serrer de tels nœuds;
Et l'hymen...

ALCESTE.

Non. Mon cœur à présent vous déteste,
Et ce refus lui seul fait plus que tout le reste.
Puisque vous n'êtes point en des liens si doux,
Pour trouver tout en moi, comme moi tout en vous,
Allez, je vous refuse, et ce sensible outrage,
De vos indignes fers pour jamais me dégage.

(Célimène sort.)

Scène VIII.

ALCESTE. — ELIANTE. — PHILINTE.

ALCESTE, *à Eliante.*

Madame, cent vertus ornent votre beauté,
Et je n'ai vu qu'en vous de la sincérité;
De vous, depuis long-temps, je fais un cas extrême :
Mais laissez-moi toujours vous estimer de même;
Et souffrez que mon cœur, dans ses troubles divers,
Ne se présente point à l'honneur de vos fers :
Je m'en sens trop indigne, et commence à connaître
Que le ciel pour ce nœud ne m'avait point fait naître;
Que ce serait pour vous un hommage trop bas
Que le rebut d'un cœur qui ne vous valait pas,
Et qu'enfin...

ÉLIANTE.

Vous pouvez suivre cette pensée :
Ma main de se donner n'est pas embarrassée;

Et voilà votre ami, sans trop m'inquiéter,
Qui, si je l'en priais, la pourrait accepter.

PHILINTE.

Ah! cet honneur, Madame, est toute mon envie,
Et j'y sacrifierais et mon sang et ma vie.

ALCESTE.

Puissiez-vous, pour goûter de vrais contentements,
L'un pour l'autre, à jamais, garder ces sentiments.
Trahi de toutes parts, accablé d'injustices,
Je vais sortir d'un gouffre où triomphent les vices;
Et chercher sur la terre un endroit écarté
Où d'être homme d'honneur on ait la liberté.

(Il sort.)

Scène XI et dernière.

ELIANTE. — PHILINTE.

PHILINTE.

Allons, Madame, allons employer toute chose
Pour rompre le dessein que son cœur se propose.

FIN DU MISANTHROPE.

TABLE DES MATIÈRES.

CORNEILLE. — Tragédies.

	pages.
Le Cid...........................	1
Polyeucte........................	89

RACINE. — Tragédies.

Britannicus.....................	173
Esther...........................	245
Athalie..........................	301

MOLIÈRE. — Comédie.

Le Misanthrope...................	381

FIN DE LA TABLE.

www.ingramcontent.com/pod-product-compliance
Lightning Source LLC
Chambersburg PA
CBHW072126220426
43664CB00013B/2148